증권분쟁
해결법리

나지수 · 허세은

박영사

Preface ──

　　자본시장법상 거래소는 거래소시장 등에서의 매매와 관련된 분쟁의 자율조정업무를 담당하고 있습니다. 분쟁조정은 거래소가 시장에서 담당하는 많은 업무 중 하나에 불과하지만, 투자자들과 증권사들의 대립구도에서 당사자들을 직접 대면하기에 거래소의 신뢰 및 공익성 확보에 큰 의미가 있다고 할 것입니다. 거래소 분쟁조정센터는 10여 년 동안 조용한 곳에서 시장지킴이로서의 역할을 위해 최선의 노력을 해왔습니다.

　　금융투자 및 증권거래의 증가와 함께 크고 작은 관련분쟁이 다수 발생하고 그 유형도 변화하고 있습니다. 과거 임의매매, 부당권유가 빈번했다면 최근에는 전문지식, 데이터분석 등이 필요한 과당매매, 전산장애, 반대매매 등의 분쟁이 증가하는 추세입니다.

　　그러나 발생빈도나 사건수에 비해서 상대적으로 소액인 사건들이 많다보니 관련분야에 대한 연구나 출판 등이 부족한 것이 현실이었습니다. 자본시장법이나 상장공시 등과 관련된 책들은 출간이 되어도, 증권분쟁 법리와 판례를 정리한 책이 출간되는 것은 이번이 처음일 것입니다. 분쟁이 길어지면 불필요한 사회적 비용이 발생하고 투자자들의 자본시장에 대한 신뢰가 떨어질 우려가 있으므로 분쟁은 신속하게 해결할 필요가 있습니다.

　　이 책은 기본적인 개념 및 법원리를 기존 판례를 바탕으로 정리하고 통계나 표 등을 사용하여 지나치게 현학적이기보다는 실무적 활용성을 높이도록 하였습니다. 분쟁조정 실무자, 변호사를 비롯한 소송수행자, 나아가 투자자 등이 필요 법리 및 판례를 쉽게 찾아볼 수 있게 편집하였습니다.

우리 거래소는 분쟁조정이라는 업무를 넘어서 투자자들의 건전한 투자교육과 증권사들의 분쟁예방교육에도 많은 노력을 기울이고 있습니다. 이 책도 그 노력의 일환으로 투자자와 증권사의 불필요한 분쟁을 줄이는 데 도움이 될 것으로 기대합니다.

이번에 발간되는 책자는 분쟁조정팀의 축적된 자료과 지식을 현장경험이 많은 나지수, 허세은 변호사가 집필·정리한 것입니다. 기존에 없던 책을 기획하고 준비한 분쟁조정팀의 노고가 투자자들의 자본시장에 대한 신뢰를 높이고 건전한 투자문화가 확산되는 데 큰 도움이 되기를 기원합니다.

2017. 1.

한국거래소 시장감시위원회

위원장 이해선 *이 해선*

Contents

CHAPTER 03

개별 분쟁해결 법리

01

자본시장법상 증권분쟁 관련 법규*

법: 자본시장과금융투자업에관한법률(자본시장법)
시행령: 자본시장법 시행령
규정: 금융투자업규정

---

* 투자자는 기본적으로 자기 책임 하에 증권, 파생상품 등에 투자한다. 즉, 금융투자상품은 가격 등락의 위험을 투자자 스스로 부담한다는 점에서 원본과 이자의 지급이 보장되는 예금과 본질적으로 구별된다. 따라서 금융투자와 관련한 투자자보호제도의 목적은, 투자자의 원본 또는 <u>금융투자상품의 가치 자체를 보장하는 데 있는 것이 아니라</u> 투자자가 금융투자에 대하여 <u>합리적 판단을 할 수 있는 기초자료가 충분하고 적합하게 제공하고 투자자의 합리적 판단을 방해하는 행위를 금지 또는 규제</u>하는 데에 있다. 이병래, '자본시장통합법의 투자자보호제도', BFL 제22호(2007. 3.), 서울대학교 금융법센터, 20면.

1. 자본시장법 제정의 기본취지

가. 자본시장법의 규율대상

▚▚▚ 자본시장법은 금융투자상품과 관련된 모든 금융기관을 규율하게 됨에 따라 기존의 증권·선물시장의 근거법률인 증권거래법, 선물거래법을 비롯하여 증권거래법시행령·시행규칙, 선물거래법시행령·시행규칙, 증권업감독규정, 선물업감독규정 등의 규정이 **자본시장법 및 동법 시행령·시행규칙, 금융투자업규정** 등으로 흡수됨

▚▚▚ 자본시장법 시행 전에는 금융투자상품별로 각각의 규제법령에 따라 규제가 되지만 자본시장법하에서는 원칙적으로 모든 금융상품에 대해 동일하게 적용됨

나. 자본시장법의 포괄주의 및 기능별 규율체제

▚▚▚ '**투자성(원본손실 가능성)**'이라는 특징을 갖는 모든 금융상품을 포괄하는 개념으로 '**금융투자상품**'을 추상적·포괄적으로 정의

▚▚▚ 종래의 '**기관별 규율체제**'를 경제적 실질이 동일한 금융기능을 동일하게 규율하는 '**기능별 규율체제**'로 전환
 ❖ **금융투자업**을 경제적 실질에 따라 투자매매업, 투자중개업, 집합투자업, 투자일임업, 투자자문업, 신탁업 등 6개로 정의
 ❖ **금융투자상품**을 '**위험의 크기**'에 따라 증권과 파생상품(장내파생상품, 장외파생상품)으로 구분
 ❖ **투자자**를 투자위험 감수능력(전문성과 보유자산 규모 등)에 따라 일반투자자와 전문투자자로 구분

다. 영업행위 규제

▨ 6개 금융투자업에 공통적으로 적용되는 '**공통 규제**'와 금융투자업별 고유 특성을 반영한 '**업별 규제**'를 마련

▨ **일반투자자와 전문투자자에 대해 차등화된 행위규제 적용**
  ❖ 전문투자자는 위험에 대한 감수능력이 있으므로 투자자보호 규제는 일반투자자에게 집중하여 **적합성원칙 및 설명의무 등은 일반투자자에게만 적용**

2. 자본시장법 총칙

가. 금융투자상품에 대한 포괄주의

1) 금융투자상품(법 제3조)

▦ 금융투자상품의 정의(제1항)

① 이익을 얻거나 손실을 회피할 목적으로
② 현재 또는 장래 특정 시점에 금전 등을 지급하기로 약정함으로써 취득하게 되는 권리로서
③ 원본손실 가능성(투자성)을 부담하는 것

❖ ②에 따라 투자성을 가진 **실물자산**은 '**권리**'가 아니므로 금융투자상품에서 제외되고, '**현재**'는 **증권**, '**장래**'는 **파생상품**에 해당됨
❖ ③에 의해 원본이 보장되는 **예금** 등은 금융투자상품에서 제외되며, 보험사의 위험보험료와 사업비를 원본에서 제외함으로써 **보험상품**도 제외됨(시행령 제3조 제1항)

▦ 금융투자상품의 구분(제2항)
❶ 증권
❷ 파생상품(장내파생상품, 장외파생상품)

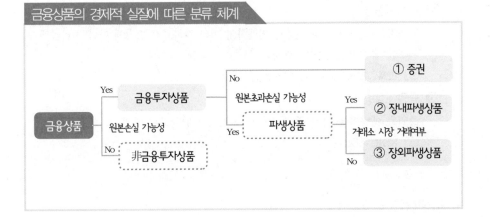

금융상품의 경제적 실질에 따른 분류 체계

2) 증권(법 제4조)

▨ 증권의 정의(제1항)

❖ 투자자가 금융투자상품의 취득과 동시에 지급한 금전 등 이외에 어떠한 명목으로든 추가 지급의무가 없는 것, **즉 원본까지만 손실이 발생**할 가능성이 있는 금융투자상품(포괄주의)

▨ 증권의 구분(제2항)

❶ 채무증권: 지급청구권이 표시된 것

ex) 국채, 지방채, 사채, 기업어음 등

❷ 지분증권: 출자지분이 표시된 것

ex) 주식, 신주인수권, 출자증권, 출자지분 등

❸ 수익증권: 신탁의 수익권이 표시된 것

ex) 신탁수익증권, 투자신탁수익증권

❹ **투자계약증권**: 특정 투자자가 그 투자자와 타인간의 공동사업에 금전 등을 투자하고 주로 타인 이 수행한 공동사업의 결과에 따른 손익을 귀속받는 계약상의 권리

cf) 금융위는 ① 투자자의 이익획득 목적이 존재 ② 금전 등의 투자가 있을 것 ③ 주로 타인이 수행하는 공동사항에 투자할 것 ④ 원본까지만 손실발생가능성이 있을 것 ⑤ 지분증권, 채무증권, 집합투자증권 등 정형적인 증권에 해당하지 않는 비정형증권일 것을 투자계약증권으로 판별(유권해석 회신사례)

❺ **파생결합증권**

기초자산의 가격 등의 변동과 연계하여 미리 정하여진 방법에 따라 지급금액 또는 회수금액이 결정되는 권리

ex) **ELW, ELS, CLN**(신용연계증권) 등

❻ **증권예탁증권**

증권을 예탁받은 자가 증권 발행국가 밖에서 발행하는 증권

ex) KDR, ADR 등

3) 파생상품(법 제5조)

파생상품의 정의(제1항)

❖ **원본을 초과하는 손실이 발생**할 가능성이 있는 금융투자상품(포괄주의)으로서 선도, 옵션, 스왑 등이 있음

CFD(Contract For Difference)

- CFD란 주식, 통화 등 기초자산의 가격변동에 따른 차액을 현금으로 일일정산하는 거래를 통칭하며
- 원칙적으로 일일정산을 하여 포지션을 청산하지만 대부분 롤오버가 가능하여 만기 없이 거래가 가능한 게 특징
- 현행법상 파생상품에 해당하며 내용상 스왑에 유사

파생상품의 구분(제2항·제3항)

❶ **장내파생상품**

거래소 및 **해외 파생상품시장**에서 거래되는 파생상품을 포괄

ex) 런던금속거래소의 귀금속거래, 선박운임선도거래업자협회의 선박운임거래 등 (시행령 제5조)

❷ **장외파생상품**

장내파생상품이 아닌 파생상품

나. 금융투자업의 경제적 실질에 따른 기능별 규율

■■■ **금융투자업의 정의(법 제6조 제1항)**

❖ 이익을 얻을 목적으로 하는 계속적·반복적 행위로 투자매매업, 투자중개업, 집합투자업, 투자자문업, 투자일임업, 신탁업이 있음

■■■ **금융투자업의 구분(제2항~제8항)**

❶ **투자매매업(제2항)**

자기의 계산으로 금융투자상품의 매도·매수, 증권의 발행·인수 또는 그 청약의 권유 등을 수행

ex) 증권회사의 매매·인수·매출

❷ **투자중개업(제3항)**

타인의 계산으로 금융투자상품의 매도·매수, 증권의 발행·인수 또는 그 청약의 권유 등을 수행

ex) **증권회사의 위탁매매**·중개, 증권·은행·보험회사의 **집합투자증권 판매**

❸ **집합투자업(제4항~제5항)**

2인 이상의 투자자로부터 모은 금전 등을 투자자의 일상적인 운용지시를 받지 않고 운용하여 그 결과를 투자자에게 귀속

ex) 자산운용사의 집합투자(펀드 등 운용)

❹ **투자일임업(제7항)**

투자자로부터 금융투자상품에 대한 투자판단의 전부 또는 일부를 일임받아 투자자별로 구분하여 금융투자상품을 운용

❺ **투자자문업 및 신탁업(제6항, 제8항)**

– 투자자문업이란 금융투자상품의 가치 또는 투자판단에 관한 자문에 응하는 업무

– 신탁업이란 신탁을 영업으로 하는 것

다. 투자자의 위험감수능력에 따른 구분

▨ **투자위험 감수능력**(전문성과 보유자산 규모 등)을 기준으로 하여 전문투자자와 일반투자자로 구분

▨ **전문투자자(법 제9조 제5항 본문)**
   ❖ **국가**(제1호), **한국은행**(제2호)
   ❖ **금융기관**(제3호, 시행령 제10조 제2항)
      은행(산업은행, 기업은행, 농협, 상호저축은행 등 포함), 보험회사, 금융투자업자, 종합금융회사, 금융지주회사 등
   ❖ **주권상장법인**(제4호)
      장외파생상품 거래는 전문투자자 대우를 원하는 경우에 한함
   ❖ 기타(제5호, 시행령 제10조제3항)
      - 예금보험공사, 자산관리공사, 거래소, 집합투자기구 등
      - 금융상품 잔고 100억원 이상 등 요건을 갖춘 법인 또는 단체
      - 금융상품 잔고 5억원 이상 등 요건을 갖춘 개인

▨ **전문투자자의 일반투자자로의 전환(법 제9조 제5항 단서)**
   ❖ 전문투자자가 **일반투자자의 대우**를 원하고 **금융투자업자가 이에 동의하는** 경우, **일반투자자**로서 **투자자보호**를 받을 수 있도록 함[1]
   ❖ 국가, 한국은행, 금융기관, 금융관련기관 등은 제외(시행령 제10조 제1항)

▨ **일반투자자(법 제9조 제6항)**: 전문투자자가 아닌 투자자

---

1 일반투자자를 전문투자자로 대우하는 것을 허용할 경우 금융투자업자가 투자자 보호 회피 수단으로 악용할 수 있으므로 도입하지 않음

3. 투자자보호 관련 규제

자본시장법 시행 전·후 관련 규정 대비표

분쟁 유형		증권거래법 등	자본시장법
부당권유	적합성 원칙	- 규정 및 판례로 인정	- **법률**에 규정(§46) - **파생상품**의 경우, 투자자정보 파악 의무(§46의2)
	설명 의무	- 규정 및 판례로 인정	- **법률**에 규정(§47) - **단정적 판단** 제공 포함 - 원본결손액을 손해액으로 추정하는 규정 신설(§48)
	단정적 판단 제공	- '특정 유가증권 가격의 상승 또는 하락'이 판단 대상 - '합리적 근거 없음'이 요구됨	- 투자와 관련된 **모든 내용**이 판단 대상(§49) - '합리적 근거 없음' 삭제
	수익 보장 등 약정	- 부당권유행위의 한 종류	- 투자권유 규제에 미포함되고 별도의 규정으로 규제(§55)
	기타		- 불초청권유, 반의사 재권유(§49)신설 - 투자권유준칙(§50) - 투자권유대행인 제도 신설(§51~§53)(파생상품 제외)
일임매매		- 포괄적 일임매매 금지(매매 결과의 사법상 효력은 인정) - 과다일임매매는 **충실의무** 위반으로 손해배상책임 인정	- **투자일임업**을 신설하여 일임매매 원칙적 허용(§6) - 과다일임매매의 경우 등은 **불건전 영업행위**로 규제(§98)
임의매매		- 임의매매 금지	- 현행 유지(§70)
전산장애			- 현행 유지
계좌·주문 기타		- 규제법규가 증권거래법 등 각종 법규에 산재되어 있음	- 금융투자업별로 불건전영업행위 등 행위규제 조항을 정리하고 시행령 및 금융투자업규정에 위임

가. 투자권유 규제(공통규제)[2]

1) 적합성 원칙(Suitability Rule)[3]

▨▨▨ 투자자 구분 확인(법 제46조 제1항)

❖ 금융투자업자는 투자자가 일반투자자인지 전문투자자인지 여부를 확인하여야 함

▨▨▨ 고객파악의무(Know-Your-Customer-Rule)(법 제46조 제2항)

❖ 투자권유를 하기 전에 면담 등을 통해 **투자자의 정보(투자목적, 재산상태, 투자경험 등)**를 파악하여 **서명, 기명날인, 녹취 등***으로 확인받도록 함

　　* 전자우편 등의 전자통신, 우편, 전화자동응답시스템(시행령 제52조)

❖ 투자자 정보의 세부 내용은 표준투자권유준칙으로 구체화

▨▨▨ 적합성의 원칙(법 제46조 제3항)

❖ 제2항에 의해 파악한 **투자자 정보에 적합하게 투자권유**하여야 함

> ▸ 법 제46조 제2항 및 제3항은 위험감수능력이 상대적으로 미약한 일반투자자에게만 적용

2) 적정성의 원칙(법 제46조의2)[4]

❖ **파생상품 등을 판매**하는 경우, 투자권유를 하지 않더라도 일반투자자의 정보를 파악하여야 하며,

❖ 투자자 정보에 비추어 파생상품 등이 적정하지 않다고 판단되는 경우 그 사실을 알리고, 별도의 확인을 받도록 함으로써 일반투자자 보호를 한층 강화함

---

2 자본시장법은 제9조 제4항에서 '투자권유'를 '특정 투자자를 상대로 금융투자상품의 매매 또는 … 체결을 권유하는 것'으로 정의하고 있는데 '특정' 투자자를 대상으로 한다는 점에서 투자광고와 구별됨. 투자광고 설명내용 참조

3 증권업감독규정 등에서 규정하고 판례를 통하여 고객보호의무의 하나로 인정되던 적합성원칙을 법에 규정

4 2009. 1. 자본시장법 개정 시 추가된 조항

3) 설명의무

▩ 법으로 일반투자자에 대한 설명의무를 강화

❖ 증권회사에 대해서는 **판례나 조정사례** 등에서 **고객보호의무**의 한 내용으로 파악하던 것을 법에 구체화하여 규정

* 기존에는 선물·자산운용·부동산투자회사에만 설명의무가 존재하고 증권사에는 설명의무가 없었음

  − 종전 **증권업감독규정** 등에는 **파생상품 등 위험도가 큰 거래**에만 설명의무를 부과하고 설명의무의 면제도 가능하였으며,

  − **선물거래법**에서는 선물·옵션의 경우 설명의무를 부과하였으나, 실제로 투자자가 **투자위험설명서 등에 자필 서명**한 경우 원칙적으로 설명의무를 이행한 것으로 보고 있었음

❖ 자본시장법에서는 모든 금융상품에 예외 없이 적용하고, **설명할 내용을 확대**해서 열거하였으며,

  − 일반투자자가 **이해할 수 있도록 설명**할 것을 요구하는 한편 **손해금액 추정 조항**을 신설하는 등 설명의무의 내용을 강화함

▩ 설명의무의 내용(법 제47조)

❖ 금융투자업자가 투자자에게 금융투자상품의 **투자를 권유**하는 경우, **상품내용과 위험 등***을 투자자가 이해하도록 **설명**하여야 함(제1항)

* 투자성, 수수료, 조기상환조건, 해제·해지 관련(시행령 제53조 제1항)

  − 형식적 설명에 그치지 않도록 하기 위해 설명 내용을 **투자자가 이해하였음을 확인하는 서명 등**(적합성원칙과 동일)을 징구(제2항)

    * 위반 시 5천만원 이하 과태료(법 제449조)

❖ 투자자를 오도(misleading)하는 행위를 막기 위하여 중요사항*의 설명에 **거짓, 왜곡**(불확실한 사항에 대해 단정적 판단을 제공하거나 확실하다고 오인하게 할 소지가 있는 내용을 알리는 것5) 또는 **누락**이 없어야 함(제3항)

    * 투자자의 합리적인 투자판단 또는 금융상품의 가치에 중대한 영향을 미칠 수 있는 사항

---

5 2009. 1. 자본시장법 개정시 추가됨

▐▐▐▐ 설명의무 위반에 따른 손해배상책임(법 제48조)

❖ **설명의무 미이행, 중요사항 설명의 허위·왜곡·누락으로 인한 손해 발생 시** 금융투자업자에게 배상 책임을 부과(제1항)

❖ **투자자의 원본 결손액***을 설명의무 위반으로 인한 **손해액으로 추정**함으로 써 투자자의 권리구제를 두텁게 함(제2항)

   * 투자자가 금융투자상품 투자로 지급했거나 지급할 금전의 총액에서 투자자가 금융투자 상품으로부터 회수했거나 회수할 금전의 총액을 공제한 금액

4) 단정적 판단 제공 등 투자권유 금지(법 제49조 제1호·제2호)

▐▐▐▐ **거짓내용**(제1호) 또는 **불확실한 사항**에 대해 **단정적 판단**을 제공하거나 **확 실하다고 오인**하게 할 소지가 있는 내용(제2호)을 알리는 권유행위 금지[6]

   * 위반 시 3년 이하 징역 또는 1억원 이하 벌금(제445조)

5) 기타 부당권유 금지(법 제49조 제3호~제5호)

▐▐▐▐ **요청하지 않은 투자권유(불초청 권유) 금지(제3호)**

❖ 투자자가 투자권유를 요청하지 않았다면 자택 또는 회사로의 방문, 전화, 도 로에서의 호객행위 등 **실시간 대화에 의한 투자권유 금지**

   * 위반 시 5천만원 이하 과태료(제449조)

   – 방문, 전화 등 **실시간 대화에 의한 투자권유**는 투자자가 원하는 경우에만 가 능하도록 하여 투자자의 사생활과 평온한 삶을 보호

❖ 다만, **증권 및 장내파생상품**을 적용대상에서 **제외**하여 사실상 **장외파생상품 에 대해서만 적용됨**(시행령 제54조 제1항)

▐▐▐▐ **의사에 반하는 재권유 금지(제4호)**

❖ 투자권유를 받은 투자자가 이를 **거부하는 취지의 의사표시**를 하였음에도 불구하고 투자권유를 계속하는 것을 금지

---

6 증권거래법 시행령(제36조의3제2호)에서는 '특정 유가증권의 가격의 상승 또는 하락에 대하여 단정적이거나 합리적 근거가 없는 판단을 제공'하는 권유행위를 금지하였음. 다만 증권업감독 규정(§4–15①)에서 합리적 근거의 대상을 폭넓게 인정함으로써 시행령을 보완하고 있었음

* 위반 시 5천만원 이하 과태료(법 제449조)

❖ **모든 금융투자상품**에 대하여 적용되나, 투자성 있는 보험계약, 거부의사를 표시한 때로부터 **1개월**이 지난 경우, **다른 종류**의 금융투자상품은 재권유 가능(시행령 제54조 제2항, 규정 제4−8조)

요청하지 않은 금전대여 조건의 투자권유 금지(법 제5호, 시행령 제55조)

❖ 투자자가 금전의 대여 등(금전 대여의 중개·주선·대리)을 요청하지 않았다면 이를 조건으로 하는 투자권유, 즉 **신용 또는 대출**을 이용하여 거래를 하도록 권유하는 행위가 금지됨

* 위반 시 5천만원 이하 과태료

❖ 단, 전문투자자 및 신용거래(법 제72조 제1항)의 경험이 있는 일반투자자 제외

6) 투자권유준칙의 제정 의무(법 제50조)

금융투자업자는 그 임직원이 투자권유를 함에 있어 준수해야 할 기준 및 절차를 정하여야 함

❖ 다만, 파생상품 등에 대하여는 일반투자자의 투자목적·재산상황 및 투자경험 등을 고려하여 투자자 등급별로 차등화된 투자권유준칙을 마련해야 함

  − 금융투자업자가 투자권유준칙을 정하거나 변경한 경우 홈페이지 등을 통해 공시하여야 함

❖ 한편, 협회는 표준투자권유준칙을 정할 수 있음

7) 투자권유대행인 제도[7]

투자권유대행인의 등록의무 등(법 제51조)

❖ 투자권유대행인은 금융투자업자의 위탁을 받아 사실상 **금융투자상품 판매의 중개업무**만을 수행하는 자를 말함

---

7 투자자가 금융투자상품에 투자하기 위해서는 직접 금융회사에 가야 하므로 금융투자상품에 대하여 보다 다양한 경로를 통해 접근할 수 있도록 투자권유대행인(Introducing Broker) 제도를 도입

❖ 투자권유대행인은 **개인**만 가능하고, **파생상품 등**의 투자권유를 할 수 없음 (제1항)
  – 투자권유대행인은 **하나의 금융투자업자**만을 대행할 수 있으며,
  – 금융투자상품에 대한 **전문지식**을 갖출 것이 요구되어 증권 관련 자격증 등을 보유하여야 함(시행령 제56조)

❖ 투자권유대행인은 등록 전 투자권유가 금지되고(제2항)
  * 위반 시 3년 이하 징역 또는 1억원 이하 벌금(법 제445조)
  – 금융투자업자는 투자권유대행인을 금융위에 등록*(제3항)
    * 금융위는 등록업무를 금융투자협회에 위탁(시행령 제57조)

▓▓▓▓ **투자권유대행인의 금지행위(법 제52조)**[8]

❖ 투자권유대행인이 아닌 자의 권유대행 금지(제1항)
  * 위반 시 3년 이하 징역 또는 1억원 이하 벌금(법 제445조)

❖ 투자권유시 금융투자업자 또는 투자자를 **대리하여 계약을 체결**하거나 투자자로부터 **금전, 증권 등을 수취**하는 행위, 투자권유대행을 **재위탁**하는 행위를 금지하고(제2항), 투자권유대행인이라는 사실을 **고지**하도록 함(제3항)
  * 제2항 위반 시 1년 이하 징역 또는 3천만원 이하 벌금(제446조)

❖ 투자권유대행인은 업무 위탁한 **금융투자업자가 관리**하도록 하고(제4항) 투자자에게 손해를 끼친 경우 **회사는 사용자책임 부담**(제5항)

❖ 기타 **법 제46조(적합성 원칙), 제47조(설명의무),* 제48조(손해배상책임), 제49조(부당권유 금지)**에 관한 규정을 준용하여 '**투자권유 규제**'를 모두 적용함으로써 **불완전 판매 예방**을 도모
  * 법 제49조 제1호~제2호 위반 시 3년 이하 징역 또는 1억원 이하 벌금(제445조)
  * 법 제47조 제2항, 제49조 제3호~제5호 위반 시 5천만원 이하 과태료(제449조)
  – 또한 제54조(직무 관련 정보이용 금지), 제55조(손실보전 금지) 및 금융실명법 제4조(금융거래의 비밀보장)를 준용(제6항)

▓▓▓▓ **투자권유대행인에 대한 검사 및 조치(제53조)**

---

8 간접투자자산운용업법 시행령 개정을 통해 도입된 수익증권 판매권유제도를 법률에 규정함으로써 판매권유자의 불완전판매를 방지하기 위한 투자권유 규제를 강화

나. 기타 공통 규제

1) 신의성실의무(법 제37조)[9]

▨▨▨ **신의성실의무(제1항) 및 이해상충행위 금지(제2항)**

2) 이해상충의 관리 및 정보교류의 차단(법 제44조·제45조)

▨▨▨ 금융투자업자와 투자자 간 또는 투자자 상호간 이해상충의 관리 및 금융투자업자가 수행하는 금융투자업 사이의 **이해상충 방지**를 위하여 정보교류를 차단함

3) 직무 관련 정보 이용금지(법 제54조)

▨▨▨ 공표되지 않은 직무 관련 정보를 정당한 사유 없이 자기 또는 제3자를 위하여 이용하는 것을 금지함

4) 손실보전 등의 금지(법 제55조)

▨▨▨ 금융투자업자는 **사전에 투자자의 손실을 보전할 것을 약속**하는 행위(제1호), **사후에 투자자의 손실을 보전**하여 주는 행위(제2호), **사전에 이익보장을 약속**하는 행위(제3호), **사후에 이익을 제공**하는 행위(제4호)가 금지됨[10]

* 위반 시 3년 이하 징역 또는 1억원 이하 벌금(제445조)

---

9 종래 증권회사 등과 고객과의 관계는 민법의 위임에 관한 규정이 적용되어 증권회사는 고객에 대하여 선관주의의무를 부담하였으나(민법 제681조), 자본시장법에서는 금융투자업자에 대한 신의성실의무를 별도로 규정함

10 증권거래법 및 하위 규정을 통해서 부당권유행위의 한 형태로 규제하던 내용을 투자권유 규제와 구분하여 규정

단, 이러한 손실보전과 수익보장 또는 이익제공은 **신탁업**의 경우와 **정당한 사유**가 있는 경우에는 제외

❖ 정당한 사유는 위법행위 여부가 불분명한 경우로 사전에 준법감시인에게 보고한 경우로서

❖ 사적 화해의 수단으로 손실을 보상하거나, 분쟁조정 또는 재판상 화해로 손실을 배상하는 경우 등으로 한정(규정 제4-20조 제1항 제7호)

5) 투자광고 규제(법 제57조)

투자광고는 **금융투자업자**(협회, 금융지주회사, 증권의 발행인·매출인 포함)만 할 수 있도록 규정하고(제1항)

* 투자권유를 '특정 투자자'에게 금융투자상품을 권유하는 행위로 정의함으로써(법 제9조 제4항), 불특정 투자자에 대한 것은 투자광고로 의제

투자광고(집합투자증권의 광고를 제외)에는 다음의 사항을 **표시**토록 하여 투자자를 보호(제2항)

❖ 금융투자업자의 명칭, 금융투자상품의 내용, 투자에 따른 위험 등

❖ 설명의무, 설명 청취 후 투자할 것을 권고하는 내용, 수수료 등(시행령 제60조 제1항)

❖ 재무상태 또는 영업실적을 표기하는 경우 미래에는 변경될 수 있다는 내용, 최소비용을 표기하는 경우 최대비용, 최대수익을 표기하는 경우 최소수익 등(규정 제4-11조 제1항)

집합투자증권의 광고에는 다음의 사항을 표시하여야 함(제3항)

❖ 투자설명서 확인 권고(제1호), 원금손실 가능성 및 손실의 투자자 귀속(제2호), 운용실적이 미래 수익률을 보장하지 않음(제3호)

❖ 기타 표시할 수 있는 사항 열거(시행령 제60조 제2항, 규정 제4-11조 제2항)

기타 광고에 **손실보전 또는 이익보장으로 오인케 하는 표시를 금지**하고 있으며(제4항)

❖ 수익률이나 운용실적이 좋은 기간만의 표시 금지(시행령 제60조 제3항 제1호)

❖ 명확한 근거 없는 비교광고의 금지(시행령 제60조 제3항 제2호)
❖ 준법감시인의 사전 확인, 내부통제기준 수립, 협회의 투자광고안 심사 등을
  요구(시행령 제60조 제3항 제3호, 규정 제4−12조)

6) 약관(법 제56조)

▨▨▨ 약관의 제정 또는 변경 시 금융위원회에 **신고의무**(제1항 본문)

▨▨▨ 제정 또는 변경 후 **보고의무**만 있는 경우(제1항 단서)
  ❖ 투자자의 권리 또는 의무와 관련 없는 사항 변경 시
  ❖ 표준약관 사용 시
  ❖ 다른 금융투자업자가 신고한 내용과 같은 경우
  ❖ 전문투자자만을 대상으로 하는 약관인 경우

▨▨▨ 협회가 표준약관을 제정·변경하는 경우 금융위에 신고(제3항·제4항)

▨▨▨ 약관 또는 표준약관에 대한 공정거래위원회의 시정 요구(제5항)

7) 수수료(법 제58조)

▨▨▨ 수수료 **부과기준·절차**의 **제정 및 공시**(홈페이지 등) 의무(제1항)

▨▨▨ 수수료 부과기준상 정당한 사유 없이 **투자자 차별 금지**(제2항)

▨▨▨ 수수료 협회 통보 및 협회의 수수료 비교 공시 의무(제3항·제4항)

8) 계약서류 교부 및 계약의 해제(법 제59조)

▨▨▨ 금융투자업자는 투자자와 계약을 체결한 경우 **계약서류를 지체없이 교부**
  하여야 함

❖ 다만, 다음과 같은 경우에는 **교부의무가 없음**(투자자보호를 해할 우려가 없는 경우, 시행령 제61조 제1항)
- 기본계약에 따라 계속적·반복적으로 거래하는 경우
- 투자자가 계약서류 수령을 거부한 경우
- 투자자의 의사에 따라 계약서류를 (전자)우편으로 받은 경우

▨ 한편, **투자자문계약**의 경우 계약서류 수령 후 7일 이내에 **해제** 가능(시행령 제61조 제2항)
❖ 다른 금융투자업의 계약해제에 대해서는 규정 없음

9) 금융투자업 관련 자료의 기록 유지의무
(법 제60조, 시행령 제62조, 규정 제4-13조·제4-14조)

10) 이해상충에 대한 손해배상책임(법 제64조)

▨ 법령 등을 위반한 경우의 **손해배상책임**(제1항 본문)
❖ 불법행위 또는 채무불이행으로 인한 일반적인 손해배상책임을 확인하는 규정

▨ **이해상충**의 경우 **손해배상책임**(제1항 단서)
❖ **투자매매업·중개업과 집합투자업을 겸영**하는 금융투자업자가 특정 조항* 을 위반한 이해상충행위를 하여 투자자에게 손해를 발생시킨 경우 손해를 배상할 책임
   * 제37조 제2항(이해상충금지 일반조항), 제44조(이해상충 발생가능성 관리 및 투자자에 대한 고지의무), 제45조(정보교류 차단), 제71조(투자매매업자중개업자의 불건전영업행위 금지), 제85조(집합투자업자의 불건전영업행위 금지)

❖ 단, 금융투자업자가 **상당한 주의**를 하였음을 증명하거나 **투자자가 금융상품의 매매, 그 밖의 거래 당시 그 사실을 안 경우에는** 배상책임이 면제됨

▦ 제1항의 손해배상책임에 **관련 임원의 귀책사유**가 있는 경우 그 임원은 **부진정연대책임**을 부담(제2항)

다. 투자매매업자 및 투자중개업자 규제

1) 매매형태의 명시(법 제66조)

▦ 매매주문 수탁시 투자매매업자인지 투자중개업자인지를 명시

2) 자기계약의 금지 및 최선집행의무(법 제67조·제68조)

▦ 증권시장 또는 파생상품시장을 통하여 거래되는 경우 등을 제외하고는 자신이 본인이 됨과 동시에 상대방의 투자중개업자가 되어서는 안 됨(법 제67조)

▦ 금융투자상품의 매매에 관한 투자자의 청약이나 주문을 집행하려는 경우 최선집행기준에 따라야 함(법 제68조)
   - ❖ 다만, 최선집행의무는 비상장 증권이나 장외파생상품은 물론, 채무증권, 지분증권(주권제외), 수익증권, 투자계약증권, 파생결합증권, 증권예탁증권(주권 관련 제외), 장내파생상품을 제외하고 있어 사실상 주권에 한정되어 적용되고 있음(시행령 제66의2조, 규칙 제7조의3)

3) 임의매매의 금지(법 제70조)

▦ 고객으로부터 금융투자상품의 매매주문 없이 고객의 예탁자산으로 매매하는 행위 금지
   - * 위반 시 5년 이하 징역 또는 2억원 이하 벌금(법 제444조)
   - ❖ 투자매매업자 또는 투자중개업자가 투자일임업자로서 일임계약에 근거하여 매매주문 없이 매매하는 경우는 해당 없음

4) 불건전 영업행위 금지(법 제71조)

▨▨ 주문정보 이용행위, 조사분석자료 이용행위, 투자권유대행인 이외의 자에
대한 권유대행(제1호~제5호)을 금지하고 있고

   ❖ 일임매매에 대해서도 명시적으로 금지(제6호)
      - 다만, 투자일임업으로서 행하는 경우와 투자일임업의 적용이 배제되는 경우
        (법 제7조 제4항)는 가능
   ❖ 기타 **시행령**에서 다음의 행위를 금지하고 있음(제7호)
      - 일반투자자와 같은 대우를 받겠다는 전문투자자의 요구에 정당한 사유 없이
        동의하지 아니하는 행위(시행령 제68조 제5항 제1호)
      - 투자자의 투자목적, 재산상황, 투자경험 등을 고려하지 않고 일반투자자에게
        지나치게 자주 **투자권유**하는 행위(시행령 제68조 제5항 제2호)
      - **재산상 이익제공 및 수령하는 행위**(시행령 제68조 제5항 제3호). 다만, 일반
        인이 통상적으로 이해하는 수준 및 협회가 정하는 한도 내에서는 가능(규정
        제4-18조)
      - 기타 불건전영업행위(시행령 제68조 제5항 제4호~제14호)

▨▨ 그 밖에 **금융투자업규정**으로 다음의 불건전영업행위를 금지(시행령 제68
조 제5항 제13호, 규정 제4-20조 제1항)

   ❖ 투자권유(제5호)
      - 일반투자자에 대한 **빈번하거나 과도한 규모**의 매매거래 권유행위(수수료, 재
        산상태·투자목적, 투자지식·경험, 권유내용 고려)(가목)
      - 자기계산에 따른 권유행위(나목)
      - **합리적 근거 없는 권유행위**(다목)
   ❖ **손실보전·이익보장**행위(제7호), 단 다음의 경우 **예외**를 인정
      - 위법행위 불명 시 사적 화해의 수단으로 손실을 보상
      - 투자매매업자 또는 투자중개업자의 위법행위로 인한 손해배상
      - 분쟁조정 또는 재판상 화해절차에 따른 손실보상·손해배상
   ❖ **일중매매거래 및 시스템매매** 관련 금지행위(제8호)
   ❖ 설명의무 및 정보제공 관련 금지행위(제9호)
      - 투자자의 매매주문 처리 전에 필요사항*을 고지하지 않는 경우
        * 쌍방대리, 투자자의 실명 고지 가능 사실 등

- 설명의무를 이행하기 위한 설명서를 교부하지 않는 경우
❖ 집합투자증권 판매 관련 금지행위(제10호)
❖ 매매주문 접수·집행 관련 금지행위(제11호)
  - **매매주문을 즉시 시장에 전달**하지 않는 행위, 단 주문방법의 변경 또는 일괄 주문할 수 있는 경우 예외를 인정(나목)
  - **계좌명의인·정당한 매매주문자** 이외의 자로부터 주문위탁받는 행위(다목)
❖ 수수료 지급 관련 금지행위(제12호)
  - 투자자로부터 **성과보수 약정체결** 및 **성과보수 수령**행위(나목)

5) 신용공여(법 제72조)

▨▨▨ 투자매매업자 또는 투자중개업자는 금전융자 또는 증권대여의 방법으로 신용공여 가능(법 제72조, 시행령 제69조)

▨▨▨ 신용공여의 종류 및 용어정리(규정 제4-21조)
❖ 신용공여는 ① 청약자금대출, ② **신용거래융자**(또는 신용거래대주), ③ **예탁증권담보융자**의 세 종류가 있음
  - 참고로 매입증권담보대출은 폐지

▨▨▨ **담보징구(제4-24조)**
❖ 청약자금대출시 청약하여 배정받은 증권을 담보로 징구, 단 증권교부 전까지는 납입영수증으로 갈음 가능
❖ 신용거래융자 시 매수한 주권 또는 집합투자증권(신용거래대주 시 매도대금)을 담보로 징구하여야 함

▨▨▨ **담보비율(제4-25조)**
❖ **신용공여금액의** 140% **이상을** 징구(제1항)
  - 단, 매도증권담보융자의 경우는 예외
❖ 신용거래시 보증금 징수 기준(제2항, 제4항)
  - 매매수량 × 지정가격 × 담보비율(40% 이상)
❖ 신용공여금액에 대한 담보평가금액의 비율이 담보유지비율에 미달 시 지체

없이 **추가담보 납부 요구**(제3항)

 - 추가담보는 현금 또는 증권에 한하고(제6항) - 추가담보 요구 시 내용증명 우편, 통화내용 녹취 등 **입증 가능한 방법**을 사용하여야 함(제7항)

담보증권의 평가(제4-26조, 제4-27조)

❖ 주식청약의 경우 취득가액, 상장주권의 경우 당일 종가로 하되 종가가 없는 경우에는 최근일 기준가격으로 함

임의상환 방법(제4-28조)

❖ 아래에 해당하는 경우 그 **다음 영업일**에 **예수금 충당, 담보증권·그 밖의 증권** 순서로 임의처분하여 충당(제1항)

 - 상환요구 받고 **상환기일** 이내에 상환하지 않았을 때
 - 추가담보 납부 요구받고 **납입기일**까지 추가납입하지 않았을 때
 - 기타 신용비용 납부 요구받은 경우

❖ 상장증권의 임의처분 시 투자자와 사전합의한 방법의 **호가**로 처분하고, 기타 증권의 처분방법은 협회가 규정(제3항, 제4항)

❖ 처분대금은 **처분제비용, 연체이자, 이자, 채무원금** 순서로 **충당**

신용거래 등의 제한 등(제4-30조)

❖ 신용거래 가능종목: 상장주권, 상장지수집합투자증권(ETF)

투자자별 신용공여한도, 기간, 이자율 등은 신용공여방법별로 회사가 정함 (제4-31조)

6) 매매명세의 통지(법 제73조)

금융상품의 매매가 체결된 경우 투자자에 대한 통지의무

통지 방법(시행령 제70조, 규정 제4-36조·제4-37조)

❖ 즉시 통지 및 월간 통지

라. 투자일임업자 규제

제도의 변화

❖ 증권거래법상 일임매매 제도(제107조)를 폐지하고 투자일임업으로 흡수하여 금융투자업자가 투자일임업 등록 시 일임매매 가능(법 제6조 제7항, 제71조 제6호)[11]

❖ 금융투자업자는 수량, 가격, 매매의 시기뿐만 아니라 종류, 종목, 매도/매수 여부, 매매방법까지도 일임을 받아서 거래가 가능

❖ 투자자가 매매거래일·총매매수량 또는 총매매금액을 지정한 경우, 약관에 따라 투자자 부재중 가격폭락 등 불가피한 사유가 있는 경우, 반대매매사유가 발생한 경우, 자동으로 MMF나 환매조건부증권의 매매를 하도록 설정*한 경우 등 **투자일임업 등록 없이** 일임매매를 할 수 있음(법 제7조 제4항, 시행령 제7조 제3항)

　* CMA계좌: 고객이 예치한 자금을 CP, CD, 국공채, RP 등의 채권에 투자하여 그 수익을 고객에게 돌려주는 계좌

1) 투자일임업자의 선관의무 및 충실의무(제96조)

2) 일반투자자와 투자일임계약의 체결시 서면자료 교부의무(제97조 제1항, 시행령 제98조, 규정 제4-73조) 및 계약서류 교부의무(제97조 제2항, 제59조 제1항)

---

11 증권거래법상 일임매매 관련 규제가 과도하고 비현실적이어서 자본시장법에서 폐지함. 증권거래법상 증권사는 증권 또는 선물의 가격, 수량, 매매시기에 한하여 10종목까지 일임 받을 수 있고, 종류, 종목, 매매구분과 방법은 고객이 직접 결정하며, 서면계약을 체결하여야 하고 금융위에 보고하여야 하며(익월 10일까지), 위반시에는 3년 이하의 징역 또는 2천만원 이하의 벌금 부과. 다만 판례는 이러한 규정은 고객을 보호하기 위한 규정으로서 이에 위반한 일임약정도 사법상으로는 유효하다고 보았음

3) 불건전 영업행위 금지(법 제98조, 시행령 제99조, 규정 제4-74조~제4-77조)

* 위반 시 5년 이하 징역 또는 2억원 이하 벌금(제444조)

❖ 일임의 범위, 투자목적 등을 고려하지 않은 과다매매 금지(시행령 제99조 제4항 제3호)

4) 투자일임보고서 교부(제99조, 시행령 제100조, 규정 제4-78조)

02

증권분쟁 관련 기본법리

1. 민법상 손해배상책임[1]

민법 제3편 채권

제1장 총칙

제393조(손해배상의 범위) ① 채무불이행으로 인한 손해배상은 <u>통상의 손해</u>를 그 한도로 한다. ② <u>특별한 사정</u>으로 인한 손해는 채무자가 그 사정을 알았거나 알 수 있었을 때에 한하여 배상의 책임이 있다.

제394조(손해배상의 방법) 다른 의사표시가 없으면 손해는 <u>금전</u>으로 배상한다.

제396조(과실상계) 채무불이행에 관하여 채권자에게 과실이 있는 때에는 법원은 손해배상의 책임 및 그 금액을 정함에 이를 참작하여야 한다.

제5장 불법행위

제750조(불법행위의 내용) <u>고의 또는 과실</u>로 인한 <u>위법행위</u>로 타인에게 손해를 가한 자는 그 손해를 배상할 책임이 있다.

제751조(재산이외의 손해의 배상) ① 타인의 신체, 자유 또는 명예를 해하거나 기타 정신상 고통을 가한 자는 재산 이외의 손해에 대하여도 배상할 책임이 있다. ② 법원은 전항의 손해배상을 정기금채무로 지급할 것을 명할 수 있고 그 이행을 확보하기 위하여 상당한 담보의 제공을 명할 수 있다.

제756조(사용자의 배상책임) ① 타인을 사용하여 어느 사무에 종사하게 한 자는 피용자가 그 사무집행에 관하여 제삼자에게 가한 손해를 배상할 책임이 있다. 그러나 사용자가 피용자의 선임 및 그 사무감독에 상당한 주의를 한 때 또는 상당한 주의를 하여도 손해가 있을 경우에는 그러하지 아니하다. ② 사용자에 갈음하여 그 사무를 감독하는 자도 전항의 책임이 있다. ③ 전2항의 경우에 사용자 또는 감독자는 피용자에 대하여 <u>구상권</u>을 행사할 수 있다.

제763조(준용규정) <u>제393조, 제394조, 제396조, 제399조</u>의 규정은 불법행위로 인한 손해배상에 준용한다.

제766조(손해배상청구권의 소멸시효) ① 불법행위로 인한 손해배상의 청구권은 피해자나 그 법정대리인이 그 <u>손해 및 가해자를 안 날로부터 3년간</u> 이를 행사하지 아니하면 시효로 인하여 소멸한다. ② 불법행위를 한 날로부터 10년을 경과한 때에도 전항과 같다.

---

[1] 김준호, 「민법강의」, 김형배, 「민법학강의」 참조.

가. 개요

▨▨▨ 민법상으로 손해배상책임이 발생하는 대표적인 원인은 **불법행위**와 **채무불이행**(계약위반)임

▨▨▨ 증권분쟁에서는 금융투자업자가 법규를 위반한 **불법행위**를 하였거나, 약관 또는 위임약정 등 당사자 간 계약내용을 위반한 **채무불이행**을 하였을 경우 금융투자업자의 손해배상책임을 인정할 수 있음

나. 불법행위책임과 다른 책임과의 관계

1) 불법행위책임(민사책임)과 형사책임

❖ 불법행위책임의 목적은 '손해의 전보'이나 형사책임의 목적은 '행위자 개인에 대한 제재'로 두 책임은 분리되어 있는 것이 일반적
  − 재판은 민사재판과 형사재판으로 분리되어 있으며, 형사재판에서의 유죄판결을 근거로 민사책임을 바로 인정하지는 않을 뿐 아니라 가해자가 형 집행을 받았더라도 민사책임을 면하지는 않음[2]

❖ 다만, 임의매매 등과 같이 형사적 처벌규정이 있는 경우에는 민사책임과 형사책임이 동시에 발생(자본시장법 제70조, 제444조)

2) 불법행위책임과 채무불이행책임

❖ 둘 다 위법행위이며 손해배상청구권의 발생 원인이며 두 가지 책임이 동시에 발생한 경우 어느 쪽으로든 손해배상청구가 가능
  ex) 관계법령(자본시장법 등) 및 약관을 동시에 위반하여 투자자에게 손해를 발생시킨 경우

---

2 다만, 민사합의 시 '향후 민·형사상책임을 묻지 않는다'고 하는 경우가 대부분임

❖ 다만, 두 책임 간에는 입증책임, 시효, 사용자책임 등에서 아래 표와 같은
차이가 있음

민법상 양 책임의 비교

	채무불이행책임	불법행위책임
과실 입증책임	채무불이행에 대하여 **채무자가** 고의/과실이 없음을 입증하여야 함(§390, §397)	**피해자가** 가해자에게 고의/과실이 있음을 입증하여야 함(§750)
손해배상의 범위	**통상의 손해** 특별손해는 알았거나 알 수 있었을 경우(§393)	준용(§763)
손해배상의 방법	다른 의사표시 없으면 **금전**(§394)	
과실상계	채권자의 과실 참작(§396)	
부진정 연대책임	—	공동불법행위일 경우(§760)
시효	10년(§162①)	3년(손해를 안 때부터) 10년(불법행위시로부터)(§766)
제3자에 의한 책임	이행보조자의 과실에 의한 채무자의 책임(§391)	피용자의 불법행위에 대한 사용자의 책임(§756)

다. 불법행위 책임의 요건

불법행위의 의의

❖ 고의 또는 과실로 인한 위법행위로 타인에게 손해를 가하는 행위(민법§750)

불법행위의 성립요건[3]

① 고의·과실에 의한 위법행위
② 손해의 발생
③ 위법행위와 손해와의 인과관계

3 민법 조문의 해석 및 불법행위의 유형에 따라 요건구성의 차이가 있을 수 있음. 또한 금융투자업자의 경우 '책임능력'의 문제는 발생하지 않으므로 여기에서는 생략함

1) 고의·과실에 의한 위법행위

❖ 위법행위란 실정법 및 '선량한 풍속 기타 사회질서'를 위반한 행위로서
  - 위반 여부는 실정법질서와 사회질서를 표준으로 하여 객관적·실질적으로 판단하여야 하며
  - 법, 시행령, 규정뿐만 아니라 사회관념도 기준이 될 수 있음
❖ 증권분쟁에서는 '선량한 관리자로서의 주의의무(충실의무 포함)', '고객보호의무' 위반의 경우 위법행위로 인정되고 있음

2) 손해의 발생

❖ 손해란 '위법행위가 없었다면 존재하였을 이익과 위법행위가 있은 후의 이익의 차이'(**차액설**)라는 것이 **통설·판례**임(대법원 92.6.23. 91다33070)
❖ 이러한 손해에는 **재산적 손해**와 **정신적 손해**가 있으며, 통상 정신적 손해는 **특별손해**에 해당(대법원 91.12.10 91다25628)
  - 불법행위에 의해 재산권이 침해된 경우 재산적 손해의 배상에 의해 정신적 고통도 회복된다고 보아야 하지만,
  - 재산적 손해 배상에 따라 회복할 수 없는 정신적 손해가 발생하였다면 이것은 **특별손해**에 해당되어 그러한 사정을 알았거나 알 수 있었을 경우에만 배상(대법원 91.12.10. 91다25628)

3) 위법행위와 손해와의 인과관계

불법행위가 성립하려면 위법행위로 "인하여" 손해가 발생해야 하며 위법행위가 없어도 손해가 발생할 수 있으면 인과관계는 부정됨

손해배상의 범위

① 통상손해

개념: 채무불이행이나 불법행위가 있으면 일반적으로 발생하는 손해[4]
  ex) 대출금상환 지연의 경우 지연기간 동안의 이자

<u>분쟁조정에서의 사례</u>

- 임의매매·과다일임매매·부당권유 등 직원의 불법행위로 발생한 손해
- 전산장애로 보유종목을 매도하지 못한 경우

배상범위: 채무자(배상의무자)의 예견가능성과 상관없이 전부 배상

② 특별손해

개념: 일반적으로 발생하는 손해가 아닌 채권자(손해배상청구권자)에게만 특별히 존재하는 사정으로 인하여 발생하는 손해
  ex) 매도인이 물건을 인도하지 못해 매수인이 다른 물건을 구입하기 위해 지출한 비용 또는 그 과정에서 입은 교통사고 손해

<u>분쟁조정에서의 사례</u>

- 매도주문불이행으로 미수금변제를 못하여 신용불량자가 된 경우
- 전산장애로 어떤 종목을 매수·매도하지 못하여 전매기회를 상실한 경우(처음부터 보유종목이 없던 경우)

배상범위
- 원칙적으로 배상책임이 없으나 채권자의 특별한 사정에 대해 채무자가 '알았거나 알 수 있었을 때'(예견가능성)에는 예외적으로 배상책임 인정
- 예견가능성의 대상은 **특별사정의 존재**(손해 아님)
- 예견가능성의 시기는 이행기 또는 불법행위 시(통설, 대법원 판례)
- 손해배상의 범위는 특별한 사정 하에서 통상 생기는 손해

---

4 상당인과관계가 있는 손해를 통상손해로 보는 견해가 통설임

2. 증권분쟁과 소멸시효

민법 제1편 총칙

제7장 소멸시효

제162조(채권, 재산권의 소멸시효) ① 채권은 10년간 행사하지 아니하면 소멸시효가 완성한다.
② 채권 및 소유권 이외의 재산권은 20년간 행사하지 아니하면 소멸시효가 완성한다.

제166조(소멸시효의 기산점) ① 소멸시효는 권리를 행사할 수 있는 때로부터 진행한다.
② (생략)

제168조(소멸시효의 중단사유) 소멸시효는 다음 각 호의 사유로 인하여 중단된다.
1. 청구
2. 압류 또는 가압류, 가처분
3. 승인

제174조(최고와 시효중단) 최고는 6월내에 재판상의 청구, 파산절차참가, 화해를 위한 소환, 임의출석, 압류 또는 가압류, 가처분을 하지 아니하면 시효중단의 효력이 없다.

제178조(중단후에 시효진행) ① 시효가 중단된 때에는 중단까지에 경과한 시효기간은 이를 산입하지 아니하고 중단사유가 종료한 때로부터 새로이 진행한다.
② 재판상의 청구로 인하여 중단한 시효는 전항의 규정에 의하여 재판이 확정된 때로부터 새로이 진행한다.

제766조(손해배상청구권의 소멸시효) ① 불법행위로 인한 손해배상의 청구권은 피해자나 그 법정대리인이 그 손해 및 가해자를 안 날로부터 3년간 이를 행사하지 아니하면 시효로 인하여 소멸한다.
② 불법행위를 한 날로부터 10년을 경과한 때에도 전항과 같다.

가. 소멸시효의 의의

▨▨▨▨ 권리자가 권리행사를 할 수 있음에도 불구하고 일정기간 동안 권리불행
사의 상태가 계속된 경우에 그 권리를 소멸하게 하는 제도

▨▨▨▨ **소멸시효의 내용**

❖ 증권영업행위관련 분쟁의 경우 **'불법행위 손해배상청구권'의 소멸시효(민법
제766조)** 가 적용됨이 일반적

불법행위 손해배상청구권의 소멸시효(민법 제766조)

민법 제766조	제1항(단기소멸시효)	제2항
기산점	"그 손해 및 가해자를 안 날"	"불법행위를 한 날"
판단기준	주관적 인식	객관적인 사실
기간	3년	10년

* 자본시장법상 불공정거래행위관련 손해배상청구권은 사실을 안 때부터 1년, 행위가 있던 때부터 3년간 행사하
지 않을 경우 시효로 인하여 소멸(§175, §177, §179)

▨▨▨▨ **소멸시효의 취지**

❖ 사회질서의 안정 및 유지
❖ 증거보존의 곤란구제(입증곤란의 구제)
❖ 권리행사의 태만에 대한 보호가치의 부존재('권리 위에 잠자는 자'를 보호하
지 않음)

나. 시효의 중단

▨▨▨▨ **의의**

❖ 소멸시효가 진행하는 도중에 권리자가 권리행사를 하거나 의무자가 의무의
존재를 승인한 경우, 소멸시효의 기초를 깨뜨리는 사정이 발생한 것이므로
더 이상 소멸시효를 진행시킬 이유가 없음

효과

❖ 중단사유가 종료한 때로부터 **새로이** 시효가 진행

중단사유

❖ **청구**[5](민법 제170조~제174조)

- **재판상 청구**, 파산절차참가, 지급명령, 화해신청과 임의출석, **최고**
- 이 중 **최고**(형식 필요 없음)는 **6월 내에 재판상의 청구**[6](파산절차참가, 화해 위한 소환, 임의출석 포함) 또는 압류(가압류, 가처분 포함)를 하지 아니하면 시효중단의 효력이 없음

❖ 압류, 가압류, 가처분[7]

❖ 승인: 지불 각서, 채무금 일부변제, 이자 지급, 담보제공 등

- 소멸시효가 완성됨으로써 ▶ **이익을 받을 자(주로 채무자)**가 ▶ **권리를 상실하게 될 자(주로 채권자)**에게 ▶ **채무의 존재 및 액수에 대하여** ▶ **인식함을 표시**하는 행위
- 승인 시점(각서 작성 시점 등)에서 소멸시효가 중단되지만, 직원의 채무승인이 있다고 하더라도 증권사와 직원은 부진정연대채무관계[8]로 **직원의 승인의 효과는 증권사에 미치지 않음**

---

5 청구의 대상으로 삼은 채권 중 일부만을 청구한 경우에도 그 취지로 보아 채권 전부에 관하여 판결을 구하는 것으로 해석되는 경우에는 그 동일성의 범위 내에서 그 전부에 관하여 시효중단의 효력이 발생하고, 이러한 법리는 특정 불법행위로 인한 손해배상채권에 대한 지연손해금 청구의 경우에도 마찬가지로 적용된다(대법원 2001. 9. 28. 선고 99다72521 판결).

6 최고를 여러 번 거듭하다가 재판상 청구 등을 한 경우에 시효중단의 효력은 항상 최초의 최고 시에 발생하는 것이 아니라 재판상청구 등을 한 시점을 기준으로 하여 이로부터 소급하여 6월 이내에 한 최고시에 발생한다(대법원 1983. 7. 12. 선고 83다카437 판결).

7 민법 제168조에서 가압류를 시효중단사유로 정하고 있는 것은 가압류에 의하여 채권자가 권리를 행사하였다고 할 수 있기 때문인바, 가압류에 의한 집행보전의 효력이 존속하는 동안은 가압류채권자에 의한 권리행사가 계속되고 있다고 보아야 하므로 가압류에 의한 시효중단의 효력은 가압류의 집행보전의 효력이 존속하는 동안은 계속된다(대법원 2006. 7. 4. 선고 2006다32781 판결).

8 부진정연대채무에 있어 채무자 1인에 대한 이행의 청구는 타 채무자에 대하여 그 효력이 미치지 않으므로, 하천구역으로 편입된 토지의 소유자가 서울특별시장에게 보상금지급 청구를 하였다 하더라도 부진정연대채무관계에 있는 국가에 대하여 시효중단의 효과가 발생한다고 할 수 없다(대법원 1997. 9. 12. 선고 95다42027 판결).

분쟁조정절차에서의 최고와 승인

• 두 가지 다 형식의 제한 없으나 절차상 증거의 존재가 중요함
  - 최고: 내용증명우편 등 / 승인: 직원의 확약서 내지 차용증 등

• 회원사에 대한 민원, 분쟁조정신청도 최고에 해당할 수 있음
① 분쟁조정신청을 '최고'로 보고 시효가 중단된다는 논리구성이 가능하고, 이 경우 6개월 이
   내 재판상 청구 등을 하여야 함
   * 분쟁조정신청 당시 소멸시효기간이 경과되어서는 아니 됨
   * 소멸시효제도, 특히 시효중단제도는 그 제도의 취지에 비추어 볼 때 이에 관한 기산점이나
     만료점은 원권리자를 위하여 너그럽게 해석하는 것이 상당하므로 민법 제174조의 시효중단
     사유로서의 최고도 채무이행을 최고받은 채무자가 그 이행의무의 존부 등에 대하여 조사해
     볼 필요가 있다는 이유로 채권자에 대하여 그 이행의 유예를 구한 경우에는 채권자가 그 회
     답을 받을 때까지는 최고의 효력이 계속된다고 보아야 하고 따라서 동조 소정의 6월의 기간
     은 채권자가 채무자로부터 회답을 받은 때로부터 기산되는 것이라고 해석하여야 함(대법원
     95.5.12 94다24336).
② 조정절차가 지연되어 6개월이 도과할 것으로 예상되는 경우 시효중단을 위해서 소제기가
   바람직
   - 다만 이 경우 법원이 구체적 타당성을 위해 시효의 계산을 엄격하게 하지 않을 가능성도
     있음

다. 불법행위로 인한 손해배상청구권의 소멸시효

1) 개관

▨▨▨ 민법 제766조

❖ 손해 및 가해자를 안 날로부터 3년, 불법행위를 한 날로부터 10년
❖ 일반채권의 소멸시효 기간인 10년에 대한 특칙 규정임

▨▨▨ 단기소멸시효의 취지

❖ 불법행위의 증명이나 손해액 산정의 곤란
❖ 손해 및 가해자를 안 피해자가 어느 정도의 세월이 지나면 감정도 누그러지
   기 마련이므로 나중에 새삼스럽게 분규를 일으키는 것은 타당하지 않아 법
   적 보호를 해줄 필요가 없음

3년의 기산점

❖ '손해를 안 날'이란 손해의 발생, 위법한 가해행위의 존재, 가해행위와 손해의 발생과의 사이에 상당인과관계가 있다는 사실 등 불법행위의 요건사실에 대해 **현실적이고도 구체적으로 인식**하였을 때(2008다92336 등)

- 개별적 사건에 있어서의 **여러 객관적 사정을 참작하고 손해배상청구가 사실상 가능하게 된 상황을 고려**하여 합리적으로 인정하여야 함(95다33450, 97므18, 2000다22249, 2010다7577 등)

- 의료사고 판례에서와 같이 가해행위와 손해 발생과의 인과관계가 불명확할 경우 그 인과관계가 밝혀져야 비로소 소제기 등이 가능하게 되므로, 이러한 경우 단기소멸시효의 기산점('손해 및 가해자를 안 날')을 피해자에게 유리하게 해석

2) 증권분쟁에서의 단기소멸시효

■■■■ 소멸시효의 객관적 기준인 "불법행위를 한 날부터 10년"은 비교적 명확하나, 단기소멸시효 3년의 기산점인 '손해를 안 날'은 판단 필요

❖ **판례**(대법원 1996.8.23. 선고 95다33450 판결)는 **단순히 손해발생의 사실만을 아는 것으로는 부족**하고

- 손해의 발생, 위법한 가해행위의 존재, **가해행위와 손해 발생과의 사이에 상당인과관계가 있다는 사실** 등 불법행위의 요건사실에 대하여 **현실적·구체적으로 인식한 시점**을 의미

❖ 불법행위로 인한 손해의 발생사실 외에 **불법행위 요건을 충족한다는 법적 평가부분까지 인식을 요하는지에 대한 판단 필요**

- **공적기관이 위법한 것으로 확정하기 전까지는 불법행위 여부 판단이 어려운 사안에서는 예외적으로 불법행위로 인한 손해배상청구권의 소멸시효는 진행되지 않음**(2006다79674)

- 개별적 사건에 있어서의 **여러 객관적 사정을 참작하고 손해배상 청구가 사실상 가능하게 된 상황을 고려**하여 합리적으로 인정하여야 함(95다33450, 91므18, 2000다22249)

▥▥▥ 다수의 사건은 <u>일반인을 기준으로 불법행위 당시 법적 평가의 귀추가 불</u>
<u>확실하여 이에 대하여 법원 재판 등 공권적 판단이 있기까지는 시효가 진</u>
<u>행되지 않는다고 보아야 하거나, 또는 관련된 재판의 확정시까지는 손해배</u>
<u>상청구권의 행사를 기대할 수 없는 특별한 사정이 있는 경우</u>[9],[10],[11]이므로,

   ❖ 위 판례는 투자자에게 상당히 유리하게 해석한 측면이 있으며,

   ❖ 이에 따라 과당매매나 부당권유 등 증권분쟁에서는 사실상 단기 소멸시효
의 존재 의미가 없어진다는 비판이 제기될 수도 있음

3) 분쟁 유형별 적용방안

▥▥▥ **소멸시효의 기산점**을 산정하는 "안 날"이나 "소멸시효의 완성" 여부는 **엄**
격하게 해석하는 것이 판례의 태도

   ❖ 즉, **손해배상채무로부터 불법행위자를 보호함에 있어** 소멸시효제도를 통한
제도적 보호를 불법행위로 인해 피해를 입은 **피해자보다 우선시하기 어려움**
    – 소송에 비해 **유연한 조정의 장점으로 소멸시효제도를 활용 가능**

   ❶ **전산장애, 주문집행을 원인으로 한 손해배상청구의 경우**
    – 사고발생 직후 **콜센터로 전화**하거나 증권사 민원실에 **민원제기 시점**을 "알았
음"이 객관적으로 확인되는 날로 판단

---

9 수사기관이 교통사고 경위에 대한 가해자의 허위진술을 받아들여 쌍방 과실을 전제로 하되 피
해자의 과실이 더 큰 것으로 인정하여 피해자를 기소하고 재판 과정에서도 가해자가 위증을
한 경우, 피해자가 손해배상을 청구하더라도 본인 과실이 가해자보다 큰 것으로 인정되어 전
혀 손해배상을 받을 수 없거나 오히려 손해를 배상해야 할 입장에 처할 것이므로 이러한 상황
에서 피해자가 손해배상청구를 한다는 것은 사실상 불가능하다고 보여지므로, 가해자의 위증
에 대한 유죄판결이 확정된 때에야 비로소 사실상 피해자의 손해배상청구가 가능하게 되었다
고 보아야 하고, 따라서 이 그 때로부터 시효가 진행된다고 한 사례(대법원 96.8.23 95다
33450)

10 혼인신고를 통해 주민등록상 부부관계에 있었다고 오인하여 오던 중 남편의 부정행위로 사실
혼관계가 파기되어 부인이 사실혼관계 존재확인의 소를 제기한 경우 동 판결 시점으로부터 남
편의 부정행위로 인한 시효가 진행한다고 본 사례(대법원 98.7.24 97므18)

11 긴급체포의 적법 여부는 주로 긴급체포의 요건 충족 여부와 관련된 것으로 일반인을 기준으로
불법행위 당시 그 법적 평가의 귀추가 불확실하다고 볼 여지가 있고, 실제로 관련 형사재판에
서 긴급체포의 적법성이 다투어지고 있는 경우에는 관련 형사판결이 확정된 때에 비로소 그로
인한 손해 등을 현실적·구체적으로 인식한 것으로 볼 수 있다고 한 사례(대법원 2008.4.24.
2006다30440)

- 민원제기는 안 날임과 동시에 시효중단사유인 '최고'가 되며 **민원처리기간은** 이행의 유예로 최고의 효력이 계속되어 **시효진행이 안 됨**

❷ 임의매매를 원인으로 한 손해배상청구 경우

- HTS접속하여 **매매 및 잔고내역을 확인**하였거나 **월간매매내역통보서를 수령한 날** 또는 **손실보상을 요구한 날** 등에 투자자가 임의매매사실을 알았다고 볼 수 있음

❸ 과당매매나 부당권유 등을 원인으로 한 손해배상청구 경우

❖ 과당매매와 부당권유는 일반인이 손실발생사실을 알았다고 하여도 그 **손실이 불법행위로 인한 것인지, 증권시장 상황의 변화에 따라 발생한 손실인지 여부를 알기 어려움**

- 따라서 투자자가 단순히 **손실보상을 요구하거나 거래내역을 통보받은 날을 단기소멸시효의 '안 날'이라고 보기 어려움**
- 특히 **과당매매는** 매매횟수, 월 평균 매매회전율, 동일종목 주식매매의 반복여부, 손실액 중 수수료가 차지하는 비율 등을 고려하여야 하므로 **매매데이터 분석 전에는 전문가도 과당매매여부를 판단하기 어려움**

❖ 객관적 외형적으로 볼 때 투자자가 **직원의 과대한 매매거래 및 이로 인한 손실 발생 사실을 충분히 인지하였다고 볼 수 있는 사정의 유무여부를 확인할 필요**

- 과당매매 등으로 인한 불법행위가 분명한 경우 손해배상책임자인 **증권사 등의 법적 안정성보다 피해자인 투자자 보호를 우선하여 단기소멸시효의 기산점을 피해자에게 유리하게** 해석

❖ **판례는** 단기소멸시효의 기산점 및 시효완성여부 판단에 있어 **엄격한 검토를 요구**하므로 **개별 사안별로 별도 판단 필요**

- 과당매매의 경우 포괄적 일임매매의 약정 등 증권업자에 의한 고객 계좌 지배를 그 성립요건으로 하고 있을 뿐만 아니라 일반 고객의 입장에서 주식거래 전문가인 증권회사나 그 직원의 과당매매로 인한 충실의무 위반 사실이나 손해와의 상당인과관계를 파악하는 것은 용이한 일이 아니라고 할 것이므로,
- **투자자가 단순히 손실보상을 요구하거나 거래내역을 통보받았다는 사실만으로는 3년의 단기 소멸시효가 진행된 것으로 보기 어려움**(부산지법 2009.1.8. 선고 2008가합7720 판결)

단기소멸시효완성 부정 사례: 원고가 이 사건 주식계좌를 개설한 이래 피고회사는 우편발송 용역업체를 통해 원고에게 이 사건 주식계좌의 월간거래내용 및 잔액·잔량현황을 매달 통지하여 온 사실, 피고회사가 원고에게 통지한 거래내역 및 잔고현황통지서에는 이 사건 주식계좌의 총 평가금액, 예수금 현황, 보유종목현황, 거래내역 등이 기재되어 있는 사실을 인정할 수 있으나, 과당매매는 포괄적 일임매매의 약정 등 증권업자에 의한 고객의 계좌지배를 그 성립요건으로 하고 있을 뿐만 아니라 일반 고객의 입장에서 주식거래 전문가인 증권회사나 그 직원의 충실의무 위반 사실이나 손해와의 상당인과관계를 파악하는 것이 용이한 일이 아니라는 점을 감안하면 설령 원고가 위와 같은 거래내역 및 잔고현황에 관한 통지를 매달 수령함으로써 이 사건 주식계좌의 예탁자산이 감소되고 있다는 사실을 알았다고 하더라도 그와 같은 사정만으로 주식전문가가 아닌 원고가 직원의 주식거래행위가 충실의무를 위반하여 원고의 이익을 무시하고 회사의 영업실적만을 증대시키기 위한 위법한 행위인지, 그 위법행위와 원고의 손해 사이의 상당인과관계가 존재하는지 까지 알게 되었다고 보기는 어렵고 달리 이를 인정할 증거가 없으므로, 2004.7.31. 이전의 과당매매행위에 대하여 그 단기소멸시효가 완성되었다는 피고회사의 주장은 이유 없다(부산지방법원 2009.1.8. 선고 2008가합7720 판결, 상세내역: 별첨 1-Ⅱ)

단기소멸시효완성 인정 사례: 피고직원이 위 기간 동안의 주식 매매가 과당매매행위로서 불법행위가 성립된다고 하더라도, 피고들은 소멸시효 완성의 항변을 하므로 살피건대, 불법행위로 인한 손해배상청구권의 단기소멸시효의 기산점이 되는 민법 제766조 제1항 소정의 '손해 및 가해자를 안 날'이라 함은 손해의 발생사실과 손해가 가해자의 불법행위로 인하여 발생하였다는 것을 안 날을 의미하고, 이 경우 손해의 발생사실을 알았다고 하기 위하여는 손해의 액수나 정도를 구체적으로 알아야 할 필요까지는 없다고 하더라도 손해를 현실적이고도 구체적으로 인식하여야 하는 것인바, 앞서 인정된 사실관계에 의하면 원고는 매달 피고회사로부터 거래내역을 통보받거나, 직접 인터넷으로 원고의 계좌를 검색함으로써 계좌의 현황을 알고 있었던 점 등을 인정할 수 있으므로, 위 기간 동안의 피고직원의 불법행위로 인한 손해배상청구권은 이 사건 소가 제기된 2007.9.14.이전에 3년의 단기소멸시효 기간이 만료되어 소멸되었다 할 것이다(서울중앙지법 2009.9.19. 선고 2007가단338309 판결, 상세내역: 별첨 1-Ⅰ)

라. 시효의 남용 금지

▧ 채무자가 소멸시효의 완성을 주장하는 것이 '신의성실'의 원칙에 반한 경우 권리남용으로써 허용될 수 없음

신의칙위반 내지 권리남용 판단 요건
대법원 2002.10.25. 선고 2002다32332 판결 판시내용 참조

- 채무자가 시효완성 전에 채권자의 권리행사나 시효중단을 불가능 또는 현저히 곤란하게 하였거나,
- 그러한 조치가 불필요하다고 믿게 하는 행동을 하였거나,
- 객관적으로 채권자가 권리를 행사할 수 없는 장애사유가 있었거나,
- 시효 완성 후에 채무자가 시효를 원용하지 아니할 것 같은 태도를 보여 권리자로 하여금 신뢰하게 하였거나,
- 채권자보호의 필요성이 크고, 같은 조건의 다른 채권자가 채무 변제를 수령하는 등의 사정이 있어 채무이행의 거절을 인정함이 현저히 부당하거나 불공평하게 되는 등의 특별한 사정이 있는 경우

민법에 규정된 소멸시효제도를 일반원칙인 신의칙으로 배제·제한하는 것은 법적 안정성을 해칠 우려가 있어 판례상 인정되는 경우가 많지 않으므로 신중한 적용 필요

시효 남용 인정판례

❶ (대법원 1996.4.26. 선고 95다49417 판결) 조합채권의 양도 당시 다른 조합원의 동의가 없어 그 채권 양수인이 그 채권을 적법하게 양수하지 못하였으나 채무자가 그와 같은 채권양도 행위의 하자를 이유로 채권양도가 무효임을 주장하지 아니한 채 양수인이 적법하게 그 조합채권을 양수하였음을 전제로 하여 양수인에게 그 채무를 변제할 것을 약속하고, 그 후 채권양도 행위의 하자가 치유되어 양수인이 적법하게 그 채권을 양수하게 된 경우, 그 양수금의 지급을 구하는 양수인의 청구에 대하여 그와 같은 변제 약속을 한 채무자가 채권양도 행위의 하자로 인하여 그 변제 약속 당시에는 적법한 양수인이 아니었음을 들어 그 채무승인의 효력을 부인하면서 소멸시효의 항변을 하는 것은 신의성실 또는 금반언의 원칙상 허용될 수 없다고 한 사례

❷ (대법원 2008.9.11. 선고 2006다70189 판결) 국가공무원 甲이 국가배상청구권에 관한 시효완성 이전에 판결문을 위조하는 등의 방법으로 乙의 인격적인 법익 침해에 관한 국가배상청구권 행사를 불가능 또는 현저히 곤란하게 만들었고, 위조된 위 판결문에 관한 시정조치가 이루어지기 전까지는 객관적으로 乙이 국가배상청구를 하는 것을 기대하기 어려운 장애 상태가 계속되었으므로, 이때 국가가 소멸시효 완성을 주장하는 것은 권리남용에 해당하여 허용될 수 없다고 한 사례

❸ (대법원 2010.5.27. 선고 2009다44327 판결) 교통사고로 심신상실의 상태에 빠진 甲이 乙보험회사를 상대로 교통사고 발생일로 부터 2년이 경과한 시점에 보험계약에 기한 보험금의 청구를 내용으로 하는 소를 제기한 사안에서, 보험금청구권에 대하여는 2년이라는 매우 짧은 소멸시효기간이 정해져 있으므로 보험자 스스로 보험금청구권자의 사정에 성실하게 배려할 필요가 있다는 점, 권리를 행사할 수 없게 하는 여러 장애사유 중 권리자의 심신상실상태에 대하여

는 특별한 법적 고려를 베풀 필요가 있다는 점, 甲이 보험사고로 인하여 의식불명의 상태에 있다는 사실을 그 사고 직후부터 명확하게 알고 있던 乙 보험회사는 甲의 사실상 대리인에게 보험금 중 일부를 지급하여 법원으로부터 금치산선고를 받지 아니하고도 보험금을 수령할 수 있다고 믿게 하는 데 일정한 기여를 한 점 등을 종합하여 보면, 乙보험회사가 주장하는 소멸시효 완성의 항변을 받아들이는 것은 신의성실의 원칙에 반하여 허용되지 아니한다고 판단하여 甲의 보험금청구를 인용한 원심판단을 수긍한 사례

❹ (대법원 2010.6.10. 선고 2010다8266 판결) 사용자가, 미지급 임금채권을 피보전 권리로 하여 근로자 등이 발령받은 가압류결정에 대한 집행해제 신청 후 2회에 걸쳐 근로자 등에게 미지급 임금채무 등을 승인함. 아울러 그 당시 약정한 변제기에 이를 지급하기로 하는 내용의 채무변제계약 공정증서를 작성하고 그 후 근로자에게 미지급 임금 중 일부를 지급하는 등 사용자가 임금채무를 자진하여 변제할 것과 같은 태도를 보임에 따라, 근로자가 이를 신뢰하고 그 임금에 대한 권리행사나 시효중단 조치를 별도로 취하지 않았던 사안에서, 사용자가 미지급 임금채무 중 일부에 관하여 소멸시효의 완성을 주장하는 것은 권리남용으로 허용될 수 없다고 한 사례

별첨 1

관련판례: 과당매매로 인한 손해배상청구권의 소멸시효

Ⅰ. 서울중앙지법 2009.9.19. 선고 2007가단338309 판결

1. 사건의 개요

❖ 원고는 2002.2.경 피고회사에 주식 위탁계좌를 개설하고 피고회사 지점장이 던 피고직원에게 약 9천만원에 달하는 계좌에서의 주식거래를 일임하였는 데, 거래가 종료된 2005.12.경 계좌평가액은 141만원으로 감소함

❖ 일임기간 중 피고직원은 2000.4.25. 본사 영업부로 자리를 옮겼고, 같은 해 12. 5.에는 피고회사를 퇴사하였다가 2001.1.1.부터 피고회사 투자상담사로 근무하였으며 같은 해 7.21.에는 투자상담사를 그만두었으나 원고는 피고직 원과의 일임거래를 지속하여 왔음

2. 주요 쟁점

❖ 과당매매 인정여부

❖ <u>손해배상청구권의 소멸시효 완성 여부</u>

3. 소송의 경과

서울중앙지법 2009.9.19. 선고 2007가단338309 판결: 원고 패(확정)

[원고: 고객 ↔ 피고: 증권회사, 직원]

4. 판결의 요지

❖ 피고직원이 2000.2.1.~2001.7.21.의 기간 동안 411회의 매도와 432회의 매수 거래를 한 점은 인정되나 거래기간에 따른 거래횟수 및 매월 원고에게 주식 거래내역이 통보된 점, 이 기간 동안 주식시장의 상황 등에 비추어 보면, 피 고직원이 결과적으로 투자손실을 발생시키는 매매거래를 반복하기도 하고 다소 빈번한 매매를 하였다 하더라도 이러한 사정만으로는 충실의무나 선 관주의의무를 위반하여 과당매매를 한 것으로 보기 어려움

❖ 설령 피고직원의 주식매매가 과당매매로서 불법행위가 성립한다고 하더라 도 매월 피고회사로부터 거래내역을 통보받거나 직접 인터넷으로 원고의

계좌를 검색함으로써 계좌현황을 알고 있었던 점을 인정할 수 있는바, 피고
직원의 불법행위로 인한 손해배상청구권은 이 사건 소가 제기된 2007.9.14.
이전에 단기소멸시효 기간이 만료되어 소멸되었음

(설령, 피고직원이 위 기간 동안의 주식 매매가 과당매매행위로서 불법행위가 성립된다고
하더라도, 피고들은 소멸시효 완성의 항변을 하므로 살피건대, 불법행위로 인한 손해배
상청구권의 단기소멸시효의 기산점이 되는 민법 제766조 제1항 소정의 '손해 및 가해자
를 안 날'이라 함은 손해의 발생사실과 손해가 가해자의 불법행위로 인하여 발생하였다
는 것을 안 날을 의미하고, 이 경우 손해의 발생사실을 알았다고 하기 위하여는 손해의
액수나 정도를 구체적으로 알아야 할 필요까지는 없다고 하더라도 **손해를 현실적이고도
구체적으로 인식하여야 하는 것인바**, 앞서 인정된 사실관계에 의하면 원고는 매달 피고
회사로부터 거래내역을 통보받거나, 직접 인터넷으로 원고의 계좌를 검색함으로써 계좌
의 현황을 알고 있었던 점 등을 인정할 수 있으므로, 위 기간 동안의 피고직원의 불법행
위로 인한 손해배상청구권은 이 사건 소가 제기된 2007.9.14.이전에 **3년의 단기소멸시효
기간이 만료**되어 소멸되었다 할 것이다)

❖ 2001.7.22. 이후의 주식거래는 피고직원이 피고회사를 떠난 후에 이루어진
것이므로 원고의 피고회사에 대한 사용자책임 주장은 이유 없음

II. 부산지방법원 2009.1.8. 선고 2008가합7720 판결

1. 사건의 개요

❖ 원고는 1998.경부터 수익증권 투자를 해온던 중 피고회사 직원을 통해 주식
일임거래를 하였으나 원금 2억 3천만원 거의 전부 손실이 발생함

❖ 원고는 2001.7.경 관련직원으로부터 거래를 일임하면 최소한 기존의 손실은
회복해 주겠다는 제의를 받고 관련직원과 "2002.8.까지 1년간 5억원을 운용
하되 손실발생시 50%를 관련직원이 책임지고 이익 발생시 관련직원에게
30%를 지급한다"는 합의서를 작성하고 주식거래를 포괄일임함

❖ 그러나 지속적으로 손실이 발생하여 2005.10월말 계좌잔고는 2억원 가량으
로 줄어들었고 관련직원은 2005.10.18. 지점장 입회하에 "2005.12.31.까지 6
억 3,500만원을 변제한다"는 지불각서를 작성하고 이후 매매는 원고의 승낙
하게 하기로 함

❖ 관련직원은 지불각서상 기한인 2005.12.31.까지는 원고의 사전 승낙하에 거
래를 하였으나 위 기한까지 투자금 손실이 회복되지 아니하자 이후로는 원
고의 승낙없이 임의로 주식을 거래하였고 거래가 종료할 무렵인 2006.12.
31.경 계좌잔고는 1억 3,200만원으로 감소함

2. 주요 쟁점

❖ 손실보전 합의서 및 지불각서 등을 통한 부당권유 성립여부
❖ 과당매매 및 임의매매 성립 여부
❖ <u>손해배상청구권 단기소멸시효의 기산점</u>

3. 소송의 경과

부산지방법원 2009.1.8. 선고 2008가합7720 판결(확정)
[원고: 고객 ↔ 피고: 증권회사]

4. 판결의 요지

❖ 최초 합의서는 원고의 요구에 의하여 작성되었고 원고는 상당기간의 주식
거래 및 손실경험을 통해 주식투자의 위험성을 충분히 인식하고 있었던 것
으로 보이므로 관련직원이 손실의 일부를 보전하기로 약속한 합의서를 써
주고 지불각서를 통해 이미 발생한 손실을 사후 보전하기로 한 것만으로 고
객보호의무를 위반한 것으로 보기 어려움
❖ 매매횟수, 월 평균 매매회전율, 동일 종목 주식매매의 반복여부, 손실액 중
수수료가 차지하는 비율 등에 비추어 보면 관련직원의 매매는 과당매매에
해당하므로, 관련직원이 원고로부터 포괄적 일임매매 위탁을 받는 기간에는
과당매매를 함으로써, 원고가 직원에 대한 포괄일임을 철회한 후 거래가 종
료된 때까지는 임의매매를 함으로써 원고에게 손해를 입힌 것으로 판단됨
❖ 일반고객의 입장에서 증권회사 직원의 충실의무 위반 사실이나 손해와의
상당인과관계를 파악하는 것이 용이한 것이 아니라는 점을 감안하면 원고
가 계좌의 예탁자산이 감소되고 있다는 사실을 알았다는 사정만으로는 관
련직원의 행위가 과당매매로서 위법한 행위인지, 그리고 그 위법행위와 손
해 사이에 상당인과관계가 존재하는지까지 알게 되었다고 보기 어려우므로
"손해를 안날로부터 3년"의 소멸시효가 완성되었다고 볼 수 없음

(… 원고가 이 사건 주식계좌를 개설한 이래 피고회사는 우편발송 용역업체를 통해 원고에게 이 사건 주식계좌의 월간거래내용 및 잔액·잔량현황을 매달 통지하여 온 사실, 피고회사가 원고에게 통지한 거래내역 및 잔고현황통지서에는 이 사건 주식계좌의 총 평가금액, 예수금 현황, 보유종목현황, 거래내역 등이 기재되어 있는 사실을 인정할 수 있으나, 과당매매는 포괄적 일임매매의 약정 등 증권업자에 의한 고객의 계좌지배를 그 성립요건으로 하고 있을 뿐만 아니라 일반 고객의 입장에서 주식거래 전문가인 증권회사나 그 직원의 충실의무 위반 사실이나 손해와의 상당인과관계를 파악하는 것이 용이한 일이 아니라는 점을 감안하면 설령 원고가 위와 같은 거래내역 및 잔고현황에 관한 통지를 매달 수령함으로써 이 사건 주식계좌의 예탁자산이 감소되고 있다는 사실을 알았다고 하더라도 그와 같은 사정만으로 주식전문가가 아닌 원고가 직원의 주식거래행위가 충실의무를 위반하여 원고의 이익을 무시하고 회사의 영업실적만을 증대시키기 위한 위법한 행위인지, 그 위법행위와 원고의 손해 사이의 상당인과관계가 존재하는지까지 알게 되었다고 보기는 어렵고 달리 이를 인정할 증거가 없으므로, 2004.7.31. 이전의 과당매매행위에 대하여 그 단기소멸시효가 완성되었다는 피고회사의 주장은 이유 없다.)

III. 의정부지방법원 고양지원 2009.12.18. 선고 2008가합9983 판결

1. 사건의 개요

❖ 원고는 1999.4.경부터 피고에게 주식 매매거래를 일임했으나 손실이 발생하였고 2002.2.경에는 선물옵션계좌까지 개설하여 선물거래까지 피고직원에게 일임하였으나, 손실이 누적되어 거래가 종료된 2003.12.27.기준 합계액 4억 1,800만원(주식 4.09억원＋선물 9백만원)의 투자손실이 발생함

❖ 피고직원은 2004.9. 주식거래 수수료 범위 내에서 1억 5,000만원을 보상하기로 하는 약정을 원고에게 교부하여 법률사무소의 공증을 받았으나 3,000만원만 지급하고 나머지 금액을 지급하지 못하자 원고는 피고회사 소외 지점장에게 피고직원의 위법행위를 고발하는 서면을 제출하였고, 소외 지점장은 자필로 "추가지불 예정 확인"이라고 기재한 서면을 원고에게 교부함

❖ 이후 피고직원은 원고에게 4천만원을 원고에게 지급하고 2007. 11.경 잔여분 7,500만원에 대한 배상일정을 재조정하는 각서를 교부하였으나 이를 이행하지 못함

2. 주요 쟁점

❖ 선물투자 부당권유 성립 여부

❖ 주식 과당매매로 인한 충실의무 위반여부

❖ <u>손해배상청구권 소멸시효 완성 여부</u>

3. 소송의 경과

의정부지방법원 고양지원 2009.12.18. 선고 2008가합9983: 원고 패

[원고: 고객 ↔ 피고: 증권회사, 직원]

4. 판결의 요지

❖ 선물옵션계좌 개설시 '매매거래설명서 교부확인서'에 서명·날인한 점, 피고 직원으로터 선물거래의 내용과 위험성에 대하여 설명을 듣지 못하였다고 볼만한 증거가 없는 점, 원고가 선물계좌를 권유받을 당시 이미 주식거래를 통하여 누적 4억원이 넘는 투자손실을 입은 상태였으므로 주식투자 및 선물거래의 위험성을 어느 정도 알고 있었던 것으로 보이는 점 등을 비추어 볼 때, 거래행위에 필연적으로 수반되는 위험성에 관한 올바른 인식형성을 방해하거나 원고의 투자상황에 비추어 과대한 위험성을 수반하는 거래를 적극 권유함으로써 고객보호의무를 저버린 것으로 보기 어려움

❖ 피고직원이 피고회사로부터 주식약정의 수입수수료 대비 인센티브를 받기 시작한 때부터 주식거래가 종료된 시점까지 월평균 회전율, 손실액 대비 수수료율, 미수금발생률, 투자손실금액, 당일 또는 3일 이내의 매수매도한 종목의 비중, 월 거래종목수 및 월 평균 매매횟수 등을 참작할 때, 비록 증권거래가 본래 여러 불확정적인 요소에 의한 위험성을 동반할 수밖에 없다고 하더라도, 피고직원의 주식매매행위는 고객에 대한 충실의무를 위반한 과당매매로 인정됨

❖ 적어도 피고직원과 손실보전약정을 체결한 2004.9. 무렵에는 원고가 과당매매로 인한 손해를 알았다고 봄이 상당한바, 그로부터 3년이 경과한 후에 소를 제기하였으므로 피고회사에 대한 손해배상청구권은 시효로 소멸함

  -피고회사 지점장의 행위는 피고회사의 채무에 대한 승인으로 보기 어려운 점

  <u>(… 묵시적 승인의 표시는 적어도 채무자가 그 채무의 존재 및 액수에 대하여 인식하고 있음을 전제로 하여 그 표시를 대하는 상대방으로 하여금 채무자가 그 채무를 인식하고 있음을 그 표시를 통해 추단하게 할 수 있는 방법으로 행해져야 할 것인바, 갑 제9호증의</u>

기재 및 증인의 일부 증언에 변론 전체의 취지를 종합하여 인정되는 다음과 같은 사정, 즉 위 영수증상에 피고 직원은 '차용자'로 기재되어 있고, 지점장은 '확인자'로 기재되어 있는 점, 위 영수증상에 만약 피고직원이 나머지 손실보상 약정금을 지급하지 못할 경우 피고회사 또는 지점장이 피고직원을 대신하여 지급하겠다는 내용이 전혀 기재되어 있지 아니하고 위 영수증 작성 당시 원고가 지점장이나 피고회사에 대하여 위 주식거래로 인한 손실액의 보상이나 손해배상을 청구한 적이 없는 점, 위 영수증 작성 당시 지점장이 원고에게 앞으로 자신이 책임지고 위 투자손실금을 갚겠다고 말하지 아니한 것으로 보이는 점 등에 비추어 볼 때, 비록 피고회사의 지점장이 영업에 관한 재판상 또는 재판 외의 모든 행위를 할 수 있는 지배인의 지위에 있다고 하더라도 원고가 주장한 위 사정만으로는 피고회사의 지점장의 위와 같은 행위를 통하여 피고회사가 피고직원의 위 과당매매행위로 인한 피고회사의 사용자책임에 대한 채무 승인을 한 것으로 보기는 어렵고),

- 피고직원이 원고에게 일부 금액을 변제하거나 채무승인을 하였다 하더라도 피고직원의 사용자로서 부진정연대채무의 관계에 있는 피고회사에 대하여도 그 영향이 미치는 것으로 볼 수 없는 점

- 원고가 피고회사의 손해배상채무에 대하여 최고한 적이 없는 점

- **피고회사가 소멸시효의 완성을 주장하는 것이 신의성실의 원칙에 반하는 것으로 보기 어려운 점**(… 채무자의 소멸시효에 기한 항변권의 행사도 우리 민법의 대원칙인 신의성실의 원칙과 권리남용금지의 원칙의 지배를 받는 것이어서 채무자가 시효완성 전에 채권자의 권리행사나 시효중단을 불가능 또는 현저히 곤란하게 하였거나, 그러한 조치가 불필요하다고 믿게 하는 행동을 하였거나, 객관적으로 채권자가 권리를 행사할 수 없는 장애사유가 있었거나, 또는 일단 시효완성 후에 채무자가 시효를 원용하지 아니할 것 같은 태도를 보여 권리자로 하여금 그와 같이 신뢰하게 하였거나 채권자보호의 필요성이 크고, 같은 조건의 다른 채권자가 채무의 변제를 수령하는 등의 사정이 있어 채무이행의 거절을 인정함이 현저히 부당하거나 불공평하게 되는 등의 특별한 사정이 있는 경우에는 채무자가 소멸시효의 완성을 주장하는 것이 신의성실의 원칙에 반하여 권리남용으로서 허용될 수 없다고 할 것인바, ….증언에 변론전체의 취지를 종합하여 인정되는 다음과 같은 사정, 즉 원고가 2005.4.21. 피고회사의 지점장을 방문하여 수신인을 피고회사 사장으로 하여 피고직원의 위법행위를 고발하는 내용의 고발서를 교부한 후 원고가 지점장이나 피고회사에 위 고발서가 정식으로 접수되어 처리되고 있는지 여부를 확인하거나 처리지연을 항의하는 민원을 제기하지 아

니한 점, 당시 지점장이 원고에게 만일 피고직원이 위 손해배상금을 지급하지 아니할 경우 지점장 본인이나 피고회사가 대신 지급해주겠다거나 책임을 지겠다고 말하는 등 적극적으로 원고가 피고회사를 상대로 직접 손해배상청구를 하거나 금융감독원 등에 민원을 제기하는 것을 막기 위한 언동을 하였다고 인정할 증거자료가 없는 점, 위 지점장이 피고회사의 다른 지점으로 옮긴 2006년 이후에는 원고가 피고직원을 통해 나머지 손해배상금을 지급받은 점, 2007.4.경을 끝으로 피고직원이 더 이상 원고에게 손해배상금을 지급하지 아니하자, 2008.3.21.경에 이르러서야 피고회사에 정식으로 손해배상금의 지급을 구하는 신청서를 제출한 점 등을 고려할 때, <u>원고가 주장하는 사정만으로는 피고회사가 지점장의 위와 같은 행위를 통하여 원고의 손해배상청구권의 행사를 불가능 또는 현저하게 곤란하게 하거나 그런 조치가 불필요하다고 믿게 할 만한 언동을 하였다고 보기에는 부족하고 객관적으로도 원고가 손해배상청구권을 행사할 수 없는 장애사유가 있었다거나 권리행사를 기대할 수 없는 상당한 사정이 있었다고도 보이지 아니하여</u> 피고가 소멸시효 완성 주장이 신의칙에 반하는 권리남용으로서 또는 형평의 원칙상 허용될 수 없다고는 보이지 아니하므로 이와 다른 전제에 선 원고의 주장도 받아들이지 아니한다) **등에 비추어 피고회사에 대한 소멸시효가 중단된 것으로 볼 수 없음**

3. 민법상의 추인

민 법   제1편 총칙

제5장 법률행위

제3절 대리

제130조(무권대리) 대리권 없는 자가 타인의 대리인으로 한 계약은 본인이 이를 추인하지 아니하면 본인에 대하여 효력이 없다.

제133조(추인의 효력) 추인은 다른 의사표시가 없는 때에는 계약시에 소급하여 그 효력이 생긴다. 그러나 제삼자의 권리를 해하지 못한다.

제4절 무효와 취소

제139조(무효행위의 추인) 무효인 법률행위는 추인하여도 그 효력이 생기지 아니한다. 그러나 당사자가 그 무효임을 알고 추인한 때에는 새로운 법률행위로 본다.

제140조(법률행위의 취소권자) 취소할 수 있는 법률행위는 무능력자, 하자있는 의사표시를 한 자, 그 대리인 또는 승계인에 한하여 취소할 수 있다.

제141조(취소의 효과) 취소한 법률행위는 처음부터 무효인 것으로 본다. 그러나 무능력자는 그 행위로 인하여 받은 이익이 현존하는 한도에서 상환할 책임이 있다.

제143조(추인의 방법, 효과) ① 취소할 수 있는 법률행위는 제140조에 규정한 자가 추인할 수 있고 추인 후에는 취소하지 못한다.

② 전조의 규정은 전항의 경우에 준용한다.

제144조(추인의 요건) ① 추인은 취소의 원인이 종료한 후에 하지 아니하면 효력이 없다.

② 전항의 규정은 법정대리인이 추인하는 경우에는 적용하지 아니한다.

제145조(법정추인) 취소할 수 있는 법률행위에 관하여 전조의 규정에 의하여 추인할 수 있는 후에 다음 각호의 사유가 있으면 추인한 것으로 본다. 그러나 이의를 보류한 때에는 그러하지 아니하다.

1. 전부나 일부의 이행
2. 이행의 청구
3. 경개
4. 담보의 제공
5. 취소할 수 있는 행위로 취득한 권리의 전부나 일부의 양도
6. 강제집행

민법상의 추인

	무권대리의 추인	무효행위의 추인	취소할 수 있는 법률행위의 추인
대상	무권대리행위	무효인 법률행위	취소 가능한 법률행위
효과	계약시에 소급하여 효력 생김	당사자가 무효임을 알고 추인한 때에는 새로운 법률행위	취소권의 포기 (확정적 유효)

▨ 민법상 추인은 위 세 가지가 있으며, 증권분쟁에 적용 가능한 것은 무권 대리의 추인 즉, **임의매매의 추인임**[12] · [13]

❖ 무권대리행위는 그 효력이 불확정 상태에 있다가 추인 유무에 따라 본인에 대한 효력발생 여부가 결정 되는 것으로서,

❖ 추인은 무권대리 행위가 있음을 알고 그 행위의 효과를 자기에게 귀속시키 도록 하는 단독행위임(대법원 2000.9.8. 선고 99다58471 판결)

▨ 고객이 증권사 직원의 임의매매를 묵시적으로 추인하였다고 하기 위해서 는 자신이 처한 법적 지위를 충분히 이해하고 진의에 기하여 당해 매매의 손실이 자기에게 귀속된다는 것을 승인하는 것으로 볼 만한 사정이 있어 야 함(대법원 2002.10.11. 선고 2001다59217 판결)

대리

• 대리행위는 의사표시를 요소로 하는 **법률행위**에 한하여 인정되는 것이 원칙이고, 그 밖에 대리인이 행하거나 수령할 수 있는 행위는 의사의 통지, 관념의 통지와 같은 준법률행위에 한하며 사실행위나 불법행위의 대리는 허용되지 않음(통설)

• 권한을 넘는 표현대리에 있어서 대리인에게 그 권한이 있다고 믿을 만한 정당한 이유가 있는지는 대리행위 당시를 기준으로 판단하고 그 이후의 사정은 고려할 것이 아니라는 입 장임(대법원 97.6.27. 97다3828)

---

12 임의매매 부분에서 추인관련 내용 자세히 서술함

13 다른 분쟁유형에서 고객이 증권회사 또는 직원의 위법행위에 대해 이의를 제기하지 않는 것 또는 이의를 제기하지 않기로 하는 것은 당사자 간 합의, 화해 또는 손해배상청구권의 포기로 볼 수 있으며, 추인으로 표현하기에는 다소 무리가 있음

▣ 주문대리권[14] 없는 부부나 가족에 의한 매매주문시 임의매매 가능성

❖ 주식투자는 부부간 일상가사대리권 범위 벗어남

「자본시장과 금융투자업에 관한 법률」

제70조(임의매매의 금지) 투자매매업자 또는 투자중개업자는 투자자나 그 대리인으로부터 금융투자상품의 매매의 청약 또는 주문을 받지 아니하고는 투자자로부터 예탁받은 재산으로 금융투자상품의 매매를 하여서는 아니 된다.

제64조(손해배상책임) ① 금융투자업자는 법령·약관·집합투자규약·투자설명서(제123조 제1항에 따른 투자설명서를 말한다)에 위반하는 행위를 하거나 그 업무를 소홀히 하여 투자자에게 손해를 발생시킨 경우에는 그 손해를 배상할 책임이 있다.

제444조(벌칙) 다음 각 호의 어느 하나에 해당하는 자는 5년 이하의 징역 또는 2억원 이하의 벌금에 처한다.
  7. 제70조를 위반하여 투자자로부터 예탁받은 재산으로 금융투자상품의 매매를 한 자

▣ 판례(대법원 2003다49542)는 민법상 무권대리의 법리에 따라, 고객이 **임의매매를 사후에 추인할 경우 그 법률효과는 고객에게 모두 귀속**되고 그 임의매매행위는 불법행위를 구성하지 않게 됨으로써 **손해배상을 청구할 수 없으나,**

❖ 사후추인이 인정되려면 <u>고객이 자신의 법적지위를 충분히 인식한 상태에서 손실이 자기에게 귀속되는 것을 승인하는 것으로 볼 만한 사정을 종합적이고 신중하게 판단</u>하여야 한다고 판시함

❖ 특히 **묵시적 추인을 인정하려면** ① 고객이 임의매매사실을 알고도 이의를 제기하지 않고 방치하였는지 여부 ② 임의매수에 대해 항의하면서 곧바로 매도를 요구하였는지 아니면 직원의 설득을 받아들이는 등으로 주가가 상승하기를 기다렸는지 ③ 임의매도로 계좌에 입금된 그 증권의 매도대금을 인출하였는지 ④ 신용으로 임의매수한 경우 그에 따른 미수금을 이의 없이 변제하거나 미수금 변제독촉에 이의를 제기하지 않았는지 여부 등을 종합적으로 검토하여 신중하게 판단하여야 한다고 판시

---

14 주문대리계좌의 주문대리인으로 등록한 경우는 대리권 보유

4. 사용자책임

> 민법 제756조(사용자의 배상책임) ① 타인을 사용하여 어느 사무에 종사하게 한 자는 피용자가 그 사무집행에 관하여 제삼자에게 가한 손해를 배상할 책임이 있다. 그러나 사용자가 피용자의 선임 및 그 사무감독에 상당한 주의를 한 때 또는 상당한 주의를 하여도 손해가 있을 경우에는 그러하지 아니한다.
> ② 사용자에 갈음하여 그 사무를 감독하는 자도 전항의 책임이 있다.
> ③ 전2항의 경우에 사용자 또는 감독자는 피용자에 대하여 구상권을 행사할 수 있다.

▨▨▨ 증권분쟁에서 금융투자업자는 그 직원의 불법행위에 대해 손해배상책임이 있음

가. 요건

1) 타인을 사용하여 어느 사무에 종사하게 할 것

❖ 금융투자업자의 일반직원, 계약직 투자상담사, 투자권유대행인(자본시장법 제52조 제5항) 모두 해당됨
❖ 반드시 유효한 고용관계에 한정되지 않으나 실질적인 지휘감독관계에 있어야 함(대법원 96.10.11. 96다30182, 서울중앙지법 2005.1.28. 2003가합64218)

2) 사무집행 관련성

❖ 피용자의 불법행위가 '**외형상 객관적으로**' 사무집행행위 또는 그와 관련된 것으로 판단 시 행위자의 주관적 사정과는 관계없이 사무집행 관련성을 긍정(외형이론)
  − 고객이 주식거래 위탁계좌를 개설하지 않은 채 증권회사 직원 개인 명의의 은행통장으로 송금한 행위는 외형이론의 보호범위 밖에 있음(서울고법 97.1.10. 96나22022)[15]

❖ 사용자책임 성립요건 중 **사무집행 관련성**은 피용자의 본래 직무와 불법행위와의 관련 정도 및 사용자에게 손해 발생에 대한 위험창출과 방지조치 결여책임이 어느 정도 있는지를 고려하여 판단하여야 함(대법원 99.12.7. 98다42929, 대법원 2003.1.10. 2000다34426, 대법원 2007.4.12. 2006다11562 등)

❖ **(악의·중과실에 의한 불성립)** 피용자의 불법행위가 외관상 사무집행 범위 내에 속하는 것으로 경우에도 피용자의 행위가 사용자나 사용자에 갈음하여 그 사무를 감독하는 자의 사무집행 행위에 해당하지 않음을 피해자가 알았거나 중과실로 알지 못한 경우에는 사용자책임 불성립(대법원 2006.9.14. 선고 2004다53203 판결, 대법원 2007.4.12. 선고 2006다11562 판결)

- 사용자책임이 면책되는 중대한 과실이란 상대방이 조금만 주의를 기울였더라면 피용자의 행위가 직무권한 내에서 적법하게 행하여진 것이 아님을 알 수 있었음에도 만연히 직무권한 내의 행위라고 믿음으로써 일반인에게 요구되는 주의의무에 현저히 위반하는 것으로 <u>거의 고의에 가까운 정도의 주의를 결여하고, 공평의 관점에서 상대방을 구태여 보호할 필요가 없다고 봄이 상당하다고 인정되는 상태</u>를 말함(대법원 2002.7.12. 선고 2000다59364 판결, 대법원 2003.1.10. 선고 2000다34426 판결)

- 고객이 증권회사와 구체적인 금융거래계약을 체결하지 않은 상태에서 직원에게 송금하는 방법으로 투자했지만, 증권투자 경험이 거의 없는 상태에서 직원의 권유에 따라 송금한 점, 투자상담이 이루어지고 투자금의 일부가 지급된 곳이 증권회사 사무실이고 고객에게 증권회사 명의 또는 다른 직원 명의로 송금된 점 등에 비추어 고객의 고의 또는 중과실을 부정(대법원 2002.7.12. 선고 2000다59364 판결)

■ 직원이 차명계좌로 선물옵션을 거래하는 사실을 알면서도 직원명의 계좌로 투자금을 입금한 점, 직원과 별도 투자계약서를 작성하고 현금보관증을 받아둔 점, 당사자 간의 계약을 증권회사를 포함한 제3자에게는 비밀로 하기로 약정한 점 등에 비추어 고수익 배당을 목적으로 증권회사가 아닌 직원과 매매위탁을 한 것임

- 따라서 직원의 불법행위는 증권회사의 사무집행에 관한 행위로 보기 어려우며, 설사 외관상 회사의 사무집행에 관한 행위로 인정된다 하더라도, 원고는

---

15 직원 개인계좌로 입금하였음에도 사용자책임을 인정한 판례도 존재(별첨 2 판례 Ⅲ)

이러한 행위가 회사의 사무집행 범위에 해당하지 않음을 알았거나 중대한 과
실로 알지 못하였다고 보아야 하므로 피고회사의 사용자책임을 물을 수 없음
(대법원 2006. 12. 7. 선고 2004다30170 판결)

■ 지점장이 주식 매도대금의 일부를 채권투자를 위해 다시 위탁할 것을 권유
하였고, 고객이 이를 받아들여 위탁하였으므로, 지점장의 투자권유 및 금원
수령행위는 외형상 객관적으로 피고 회사의 사무집행과 관련된 행위로 봄
이 상당하고,
  – 통장이나 잔고증명서, 입금증 등 돈이 증권회사에 예탁되었음을 나타내는 서
   류를 교부받지 않았고, 위탁금의 운용현황을 확인하거나 자료를 요구한 적도
   없었다는 사정만으로 직원의 행위가 사무집행의 범위를 벗어났다는 것을 알았
   다거나 중대한 과실로 알지 못하였다고 단정할 수 없음(대법원 2007.4.12. 선
   고 2006다11562 판결)

3) 피용자의 불법행위가 존재할 것

4) 사용자가 면책사유(민법 §756①단서)를 입증하지 못할 것

❖ 사용자가 피용자의 선임 및 그 사무감독에 상당한 주의를 한 때 또는 상당
  한 주의를 하여도 손해가 있을 경우에는 면책됨

나. 효과

❖ 사용자, 대리감독자(민법 §756②), 피용자(불법행위 직원) 3인은 **'부진정연
  대채무'**를 부담하므로, 피해자는 이 중 어느 1인에 대해서도 손해배상금액
  의 전부나 일부를 청구할 수 있음
❖ 사용자 또는 대리감독자가 손해배상을 하면 피용자에 대해 구상권을 가짐
  (민법 §756③)
  – 증권회사가 사용자책임을 부담한 경우 직원에 대한 구상비율과 관련해 사용자
   는 사업성격, 피용자 업무내용·근로조건·근무태도, 가해행위의 발생원인·성격,

가해행위 예방이나 손실분담에 관한 사용자의 배려 정도, 기타 제반사정에 비추어 손해의 공평한 분담이라는 견지에서 신의칙상 상당한 범위 내에서 구상 가능(부산고법 2000.6.2. 선고 2000나3668 판결, 서울남부지법 2006.8.30. 선고 2005가단71271 판결)

❖ 피용자가 그 사무집행에 관하여 제3자에게 가해행위를 한 경우에 사용자가 그로 인한 손해배상을 직접 피해자에 대하여 부담(민법 §756①)

다. 면책 및 구상권 등

▨▨▨ **(면책요건)** 사용자가 피용자의 선임·감독에 상당한 주의를 기울였음을 사용자가 입증하는 경우 면책되나 인정된 경우는 매우 드묾

▨▨▨ **(구상권)** 증권회사가 사용자책임을 부담한 경우 직원에 대한 구상비율과 관련해 사용자는 사업성격, 피용자 업무내용, 근무조건, 근무태도, 가해행위의 발생원인 및 성격, 가해행위 예방이나 손실부담에 관한 사용자의 배려 정도, 기타 제반사정에 비추어 손해의 공평한 분담이라는 견지에서 신의칙상 상당한 범위 내에서만 구상 가능(부산고법 2000.6.2. 선고 2000나3668 판결, 서울남부지법 2006.8.30. 선고 2005가단71271 판결)

▨▨▨ **(기타·직원 개인명의 계좌 등으로 송금)** 증권회사 등 금융기관은 고객은 투자수익 증대측면에서, 담당직원은 고객유치 등의 측면에서, 금융기관은 거래량 증가 등의 측면에서 담당직원 개인 명의계좌 또는 제3자 명의의 차명계좌를 통한 투자거래가 이루어질 가능성이 충분히 있는 점 등을 고려하면 원고들이 직원 개인 계좌나 차명계좌로 투자금을 송금하였다고 하더라도 중대한 과실이 있다고 단정할 수 없다고 하여 단지 차명계좌 입금사실만으로 악의·중과실로 인정하지는 않았으나(서울고법 2013.4.11. 선고 2012나74634 판결),

❖ 2년간 50여회에 걸쳐 직원 개인명의나 차명계좌로 입금한 경우는 악의·중과실 인정하여 사용자책임 부정함

■■■ **(사용자책임 범위)** 사용자책임 범위와 관련하여 **피용자가** 피해자의 부주의를 이용하여 **고의의 불법영득행위를 행한 경우**, 피용자는 과실상계를 주장하지 못하지만, **사용자책임은 피해자 과실상계의 법리에 따라 제한할 수 있다는 취지의**[16] **판례**[17]가 존재

---

16 동일 취지 - 지원림, 「민법강의」 제9판 p. 1122 참조.

17 피해자의 부주의를 이용하여 고의로 불법행위를 저지른 자가 바로 그 피해자의 부주의를 이유로 자신의 책임을 감하여 달라고 주장하는 것은 허용될 수 없으나, 이는 그러한 사유가 있는 자에게 과실상계의 주장을 허용하는 것이 신의칙에 반하기 때문이므로, 중개보조원이 업무상 행위로 거래당사자인 피해자에게 고의로 불법행위를 저지른 경우라 하더라도 중개보조원을 고용하였을 뿐 이러한 불법행위에 가담하지 아니한 중개업자에게 책임을 묻고 있는 피해자에 과실이 있다면 법원은 과실상계의 법리에 좇아 손해배상책임 및 그 금액을 정하면서 이를 참작하여야 함(대법원 2011다21143).

별첨 2

관련판례: 사용자책임

I. 서울동부지방법원 2009.4.24.선고 2008나6313 판결

1. 사건의 개요

❖ 소외인은 피고 증권회사 지점 내의 HTS룸을 사실상 독점적으로 사용하며 원고에게 매월 20%의 수익을 보장한다며 투자를 권유하였고 이에 원고는 소외인에게 주식거래를 일임했으나 손실이 발생

2. 주요 쟁점

❖ 고객이 지점 내 특정 공간을 독점사용하도록 한 경우 사용자책임

3. 소송의 경과

서울동부지방법원 2008.6.13. 선고 2007가단4159 판결: 원고(고객) 피고(직원, 증권회사) 원고 일부 승

서울동부지방법원 2009.4.24. 선고 2008나6313 판결: 원고 항소기각(원고, 항소인: 고객, 피고, 피항소인: 증권회사)

대법원 2009.8.20. 선고 2009다43188 판결: 심리불속행기각

4. 판결 요지

❖ 지점 HTS룸은 고객 편의를 위해 마련한 것으로 고객이라면 누구나 이용할 수 있는 시설인 점, 소외인은 직위, 성명이 기재된 직원명찰 및 회사배지를 착용하지 않고 있던 점, 당시 원고가 소외인을 '사장'이라 호칭한 점 등에 비추어 원고가 소외인을 증권회사 직원으로 오인했다고 보기 어렵고 설령 오인했다고 하더라도 이는 원고의 중과실에 의한 것이므로 피고 회사의 사용자책임은 인정되지 않음

II. 부산고등법원 2009.11.20. 선고 2009나112 판결

1. 사건의 개요

❖ 원고들은 대리인 A를 통하여 피고회사에 주식위탁계좌를 개설하게 하고 거래행위를 대리하여 수행하도록 함

❖ 피고회사 관련직원은 원고들의 대리인으로부터 위탁을 받아 주식을 거래해 오던 중 투자손실이 발생하자 이를 만회하기 위해 선물옵션거래를 하였는데 오히려 손실이 증가하였고 이에 관련직원은 A에게 원고들의 수익증권환매자금을 자신에게 지급하게 한 다음, 위 돈을 본인 명의 선물옵션계좌에 입금하여 투자함으로써 임의로 소비하고는 원고들 명의의 수익증권통장에는 별도의 수익증권저축계약을 체결한 것과 같이 동일한 금액의 수익증권상품을 허위로 기장하여 A에게 교부함

2. 주요 쟁점

❖ 수익증권저축계약의 성립여부

❖ 투자자들의 대리인이 증권회사 직원의 불법행위를 인지한 경우 증권회사의 사용자책임 성립여부

3. 소송의 경과

부산지방법원 동부지원 2008.11.27. 선고 2008가합1193 판결: 원고 패
부산고등법원 2009.11.20. 선고 2009나112 판결: 원고 항소기각(확정)

4. 판결의 요지(원심, 항소심 동일)

❖ 관련직원은 피고회사의 대리인으로 볼 수 있는데 관련직원의 행위가 본인인 증권회사의 이익이나 의사에 반하는 행위임을 거래 상대방이 알거나 알 수 있었을 경우에는 그 행위는 본인의 대리행위로 성립할 수 없다고 할 것이며 이 사건에서 거래 상대방은 원고들의 대리인인 A로 봄이 상당함

❖ 관련직원이 A에게 선물옵션투자를 해보자고 제의하자 A가 이에 응하여 투자자금을 관련직원이 지정한 은행계좌에 송금하거나 관련직원에게 직접 교부한 사실, 그 이후 투자에 대한 수익금조로 금전을 A 본인계좌로 송금받거나 직접 교부받은 사실, 수익증권환매대금 출금 당시 피고회사의 다른 직원

이 피고회사가 아닌 다른 은행계좌로 송금하는 것이 의심되어 A에게 유선 확인하였는데 이상 없음을 확인한 사실 등에 비추어 볼 때 A는 관련직원이 개인적으로 선물옵션거래를 하고 있었다는 점을 알고 있었고 A자신도 피고회사와의 수익증권거래가 아닌 개인 투자목적으로 관련직원에게 위 금전을 지급한 것이라고 봄이 상당하므로 관련 직원의 행위는 피고회사를 위한 대리행위로 성립할 수 없으므로 원고들과 피고회사 간에 수익증권계약이 성립했다고 볼 수 없음

❖ 또한, 수익증권 환매대금을 관련직원에게 지급하고 원고들 명의의 허위의 수익증권통장을 교부한 형태의 거래는 관련직원 개인에게 투자금을 위탁하는 개인적인 거래라고 봄이 상당하며, 가사 위 행위가 외관상 피고회사의 사무집행에 관한 행위로 보인다 하더라도 A는 위 행위가 피고회사의 사무집행의 범위에 속하지 않음을 알았거나 적어도 중대한 과실로 알지 못하였다고 보이므로 피고회사의 사용자책임을 인정할 수 없음

III. 서울고등법원 2010.1.21. 선고 2009나60086 판결

1. 사건의 개요

❖ 피고회사 법인투신본부장으로 근무하던 피고직원은 2005년부터 2008년 경까지 ELS 등 금융상품에 투자하면 만기시 10% 상당의 이익금을 주겠다고 하여 원고들로부터 본인의 개인계좌로 투자금을 교부받음

❖ 또한 피고회사 유상증자에서 발생하는 실권주 및 우리사주에 피고직원 본인 명의로 투자하겠다는 명목으로 2008.경 원고들로부터 투자금을 교부받음

❖ 그러나 피고직원은 원고들에게 설명한 용도와 달리 원고들로부터 교부받은 금원 모두를 선물옵션거래에 사용함

2. 주요 쟁점

❖ 사용자책임이 인정되는 사무집행관련성의 범위

3. 소송의 경과

서울중앙지방법원 2009.5.15. 선고 2008가합107127 판결: 원고 일부 승

서울고등법원 2010.1.21. 선고 2009나60086 판결: 원고 일부 승(확정)

4. 판결의 요지(원심, 항소심 동일)

가. 원심

❖ ELS 등의 금융상품에 대한 투자권유는 피고회사 법인투신본부장 및 이사인 피고직원의 고유업무와 밀접한 관련이 있는 행위이므로 외형상 객관적으로 사무집행과 관련된 행위라고 봄이 상당하여 피고회사의 사용자책임이 인정되며, 원고들이 피고회사에 본인들 명의 증권계좌를 개설하지도 않고 피고직원 개인계좌로 송금하였다고 해서 원고들이 피고직원의 행위가 피고회사 사무집행 범위를 벗어날 것이라는 것을 알았거나 원고들의 중대한 과실로 알지 못했다고 인정하기에 부족함(고객 과실비율 40~50%)

❖ 다만 피고회사의 유상증자 실권주에 피고직원이 청약하는 것은 직원 개인 자격으로 이루어지는 것으로 외형상 피고회사의 사무집행에 관한 행위라고 보기 어려우므로 주식청약과 관련한 불법행위는 사용자책임이 부정됨

나. 항소심

❖ 사용자책임에 대한 판단은 1심과 동일함

❖ 다만 원심은 피고직원이 원고 1에게 지급한 3억 9,500만원을 금융상품 가입 권유로 인한 손해금액의 변제로 보고 피고가 배상하여야 할 금액에서 차감하였는데 동 금원은 피고직원이 원고 1에게 주식청약대금의 변제로 지급한 것이므로 손해배상금액에서 차감하지 아니함

IV. 대구고등법원 2010.9.30. 선고 2009나9127 판결

1. 사건의 개요

❖ 원고는 관련직원으로부터 피고가 판매 운용하는 상품에 투자하라는 권유를 받고 거래계좌를 개설한 후 2007.10.부터 2008.11.까지 피고 금융상품에 관한 투자금 명목으로 관련직원에게 9회에 걸쳐 5억 6,500만원을 지급함

❖ 관련직원은 원고로부터 교부받은 금원 중 투자원금 및 수익금 명목으로 원고에게 되돌려준 약 1억원을 제외한 나머지는 원고를 위하여 피고 금융상품에 투자하지 않고 다른 투자자에 대한 투자금 반환 등의 용도로 임의로 사용함

2. 주요 쟁점
❖ 직원 개인에게 투자금을 교부한 경우 금융상품거래계약 성립여부
❖ 투자금 횡령으로 인한 불법행위책임 성립여부
❖ 사용자책임 성립여부

3. 소송의 경과
대구지방법원 2009.10.14. 선고 2009가합1980 판결: 원고 일부 승
대구고등법원 2010.9.30. 선고 2009나9127 판결: 원고 일부 승(확정)

4. 판결의 요지
가. 원심
❖ 관련직원은 원고로부터 피고의 금융상품을 거래하도록 투자금을 위임받고 금융상품에 투자한 것처럼 원고를 속인 후 이를 다른 용도로 사용하였는바, 이러한 관련직원의 행위는 불법행위이고 손해배상책임이 성립함
❖ 원고가 관련직원으로부터 수차례에 걸쳐 금융상품 거래내역이 기재된 계좌평가현황표 등을 교부받거나 피고 지점에 직접 방문하여계 좌잔고평가액이 기재된 지점장 명의의 잔고증명서를 교부받았던 점 등에 비추어 보면 관련직원의 행위가 피고의 사무집행과 관련이 없다는 점에 관한 원고의 악의 내지 중과실이 있었다고 볼 수 없을 뿐 아니라 피고가 관련직원의 선임 및 감독에 상당한 주의를 다하였다고 인정하기 부족하므로 피고는 관련직원의 사용자로서 원고의 손해를 배상하여야 함(고객 과실비율 40%)

나. 항소심
❖ 원고는 관련직원에게 가입할 상품의 종류 등을 지정하거나 거래신청서를 작성한 바 없으며 관련직원의 예금계좌로 입금하거나 관련직원에게 직접 금원을 교부한 점 등을 고려하면 원고와 피고 사이에 금융상품거래계약이

체결되었다고 할 수 없고 원고의 피고에 대한 투자금 반환청구는 이유 없음
❖ 불법행위책임 및 사용자책임 성립여부, 고객과실비율은 원심과 동일

V. 대법원 2015.3.12. 선고 2013다76345 판결

지점장 명의의 어음배서 해 준 경우 사용자책임 성립여부
지점장이 주문대리인을 연결해주고 그에게 트레이딩룸을 제공하였으며, 원고가 과당매매를 항의하자 수수료 감면, 지점장 명의의 어음배서 등의 행위를 하였다고 하더라도 지휘감독관계를 인정할 수 없다고 하여 사용자책임 부정한 사례

1. 사건의 개요
❖ 원고(남편 D)는 피고회사 ○○역 지점장이 소개해 준 C를 주문대리인으로 하여 선물옵션 거래를 포괄일임하였고 C는 피고회사의 트레이딩룸에서 원고의 계좌를 관리해 왔음. 이후 C의 과당매매로 인한 손해가 발생하자, 원고의 수수료를 감면해 주었고 채무자 C, 수취인 D인 액면금 4억원 상당의 약속어음에 지점장(E) 명의의 배서를 해 주었음
❖ 피고회사는 C에게 피고회사에 계좌를 개설할 것을 부탁하였고 그 과정에서 C가 추천하는 직원(F)을 채용하여 그 직원으로 하여금 C의 계좌를 관리하도록 하였음

2. 주요 쟁점
❖ 주문대리인에게 트레이딩룸 제공, 주문대리인이 발생시킨 손해에 항의하는 고객에게 수수료 감면, 어음배서 등의 행위를 한 경우 지휘·감독관계 인정 여부

3. 소송의 경과
서울중앙지방법원 2012.11.23. 선고 2012가합46168 판결: 원고 일부 승
서울고등법원 2013.9.13. 선고 2012나105941 판결: 원고 패
대법원 2015.3.12. 선고 2013다76345 판결

4. 판결의 요지

가. 1심

❖ 피고회사가 C가 추천하는 직원 F를 채용하여 그 직원이 C가 거래하는 계좌를 관리한 점, F에게 C의 거래를 통해 발생한 수수료 중 일부를 수당으로 지급하였으므로 C에게는 과당매매를 할 경제적 동기가 있었고, 피고도 이러한 사정을 잘 알고 있었던 점, D의 과당매매항의에 지점장 E가 수수료감면, 어음배서를 하였던 점 등을 고려하면 C의 과당매매 행위는 그 외형상 피고의 사업활동과 관련된 것임

❖ 선물·옵션의 경우 변동성이 크고 거래 형태가 다양하므로 정상적인 일임거래시의 거래 손익 산정이 불가능므로 과당매매로 인해 발생한 수수료 상당액을 원고의 손해로 봄

❖ 다만 D가 증권회사 임원으로 근무하였고 과당매매로 인한 손실발생을 알면서도 추가로 계좌를 일임한 점 등을 고려하여 피고의 책임을 30%로 제한함.

나. 항소심

❖ 지점장이 D에게 C 소개, 수수료감면, 약속어음 배서, 트레이딩룸 제공, C가 추천한 직원 채용 등이 모두 인정되나

   – 피고는 F 아닌 다른 직원에게도 수수료를 성과급으로 제공하였고 F에게 제공한 수수료 중 일부가 C에게 지급되었거나 지급한 시실을 피고가 알았다고 볼 수 없으며, D는 C와 함께 증권회사에 근무하였고 개인사업을 하기도 하였던 점, 지점장의 배서는 손해회복에 협조하는 의미에서의 배서이고 공증도 배서 부분을 제외하고 받았던 점, 피고가 제공한 트레이딩룸은 직원용이 아니라 고객용인 점 등을 고려 사무집행관련성 부인 혹은 원고의 악의 추인

VI. 대법원 2015.12.10. 선고 2013다33584 판결

사용자책임 면책 가능 여부

2년 가량의 기간 동안 50회가 넘게 개인계좌를 통한 자금거래를 반복하면서 상당한 액수의 투자수익을 취득한 경우 투자자의 악의·중과실 인정하여 사용자면책 인정한 사례

1. 사건의 개요

❖ A는 피고 회사의 프라이빗뱅킹(PB) 팀장으로 원고들에게 고수익의 특정금 전신탁상품에 대한 투자권유를 하여 자신의 개인계좌나 차명계좌로 투자금 을 송부받아 이를 편취하였음

❖ A는 원고들에게 상품설명서나 투자계약서를 교부하지 않았고, 회사명의로 교부한 특정금전신탁 세부내역서에는 필수 기재사항이 빠져 있었음

2. 주요 쟁점사항

❖ 사용자책임에서 악의·중과실 인정 여부

3. 소송의 경과

서울남부지방법원 2012.8.16. 선고 2011가합6305 판결: 원고 1인 일부 승
[원고: 고객(29인) ↔ 피고: 증권회사]
서울고등법원 2013.4.11. 선고 2012나74634 판결: 원고 12인 일부 승
[원고, 항소인: 고객(19인) ↔ 피고, 피항소인: 증권회사]
대법원 2015.12.10. 선고 2013다33584 판결: 상고기각

4. 판결의 요지

가. 1심

❖ 피고회사 프라이빗 뱅킹 팀장으로서 '회사 내부적으로 운영하는 투자 상품' 에 가입할 것을 권유한 피고 회사의 사무집행행위에 해당함

❖ 투자금을 A개인 명의 계좌나 차명계좌로 입금하였고, 투자설명서, 투자계약 서를 교부받지 못한 점 등을 고려하면 원고들의 악의·중과실 인정
 – 기존에 피고 회사와 거래관계가 없었고 A와 사이에 1회성 거래를 한 것에 불 과하여 A로부터 입금액을 돌려받은 적이 없거나 홈트레이딩 시스템 등을 사 용한 적이 없더라도, 사회경험이 있는 30~40대의 남성이고 다른 금융사를 통 하여 주식거래경험 및 관심이 있었던 경우에는 악의·중과실 인정함

❖ 다만 50세의 가정주부로서 이 건 거래를 제외하고 주식투자경험이 전혀 없 고 A와 개인적인 친분관계나 거래관계가 있지 아니한 경우 악의·중과실 부정

나. 항소심

❖ 원고들은 A와 개인적 친분이 없이 피고의 프라이빗 뱅킹 팀장이라는 지위를 신뢰하여 피고에게 위탁한다고 믿고 투자금을 교부한 것이고, A가 투자방법이나 특성상 자신이나 제3자 명의의 계좌를 통해 먼저 투자금을 수령한 뒤 상품에 가입하여야 한다고 말하는 등 투자금 교부 경위나 관련 서류 받지 않은데 수긍할 수 있는 사정이 있으며, 증권회사 등 금융기관은 고객은 투자수익 증대측면에서, 담당직원은 고객유치 등의 측면에서, 금융기관은 거래량 증가 등의 측면에서 담당직원 개인 명의 계좌 또는 제3자 명의의 차명계좌를 통한 투자거래가 이루어질 가능성이 충분히 있는 점 등을 고려하면 원고들이 A개인 계좌나 차명계좌로 투자금을 송금하였다고 하더라도 중대한 과실이 있다고 단정할 수 없음

❖ 다만 일부 원고들은 이 사건 전에도 A와 사이에 개인 명의의 은행계좌를 통해 여러 번에 걸쳐 상당한 액수의 자금거래가 있었고, A와 사이에 작성한 투자계약서에 따라 A와 투자수익을 나누기로 약정한 것으로 보이는 점, A와 2년 가량의 기간 동안 50회가 넘게 개인계좌를 통해 자금거래를 반복하면서 상당한 액수의 투자수익을 취득한 점 등을 고려하여 악의·중과실 인정

다. 상고심

❖ 피용자의 불법행위가 외관상 사무집행의 범위 내에 속하는 것으로 보이는 경우에도 피용자의 행위가 사용자의 사무집행행위에 해당하지 않음을 피해자 자신이 알았거나 또는 중대한 과실로 알지 못한 경우에는 사용자책임을 물을 수 없다고 할 것이고, 사용자책임이 면책되는 피해자의 중대한 과실이라 함은 조금만 주의를 기울였더라면 피용자의 행위가 그 직무권한 내에서 적법하게 행하여진 것이 아니라는 사정을 알 수 있었음에도 만연히 이를 직무권한 내의 행위라고 믿음으로써 일반인에게 요구되는 주의의무에 현저히 위반하는 것으로 거의 고의에 가까운 정도의 주의의무를 결여하고, 공평의 관점에서 피해자를 구태여 보호할 필요가 없다고 봄이 상당하다고 인정되는 상태를 말함

Ⅶ. 서울고등법원 2014.8.22. 선고 2014나2084 판결

직원이 통상의 업무상 주의의무를 다하여 사용자책임 부정
자금담당이사대우가 원고회사 위조인감을 날인한 위임장 및 비밀번호를 이용하여 전자거래시 사용되는 OPT를 발급받아 자금인출을 1년 3개월 동안 10회에 걸쳐 인출한 횡령행위를 하였으나 피고회사 직원들의 업무처리상의 과실이 인정되지 않으므로 피고회사의 사용자책임을 부정한 사례

1. 사건의 개요
❖ A는 원고회사의 자금담당이사대우로서 증권계좌 개설을 전후하여 피고 증권회사의 직원과 원고회사의 채권투자 등 관련업무 연락을 주로 담당하여 오던 중 원고회사 인감을 위조하고 이를 날인한 위임장과 기존에 알고 있던 계좌비밀번호를 이용하여 OPT를 발급받은 후 만기채권입금액 약 50억원을 10회에 걸쳐 인출한 후 개인적으로 사용하였음

❖ 피고직원들은 인감대조 및 비밀번호확인, 위임장 및 법인인감증명서의 징구 등 통상적인 주의의무를 다하였음(원고는 피고 직원들을 A의 횡령에 관한 공범으로 형사고소하였으나 증거불충분 무혐의 처리됨)

2. 주요 쟁점
❖ 변제수령권한 없는 A에 대한 지급을 채권의 준점유자에 대한 변제로 볼 수 있는지 여부

❖ 증권회사 직원들이 대리인이 정당한 대리권이 있는지 확인에 대한 주의의무를 다하였는지 여부

3. 소송의 경과
서울중앙지방법원 2013.12.6. 선고 2013가합15871 판결: 원고 패소
[원고: 고객 ↔ 피고: 증권회사]
서울고등법원 2014.8.22. 선고 2014나2084 판결: 원고 패소(확정)
[원고, 항소인: 고객 ↔ 피고, 피항소인: 증권회사]

4. 판결의 요지(1심, 항소심 동일취지)

가. 변제수령권한 없는 자에 대한 변제인가(2심 주위적 청구)

❖ 원고는 피고회사가 인감대조 소홀 과실, 본인 확인하는 데에 과실로 변제수령권한 없는 자인 A에게 변제하였다고 주장

❖ A는 원고회사의 대리인 자격으로 채권의 반환을 구한 사람으로서 채권의 준점유자에 해당

❖ 피고로서는 A가 수령권한이 있는 것으로 믿고 A에게 예금을 지급하였으며, 피고 회사 직원들이 A에게 수령권한이 있는 것으로 믿은 데 대하여 과실이 없음

- 육안 대조로 쉽게 상이함을 확인된다고 단정하기 어렵고, 문서감정연구원의 감정서에서 나타난 인영 간의 상이함 정도가 외부적 요인에 의하여 인영이 변화할 수 있는 범위를 벗어난다고 보기 어려움

- A가 원고회사의 증권거래의 실질적인 업무를 담당, 증권계좌의 비밀번호를 알고 있었음, 약 1년 3개월간 10회에 걸쳐 약 50억원에 가까운 자금이 인출된 사정을 볼 때 대리권한 없음을 의심하기 어려움

나. 사용자책임 부정(1심 청구원인, 2심 예비적 청구)

❖ (원고 주장) 피고 직원들의 과실로 A의 자금횡령이 가능하게 되었는바, 피고 회사는 직원들의 사용자로서 사용자책임

- 인감대조를 소홀히 한 과실, A가 적법한 대리인인지 확인하지 않은 과실, 온라인매뉴얼에 위반하여 A에게 OPT를 발급하여 준 과실, 본인확인절차를 거치지 않은 과실, 채권의 장외매도 주문접수시 대리인 및 본인확인절차를 거치지 않은 과실

❖ (대법원 판단) 직원이 인감대조 및 비밀번호 확인, 위임장 및 법인인감증명서의 징구 등 통상적인 조사 이외에 법인 대표자의 의사를 확인하는 등의 방법으로 대리인의 정당한 대리권 여부를 조사하여야 하는 업무상 주의의무를 부담하는 경우는

- 대리인에게 정당한 대리권이 없을 수 있다는 의심을 가질 만한 특별한 사정이 인정되어야 함

- 통상적인 조사만으로 업무처리하는 금융거래 관행은 대량의 사무를 원활하게 처리하는 금융기관의 필요뿐만 아니라 업무처리의 필요성이라는 고객의 이익

도 고려된 점, 비밀번호가 가지는 성질에 비추어 비밀번호까지 일치하는 경우에는 대리권한 의심하기 어려운 점 등을 고려할 때 대리권을 의심할 만한 특별한 사정 부정

5. 과실상계

1 과실상계 개관

> **「민법」**
>
> 제396조(과실상계) 채무불이행에 관하여 채권자에게 과실이 있는 때에는 법원은 손해배상의 책임 및 그 금액의 정함에 이를 참작하여야 한다.
> 제763조(준용) 제393조, 제394조, 제396조, 제399조의 규정은 불법행위로 인한 손해배상에 준용한다.

- 과실상계에 있어서 과실은 사회통념상·공동생활상 요구되는 약한 의미의 부주의를 말하는 것으로
- 손해의 발생 및 확대에 피해자의 과실이 있는 경우 손해의 공평·타당한 분담을 위해 손해배상책임을 면제하거나 감경하는 제도

가. 개념

과실상계란 불법행위(또는 채무불이행)로 인한 손해배상책임에서 피해자(채권자)에게 손해의 발생이나 확대에 과실이 있는 경우

❖ 신의칙 또는 손해의 공평·타당한 분담을 위해 가해자(채무자)의 손해배상책임을 감면하는 제도(민법 §396, §763)

나. 성립 요건

손해배상청구권의 일반적 성립요건을 갖출 것

❖ 본래의 이행청구가 아니라 불법행위(채무불이행)로 인한 손해배상청구를 하는 경우에 적용되는 것으로

❖ 가해자(채무자)의 고의·과실, 책임능력, 위법성, 손해의 발생, 인과관계의 요건을 갖추고 있어야 함

■ **피해자(채권자)의 과실이 존재할 것**: 과실상계는 크게 다음 3가지의 경우에 해당할 경우 적용

❖ **(피해자의 과실)** 원칙적으로 **피해자의 과실이 존재**하여야 하며, 이 경우 과실이란 사회통념상, 신의성실의 원칙상, 공동생활상 요구되는 약한 의미의 부주의를 말하는 것으로

   – 통상 법에서 과실이라 말하는 "일정한 법적 의무가 있음을 전제로 법률상 주어진 주의의무를 위반하는" 정도보다는 약한 개념임

   – 피해자의 범위에는 피해자(채권자)와 신분상[18] · 사회생활상[19] 일체를 이루고 있는 자의 과실도 참작

❖ **(피해자의 과실 아닌 요인)** 피해자의 과실이 없더라도 가해행위와 피해자 측 요인[20]이 경합하여 손해가 발생 · 확대된 경우에도 과실이 있는 것으로 간주

❖ **(손해 확대 방지의무)** 나아가 대법원은 피해자에게 손해의 확대를 방지 · 감경하기 위하여 노력해야할 일반적인 의무가 있다고 설시

대법원 2003.7.25. 선고 2003다22912판결

> 신의칙 또는 손해배상의 공평이라는 손해배상제도의 이념에 비추어 볼 때 불법행위의 피해자에게는 그로 인한 손해의 확대를 방지하거나 감경하기 위하여 노력하여야 할 일반적인 의무가 있으며 피해자가 합리적인 이유 없이 손해경감조치를 이행하지 않을 경우에는 법원이 그 손해배상액을 정함에 있어 민법 제763조, 제396조를 유추적용하여 그 손해확대에 기여한 피해자의 의무불이행의 점을 참작할 수 있다.

---

18 배우자, 가족, 가까운 친족 등을 말함. 예를 들어 남편의 오토바이를 뒤에서 타고 가다 사고가 난 경우 아내는 잘못이 없더라도 남편의 과실을 이유로 과실상계를 하는 경우 등(대판92다54753)

19 채권자의 수령보조자, 피해자의 감독의무자 등

20 피해자의 체질적인 요인이나 질병의 위험도의 체질적인 요인 등 피해자의 귀책사유와 무관한 경우

피해자의 과실능력이 있을 것

❖ 불법행위책임이 성립하기 위해서는 가해자에게 자신의 행위의 의미와 결과
를 판단할 수 있는 능력이 필요한 것과 동일하게
- 피해자의 과실이 문제될 경우 피해자도 주관적 요소로서 소정의 판단능력이
필요한데
- 이와 관련 법원은 통상적 책임능력에 이르지 아니하더라도 **사리식별능력**은
갖추어야 한다고 하며 일반 민사사건에서 **8세 이상인 경우 과실능력을 인정**
한 바 있음(대판70다2986)

다. 효과

과실상계 사유에 대한 사실인정이나 비율은 현저히 불합리하지 않는 한 사실심[21]의 전권사항

❖ 법원이 **직권**으로 과실유무를 조사하여 과실이 있는 경우 **필요적으로 참작**
해야 하고 이를 위반하면 위법판결로 상고이유가 됨

한편, 과실상계와 손익상계[22]가 있는 경우 과실상계를 한 후 손익상계를 하여야 함

❖ 피해자가 불법행위로 이득을 얻은 경우 먼저 산정된 손해액에서 법률상 명
문규정이 있는 과실상계를 한 후
❖ 관련 규정이 없는 손익상계를 하여야 한다는 것이 판례[23]와 다수 학설의 의
견임

---

21 1심과 2심을 사실심이라 말하며 3심인 대법원은 법률심이라고 함
22 동일한 책임원인으로 인하여 피해자가 손해를 입음과 동시에 이익을 얻게 되는 경우 손해액에
서 그 이득액을 공제한 나머지 금액만을 배상하도록 하는 제도
23 대판 89다카29129, 80다3277 등

라. 적용범위

채무자나 가해자의 고의 · 과실은 물론, 무과실의 경우에도 적용

❖ 과실상계는 채무불이행이나 불법행위에 따른 손해배상책임 영역에서 적용되는 것으로
- 채무자나 가해자의 과실뿐만 아니라 고의가 있더라도 채권자나 피해자의 과실이 손해의 확대에 가담한 경우 적용이 되지만[24]
- 채권자나 피해자의 부주의를 이용해 고의로 불법행위를 저지른 경우에는 신의칙에 반하므로 과실상계를 주장할 수 없음

❖ 무과실책임에 대해 피해자 등의 과실이 있는 경우 과실상계가 적용되는가에 대해서 논란이 있으나 다수설은 이를 인정
- 판례는 법에서 특별히 정한 무과실책임에 대해 과실상계 규정을 준용할 수 없으나 민법의 지도이념인 공평의 원칙에 따라 과실을 참작하여 손해배상의 범위를 정할 수 있다고 판시(대판 94다23920)

❖ 기타 자본시장법상 공시규제 등 **손해배상액이 추정되는 경우에도 과실상계가 허용**되고 있음
- 거래소에서 집중적·대량적으로 이뤄지는 주식의 가격은 수요와 공급, 외부여건 등 다양한 요인에 의해 결정되므로 불법행위로 인한 주가영향분을 가려내는 것이 어려워
- 자본시장법은 투자자보호 측면에서 **손해액 추정 및 입증책임의 전환 규정**을 두고 있으나,
- 이러한 자본시장법이 적용되는 손해배상청구에서 손해의 공평부담이라는 손해배상법의 기본이념이 적용되지 않을 이유가 없으므로 과실상계나 책임제한이 가능하다고 함(대판 2006다16758)

---

24 과실이라는 개념이 고의와 구분되고 피해자가 고의로 손해발생에 기여한 경우 가해자의 행위와 손해 사이에 인과관계가 부인될 수 있지만 인과관계가 부인되지 않는 경우에 과실상계가 적용이 된다는 의미

▒ 손해배상액을 예정하고 있는 경우에는 적용배제

❖ 손해배상액의 예정이 있는 경우

 – 배상액 감액(§398②)시 제반사정이 참작되므로 따로 과실상계의 필요성 없음 (대법원 2002.1.25. 선고 99다57126 판결)

❖ 고의의 불법행위가 영득행위에 해당하는 경우

 – 과실상계를 인정하게 되면 가해자로 하여금 불법행위로 인한 이익을 최종적으로 보유하게 하여 공평의 이념이나 신의칙에 반하는 결과를 초래

대법원 2008.5.15. 선고 2007다88644 판결

> 고의에 의한 채무불이행으로서 채무자가 계약체결 당시 채권자가 계약내용의 중요부분에 관하여 착오에 빠진 사실을 알면서도 이를 이용하거나 이에 적극 편승하여 계약을 체결하고 그 결과 채무자가 부당한 이익을 취득하게 되는 경우 등과 같이 채무자로 하여금 채무불이행으로 인한 이익을 최종적으로 보유하게 하는 것이 공평의 이념이나 신의칙에 반하는 결과를 초래하는 경우에는 채권자의 과실에 터 잡은 채무자의 과실상계 주장을 허용하여서는 안 될 것이다.

▒ 기타 전자금융거래법 제9조(무과실책임)와 과실상계

❖ 전자금융거래법상 책임감면[25] 사유에 해당하지 않는 **중과실이나 경과실이 있는 경우 과실상계가 가능한지 문제**되나

 – 법원은 과실상계를 허용하지 않는 것은 정의 관념에 반하므로 책임감경사유에 해당하지 않더라도 과실상계가 가능하다고 판시(서울고법 2013나34954 판결[26])

❖ 다수 금융기관이 불법행위 책임에 연루된 경우 전자금융거래법에 따른 금융회사 등의 손해배상책임은 민법상의 공동불법행위책임과는 별도로 인정되는 법정책임이지만

 – 금융회사 등은 공동불법행위자가 아니므로 책임제한의 비율을 달리 정하는 것이 타당하다고 판시(의정부지방법원 2012가단50032 판결)

---

25 사고발생에 이용자의 고의나 중과실이 있는 경우 시행령이 정하는 범위 안에서 미리 약정한 경우 책임감면이 가능(전자금융거래법 §9②,③)

26 다만 이후 대법원은 이용자가 거래지시를 하여 이용자가 본래 의도한 대로 전자금융거래가 이행된 경우에는 특별한 사정이 없는 한 전자금융거래법상의 '사고'에 해당하지 않는다는 이유로 파기환송함(대법원 2015.5.14. 선고 2013다69989, 69996 판결)

과실상계와 책임제한

- 책임제한제도란 피해자의 과실이 없어도 손해의 공평한 분담차원에서 배상금액을 일부 감경하여 주는 제도로
- 현행법상 근거 없이 법원의 재량권으로 시행 중임
- 과실상계와 책임제한의 적용순서는 과실상계 후 책임제한을 하여야 한다는 주장도 있으나, 법원은 명확한 구분 없이 혼용하여 사용 중

마. 기타

(일부청구) 전체의 손해 중 일부만을 청구하는 경우 전체 손해를 산정하여 **전체에 대하여 과실상계**를 하여야 함(외측설)

- ❖ 과실상계를 하고 남은 잔액이 청구액을 초과하지 않는 경우에는 그 잔액을 인용, 초과하는 경우에는 청구의 전액을 인용

(공동불법행위) 원칙적으로 전원에 대한 과실로 **전체적으로 평가**

- ❖ 피해자의 공동불법행위자 각인에 대한 과실비율이 다르더라도 그들 전원에 대한 과실로 전체적으로 평가하여야 함
- ❖ **예외**적으로 공동불법행위자 중의 1인이 가해자임과 동시에 피해자이거나 공동불법행위자별로 별개의 소가 제기된 경우, **사용자책임** 등은 과실상계 비율을 달리 정한 판례가 존재

(책임면제 여부) 가해자의 손해배상책임을 면제하는 것은 실질적으로 가해자의 손해배상책임을 부정하는 것과 다름이 없으므로

- ❖ 피해자의 손해가 실질적으로 전부 회복되었다거나 손해를 전적으로 피해자에게 부담시키는 것이 합리적이라고 볼 특별한 사정이 없는 한 함부로 면제해서는 안 된다는 입장(대법원 2014.11.27. 선고 2011다68357 판결)

2 증권분쟁 과실상계

▨▨▨ **(증권소송)** 증권소송에서는 과실상계 또는 책임제한을 인정하는 것이 지배적 경향이나

❖ 원고의 실제손해 중 일부에 대해서만 배상이 인정되어 굳이 과실상계의 실익이 없는 예외적인 경우에는 이를 부정하고 있음[27]

과실상계 부정한 판례[28]

사건명	최종심 사건번호	법원인정 손해액	과실상계 비율
현대전자 주가조작사건	대법원 2005다44565	약 7,000만원	0%
대우전자 분식회계사건	대법원 2002다38521	약 2,100만원	0%
한국강관 분식회계사건	서울고법 98나24220	약 914만원	0%
한일약품공업사건	서울지법 2000나32740	약 1,634만원	0%
옌트사건	대법원 2001다9311	약 127만원	0%
매매주문 수탁거부 사건	서울고법 2006나119376	약 5,361만원	0%
통보시점과 달리 반대매매한 사건	서울중앙지법 2009가합10800	약 1,225만원	0%

▨▨▨ **(과실상계 사유)** 한편, 과실상계 및 책임제한은 피해자 과실을 주로 참작하나 손해의 공평한 분담측면에서 가해자측 사유 및 기타 제반 상황도 고려

❖ **(피해자측 과실)** 자기책임원칙, 관리감독 소홀 등 손해의 확대에 기여한 과실 및 피해자의 객관적 상황인 사회적 지위, 투자경험, 투자금액 등을 참작

  − 자기책임원칙 아래 계약체결여부나 투자위험성을 충분히 알아보고 신중히 결정했어야 함에도 이를 게을리 하였거나,

  − 손해발생사실을 인지하고도 거래내역을 중단시키지 아니하는 등 사후관리 소홀로 손해확대에 기여한 과실 등을 고려

  − 학력이 높을수록, 거래기간이 장기일수록, 투자경험이 많고 투자금액이 클수록 과실상계 비율이 커지는 경향

---

27 김주영, 증권투자소송에 있어서의 과실상계 책임제한, BFL 제25호, 서울대학교 금융법센터.
28 김주영, 위 논문 참조.

펀드 설명의무, 적합성 원칙 위반 사건(서울고법 2011나62184 판결)

자기책임 원칙아래 신중히 검토한 다음 투자하여야 하나 투자설명서 등을 교부받아 읽어보지도 아니한 점, 펀드 해지 전 상당한 펀드수익금을 취득한 점, 금융위기 등을 공통 책임제한 사유로 삼았으나 수인의 원고 중 투자금액 및 투자경험에 따라 과실비율을 달리 판단함

① 투자경험이 없고 투자금액도 적은 원고: 60%

② 투자경험이 있으나 투자금액이 적은 원고: 70%

③ 투자경험이 있으면서 투자금액도 5억, 15억으로 비교적 큰 원고: 75%

❖ **(가해자측 사유)** 가해자의 과실은 손해배상책임의 발생부분에서 고려되어야 하나 예외적으로 책임제한 사유로 참작되기도 함

- 공평의 원칙에 의한 배상액의 비교형량 시 피고의 위법행위의 경중 및 수익여부를 참작하며

- 피고의 설명의무 위반의 정도가 가벼운 점(서울고법 2012나2189 판결), 피고가 매매수수료 외 투자성과에 따른 보수를 지급받지 아니한 점(서울고법 2013나2009367 판결) 등도 고려함

- 포괄적 일임매매 중 원고 지시보다 고가에 풋옵션을 매수하여 임의매매가 인정된 사안에서 원고 잘못보다 뻔한 거짓말을 하면서 상황을 끌고간 피고 잘못이 크다고 하여 과실상계를 부정(서울중앙지법 2003가합86683 판결)

❖ **(기타 제반 사항)** 금융위기나 제3자의 기여과실 등을 과실상계 사유로 삼아 결과적으로 원고에게 위험 전가

- 주식거래정지, 상장폐지로 인한 손해확대 등도 과실상계 사유로 판단

타사 투자일임상품 권유한 경우 적합성 원칙, 설명의무 위반
(서울남부지법 2011가합17909, 서울고법 2013나2009367 판결)

▪ 증권회사 직원이 타사인 S에셋 자산운용 주식회사의 투자일임상품을 권유한 경우도 자본시장법상 투자권유에 해당한다고 판단하면서 적합성원칙, 설명의무 위반을 인정한 사건에서

▪ 1심: S에셋이 위험관리 기준을 준수하지 아니한 것이 손해확대의 주원인인 점, 피고가 매매수수료를 얻었을 뿐 투자성과에 따른 보수를 지급받지 않은 점, 원고들도 수익을 얻기 위해 투자상품에 가입했으므로 이에 따른 위험을 어느 정도 감수하여야 하는 점 등을 감

안 피고의 책임을 20%로 제한

- 2심: 장외파생상품에 준하는 위험을 가지고 있는 상품임에도 원금초과손실 등에 대한 구체적인 내용을 찾아볼 수 없는 점, 원고들이 고령임에도 투자성향을 공격투자형으로 변경하는 등 피고의 책임이 결코 가볍다고 볼 수 없다고 설시한 후

- 위 1심에서 설시한 사유 외 금융투자는 투자자인 원고들의 책임하에 이루어지는 점, 원고들이 스스로 공격투자형으로 변경하여 기재한 점, 원고들이 금융투자상품에 대한 여러 번의 투자경험을 가지고 있는 점 등의 사유를 추가하여 피고들의 책임을 40%로 제한

  → 1심에 비해 과실상계 사유는 추가되었으나 책임은 20%에서 40%로 증가

6. 선관주의의무 위반

1 선관의무 개관

가. 선관의무 개념 및 관련 법령

❶ 선관의무 개념

❖ 거래상 일반적으로 평균인에게 요구되는 정도의 주의의무, 즉 행위자가 종사하는 직업, 그가 속하는 사회적 지위 등에 따라 보통 일반적으로 요구되는 정도의 주의의무임

- 주의의 정도는 채무자의 구체적 능력에 따라 정해지는 것이 아니고 일반적 객관적 기준에 의해 주어짐

❷ 민법 등 선관의무 명문규정 개관

❖ **민법**

- 권리의무에 관한 '신의성실 원칙*(민법 제2조)
- 수임인의 선관주의의무(민법 제681조)

---

* 신의성실원칙은 법률관계 당사자 각자가 형평과 신뢰에 맞춘 성실한 권리행사 · 의무이행을 할 것을 규정하는 법원칙임.

- 신의칙 적용이 강행규정을 배제하는 결과가 되는 경우는 적용할 수 없고,
- 신의칙의 강행규정적 성격으로 당사자 주장이 없는 경우에도 직권판단 가능
- 자본시장법상 설명의무는 투자권유시에 한정되어 있는 반면 신의칙상 설명의무는 계약체결 전, 존속 중, 계약 종료 후 모두 적용됨.

❖ **상법**

- 위탁매매인의 선관의무(상법 제112조, 민법 제681조)

❖ **약관의 규제에 관한 법률**

- 약관의 작성 및 설명의무(제3조)

　　－ 개별약정 우선의 원칙(제4조)
　　－ 신의성실에 따른 공정한 약관 해석의 원칙(제5조)

❖ **자본시장법**
　　－ 동법 제정시 민법상의 규정만으로 유가증권거래의 공정성 확보 및 증권회사의
　　　고객보호에 미흡하다는 비판이 있어 기존 증권거래법 등에는 없던 신의성실
　　　의무나 선관의무 등을 명문으로 규정
　　－ 금융투자업자의 신의성실의무(제37조 제1항), 적합성 확보 의무(제46조), 설
　　　명의무(제47조) 등을 공통원칙으로 규정하고 집합투자업자 등에 대하여는 개
　　　별 업종별로 별도로 규정하고 있음

나. 유가증권 위탁매매와 선관의무

❶ 유가증권 매매의 법적 성질
❖ 자본시장법상 투자중개업은 경제적 효과와 법적 효과의 귀속이 달라지는
　상법상 위탁매매에 해당하여 민법상 수임인의 선관의무 규정이 적용됨(자
　본시장법 제6조 제3항, 상법 제112조, 민법 제681조)

❷ 민법상 수임인의 선관의무
❖ 위임의 수단채무적 성격, 재량권 등을 기본으로 한 객관적 선관의무로써 수
　임인의 직무능력에 대한 신뢰를 말함
❖ 위임계약의 내용 및 사무의 성질에 따라 그 내용이 결정됨

다. 선관의무와 고객보호의무, 충실의무의 관계

❶ 개념의 구별
❖ 선관의무는 거래일반에 적용되는 원칙이고
❖ 충실의무는 본인의 이익을 최대한 도모하여야 할 의무로서 이익충돌 금지
　원칙, 이익향유의 금지원칙이 주된 내용임[29]

---

29 자본시장법상 선관의무 및 충실의무 개념은 상법상 이사의 선관의무 및 충실의무의 개념과 동

❖ 고객보호의무는 증권회사가 고객을 상대로 영업을 함에 있어서 요구되는 제반주의의무를 포괄한 의무로서
  − 신의성실의 원칙이나 선관주의의무에 더하여 설명의무, 적합성 확보 의무, 과당매매금지 등 <u>고객의 이익을 최우선시하여야 하는 의무</u>*를 포함

---

* 고객의 이익을 최우선시 하여야 하는 의무는 고객의 수익보장을 위한 것 아님

- 대구지법 2006가합8478 − 증권회사가 고객의 ELS 상품 가입 후 수익률이 급격히 떨어질 경우 중도상환을 권유해야 할 부수적 의무 있는지 − 증권회사의 고객보호의무는 고객의 수익보장 위한 것 아니고 투자고객은 결과에 대하여 본인이 책임져야 함. 따라서 이 사건 투자계약에 있어 손실 발생의 우려가 있는 경우 중도상환을 권유해야 할 부수적 의무가 있다고 보기 어려움
- 거래소 2012-54호 − 관련직원이 권유한 관련종목의 주가가 하락함에도 불구하고 신청인에게 손절매를 권유하지 않은 것이 신청인의 적정한 판단을 방해했거나 고객보호의무 위반이 아니라고 판단함

---

❷ 구별의 실익
  ❖ 충실의무 및 고객보호의무는 고객이익 최우선 고려 의무를 증권회사에 부여하고 있으나 판례 등의 태도로 보아 그 구별이 증권분쟁 해결에 유의미한 결과를 가져오지는 않음

라. 판단시 고려사항

❶ 유가증권 거래의 특성
  ❖ 의료업 등 특수분야에서 보다 높은 설명의무를 인정하고 있는 판례의 태도 및 유가증권 거래의 전문성, 복잡성, 정보의 편중성, 고객의 금융투자회사에 대한 의존의 실태 등 고려하여
  ❖ 금융투자회사에 대하여 보다 높은 수준의 선관주의의무, 고객배려의무를 부여하는 것이 요청됨

일함. 양 개념의 관계에 대하여 이질설과 동질설로 학설의 대립이 있음
- 상법 제382조(이사의 선임, 회사와의 관계 및 사외이사) ② 회사와 이사의 관계는 「민법」의 위임에 관한 규정을 준용한다.
- 상법 제382조의3(이사의 충실의무) 이사는 법령과 정관의 규정에 따라 회사를 위하여 그 직무를 충실하게 수행하여야 한다.

❷ 손해의 공평한 분담

❖ 선관의무는 분쟁행태 및 판례 변화, 규정 개정, 투자자보호에 대한 인식의
변화 등에 따라 사안에 따라 탄력적으로 적용되어야 하고 민법상 불법행위
법의 일원칙인 손해의 공평한 분담 원칙을 고려

❸ 손해배상책임

❖ 고객보호의무 등 선관의무는 부수적 급부의무이므로 그 위반으로 인하여
<u>손해배상책임은 인정되나 계약의 해지나 해제는 인정되지 않음</u>

마. 판단기준

전문가로서의 합리적 판단인지, 사무처리과정에서 현저한 불합리 있었는지 판단

❶ 자본시장법 등 명문규정 준수여부

❖ 자본시장법상 명문규정은 기존 판례에서 설시되던 부분을 명문화한 것으로
판례의 판단기준이 현재도 유효함

❷ 민법상 위임 법리 고려

❖ **위임의 수단채무성·재량성, 당해 직무상 필요한 능력·지식 구비 여부**
　– 전문가로서의 소양과 경험, 합당한 정보, 적절한 절차를 준수하여 사무처리과
정 및 의사결정과정에 현저한 불합리가 없는 한 허용되는 재량범위 내의 행위
로서 선관의무 다한 것

재량권 관련 참고 사항

재량과 위임인의 지시

- 수임인에 다소의 재량권이 인정되나 사무의 처리에 관하여 위임인의 지시가 있으면 수임인
은 이에 따라야 함
- 위임인의 지시가 부적합한 경우 전문가인 수임인으로서는 그 점을 통지·설명하고 재고를
촉구하여야 하지만 위임인이 당초 지시를 고집하면 그에 따라야 할 의무 있음

- 단 사정이 급박한 경우에는 임시조치를 취할 권리와 의무 있음.
  - → 투자자의 주문불이행 위반의 경우
    - 수임인의 지시가 명백하게 부적합하고
    - 그 부적합함을 수임인에게 설명할 시간이 없는 급박한 사정이 있는 경우 주문불이행의 경우에도 책임 면제 가능할 것으로 판단

❖ **약관, 개별약정 등 위임계약의 내용 및 사무의 성질 고려**
  - 원본초과손실위험성, 전문적인 분석능력 요구 여부 등 <u>금융투자상품별 특성</u> 고려
  - 단순계좌개설, 개별주문위탁, 일임매매, 장외거래, 온라인거래* 등 <u>거래행태</u> 고려**

거래행태 고려시 검토사항

단순 계좌개설시
- 적극적인 재산관리 의무는 없으나 고객의 허락없이 계좌의 자산을 운용하지 아니할 부작위의무 존재30

개별 주문 위탁시
- 고객의 주문지시를 이행할 의무, 상품에 대한 정확한 정보를 제공해야 할 의무 등이 존재함
  - 서울북부지법 2008가단66235판결은 증권회사의 객장 상담원으로서 평소 원고에게 투자를 권유하고 원고로부터 주식매매를 위탁받아 주식매매를 해왔으므로 원고에게 주식거래에 관한 <u>정확한 정보를 제공</u>해야 할 신의칙상 의무가 있다고 판단하였음

HTS 등 온라인 거래시
- 온라인거래의 즉시성, 신속성, 비대면성, 주문오류 가능성, 해킹 등 전산오류 가능성 등 감안하여 판단
  - 장애없이 시황확인, 주문접수, 정보제공, 거래내역 통보 등을 할 기본적인 의무 포함하여
  - **장애발생시 HTS 등을 대신하여 콜센터 등 대체주문가능한 시스템 구비할 의무**, 장애발생 통지 및 보수 통지 등을 신속하게 할 의무, 정보누출·해킹 등 사전예방장치 및 백업시스템의 구비여부, 전산오류 후 신한 사후대책 여부 등 고려하여야 하고
  - 시가 등에서 현저히 벗어난 대량 주문 등 주문오류 가능성을 막을 장치 존재 여부, 약

관 변경시나 반대매매시 등 중요사항 통보시 팝업창이나 확인창 등 투자자에게 주의를 환기시킬 의무 등 존재할 것으로 판단
- 통지시에도 거래내역 등 통지나 고지사항을 팝업이나 굵은 글씨 등을 사용하여 투자자에게 내용이 도달하도록 하는 장치 필요하고 단순히 화면상에 고지되었다는 정도로는 주의의무 다한 것으로 보기 어려움

❸ 직무수행시 고객 이익의 최우선 고려 여부

❖ 충실의무, 고객보호의무 등에서 투자자 이익 최우선 고려의무 도출

---

30 매매거래 계좌설정 계약시 고객이 입금한 예탁금을 고객의 주문이 있는 경우에 한하여 그 거래의 결제의 용도로만 사용하여야 하고 고객의 주문없이 무단매매를 행하여 고객의 계좌에 손해를 가하지 아니할 의무 부담(대법원 94도1598 판결)한다고 하여 업무상 배임죄의 성립을 인정한 판례 참고

03

개별 분쟁해결 법리

1. 투자권유 등

1 투자권유의 개요

▨▨▨ (의의) 특정 투자자를 상대로 금융투자상품의 매매 또는 투자자문계약·투자일임계약·신탁계약의 체결을 권유하는 것을 말함(자본시장법 제9조④)

❖ 투자권유규제(부당권유, 손실보전약정 제외)는 일반투자자에게 투자권유를 하는 경우에 적용되며, 금융투자상품뿐 아니라 투자일임계약 체결의 권유도 투자권유에 해당(대법원 2015.1.29. 선고 2013다217498 판결)

❖ 다만, 단순한 상품설명, 금융투자상품의 매매 또는 계약체결의 권유가 수반되지 않은 상담 및 금융투자상품 안내는 투자권유에 해당하지 않음
  - 특정투자자가 아닌 대중에 대한 투자권유는 '투자광고'에 해당

▨▨▨ (적용범위) 적합성 원칙과 설명의무는 금융투자업자가 투자자를 상대로 투자권유를 하는 경우에만 적용

❖ 금융투자업자가 고객에게 **다른 금융투자업자가 취급하는 금융투자상품 등을 소개**한 것이 자본시장법 제9조 제4항에서 정한 투자권유를 한 것으로 평가되는 경우에는 적합성, 설명의무가 적용됨(대법원 2015.1.29. 선고 2013다217498 판결 - 별첨 3-2 판례 1)
  - 금융투자업자가 과거 거래 등을 통하여 자신을 신뢰하고 있는 고객에게 다른 금융투자업자가 취급하는 금융투자상품 등을 단순히 소개하는 정도를 넘어 계약 체결을 권유함과 아울러 그 상품 등에 관하여 구체적으로 설명하는 등 적극적으로 관여하고,
  - 나아가 그러한 설명 등을 들은 고객이 해당 금융투자업자에 대한 신뢰를 바탕으로 다른 금융투자업자와 계약체결에 나아가거나 투자 여부 결정에 그 권유와 설명을 중요한 판단요소로 삼았다면
  - 해당 금융투자업자는 직접 고객과 사이에 금융투자상품 등에 관한 계약을 체결하는 것이 아니라 하더라도 고객에 대하여 해당 금융투자상품에 관한 적합성 원칙과 설명의무를 부담

❖ 투자권유대행인에 대해서는 **투자권유 규제관련 조항이 준용**되므로 관련조
  항의 내용이 동일하게 적용됨
  - 한편, 미등록 대행인인 경우와, 투자권유대행인이 업무권한 외의 행위를 하는
    경우 분쟁이 발생할 가능성이 있는데
  - 위 경우에 투자권유대행인 등의 행위가 불법행위일 경우 금융투자업자의 **사
    용자책임**이 문제될 수 있음

❖ 다만, 투자권유에 의하지 아니하고 자발적인 의사로 투자를 하는 경우에는
  미적용(서울고법 2013.2.6. 선고 2012나62907 판결)

**(판례) 과거 판례는 투자권유 시 불법행위책임을 고객보호의무 위반으로
판단하였고 자본시장법 이후 이러한 태도를 계속 유지**

❖ 증권회사 임직원이 고객에게 적극적으로 투자를 권유하였으나 투자 결과
  손실을 본 경우에 투자자에 대한 불법행위 책임이 성립하기 위해서는 이익
  보장 여부에 대한 적극적인 기망행위의 존재까지 요구되는 것은 아니라고
  하더라도
  - 적어도 거래경위와 거래방법, 고객의 투자 상황(재산상태, 연령, 사회적 경험
    정도 등), 거래의 위험도 및 이에 대한 설명의 정도 등에 비추어,
  - 당해 권유행위가 경험이 부족한 일반투자자에게 **거래행위에 필연적으로 수
    반되는 위험성에 대한 올바른 인식형성을 방해**하거나 또는 고객의 투자상황
    에 비추어 **과대한 위험성을 수반하는 거래를 적극적으로 권유**한 경우에 해
    당하여 결국 고객에 대한 보호의무를 저버린 위법한 행위라고 평가될 수 있어
    야 함(대법원 2003.1.10. 선고 2000다50312 판결, 대법원 2005.9.9. 선고 2003
    다61382 판결)

참고 | 자본시장법상 투자권유절차

투자자 구분
▶ 일반투자자/전문투자자 구분
▶ 투자권유 희망여부 파악

투자자정보 파악
▶ 투자자정보를 투자자정보확인서를 통해 파악 후 투자자로부터 서명 등의 방법으로 확인받도록 함
▶ 투자자정보: 재산상황, 금융투자상품 경험종류 및 기간, 금융지식 수준 및 이해도, 위험에 대한 태도 등

투자자성향 분석
▶ 금융투자회사 자율적으로 분류 가능(주로 5단계)
 - 안 정 형: MMF, 국고채·통안채·지방채·RP 등(초저위험)
 - 안정추구형: 채권형 집합투자증권, 원금보장형 파생결합상품, 회사채(A-이상), 금융채 등(저위험)
 - 위험중립형: 혼합형 집합투자증권, 원금부분보장형 파생결합상품, 회사채(BBB+~BBB-) 등(중위험)
 - 적극투자형: 주식, 주식형 집합투자증권, 투기등급 회사채 등(고위험)
 - 공격투자형: ELW, 선물·옵션, 원금비보장형 파생결합상품, 주식(신용거래, 관리투자경고종목) 등(초고위험)

투자권유
▶ 적합성원칙: 투자자성향에 적합한 금융투자상품 권유
▶ 설명의무: 상품내용과 위험성 등에 대한 설명 후 서명 등의 방법으로 확인
▶ 부당권유 금지: 중요사항 설명에 거짓, 왜곡, 누락이 없어야 함
▶ 투자자성향에 부적합한 금융투자상품 판매시 「부적합/부적정 금융투자상품 거래확인서」에 서명 확인

예시 | 일반투자자 투자자정보확인서

1. 연령	① 19세 이하 ② 20세~40세 ③ 41세~50세 ④ 51세~60세 ❺ 61세 이상
2. 투자하는 자금의 예상 기간	① 6개월 미만 ② 6개월 이상~1년 미만 ③ 1년 이상~2년 미만 ④ 2년 이상~3년 미만 ❺ 3년 이상
3. 재산상황	가. 향후 자신의 수입원에 대한 예상 ① 현재 일정한 수입이 발생하고 있으며, 향후 현재 수준을 유지하거나 증가할 것으로 예상 ② 현재 일정한 수입이 발생하고 있으나, 향후 감소하거나 불안정할 것으로 예상 ❸ 현재 일정한 수입이 없으며, 연금이 주 수입원임 나. 여유자금 보유여부 ① 1월분 미만 ② 1개월분~3개월분 ③ 3개월분~6개월분 ④ 6개월분~12개월분 ⑤ 12개월분 초과 다. 총 금융자산대비 총 투자상품의 비중 ① 10% 이하 ② 20% 이하 ③ 30% 이하 ④ 40% 이하 ⑤ 40% 초과
4. 투자경험	가. 투자경험이 있는 금융투자상품(복수선택가능) ① 국채, 지방채, 보증채, MMF 등 ② 금융채, 신용도가 높은 회사채, 채권형 펀드, 원금보장형 ELS 등 ③ 신용도 중간 등급의 회사채, 원금의 일부만 보장되는 ELS, 혼합형 펀드 등 ④ 주식, 원금이 보장되지 않는 ELS, 신용도가 낮은 회사채, 시장수익률 수준의 수익을 추구하는 주식형펀드 등 ⑤ ELW, 선물옵션, 시장수익률 이상의 수익을 추구하는 주식형펀드, 파생상품펀드, 주식 신용거래 등 나. 금융투자상품 투자경험기간 ① 전혀 없음 ② 1년 미만 ③ 3년 미만 ④ 5년 미만 ⑤ 5년 이상
5. 투자목적	❶ 적극적 매매를 통한 수익을 원하며 원금을 초과하는 손실 위험도 감내 가능 ② 적극적 매매를 통한 수익 실현 목적 ③ 시장(예: 주가지수) 가격 변동 추이와 비슷한 수준의 수익 실현 ④ 채권이자 · 주식배당 정도의 수익 실현 목적 ⑤ 기존 보유자산에 대한 위험 헤지 목적
6. 금융지식수준/이해도	① 금융투자상품에 투자해 본 경험이 없음 ❷ 널리 알려진 금융투자상품(주식, 채권 및 펀드 등)의 구조 및 위험을 일정 부분 이해하고 있음 ③ 널리 알려진 금융투자상품(주식, 채권 및 펀드 등)의 구조 및 위험을 깊이 있게 이해하고 있음 ④ 파생상품을 포함한 대부분의 금융 투자상품의 구조 및 위험을 이해하고 있음
7. 감내할 수 있는 손실 수준	① 투자원금 보전을 선호함 ② 투자원금에서 최소한의 손실만을 감수할 수 있음 ③ 투자원금 중 일부의 손실을 감수할 수 있음 ❹ 기대수익이 높다면 위험이 높아도 상관하지 않음

본인은 귀사에 제공한 투자자정보와 관련하여 다음과 같은 사항을 확인합니다.
1. 귀사에 제공한 투자자정보는 본인의 투자목적, 재산상황 및 투자경험 등의 정보를 정확히 알려드

린 것입니다.
2. 향후 24개월 동안에는 귀사가 본인의 투자자정보를 변경되지 않은 것으로 간주한다는 점을 설명 받았습니다.
3. 본인의 투자자정보에 변경사항이 발생한 경우에는 이를 귀사에 통지하여야 귀사가 본인에게 적합한 투자권유를 할 수 있다는 점을 설명 받았습니다.

년   월   일

계좌번호 또는 실명확인번호
(대리인 거래시 대리인 성명)   (서명/인)

예시 | 투자자정보확인서(개인) 배점 기준 및 점수

투자권유희망(o), 정보제공(o)		
항목	문항당 배점	신청인 점수
1. 연령	①②: 4점, ③: 3점, ④: 2점, ❺: 1점	1점
2. 투자하는 자금의 예상 기간	①: 1점, ②: 2점, ③: 3점, ④: 4점, ❺: 5점	5점
3. 재산상황	가. 향후 자신의 수입원에 대한 예상 ①: 3점, ②: 2점, ❸: 1점	1점
	나. 여유자금 보유여부 ①: 1점, ②: 2점, ③: 3점, ④: 4점, ⑤: 5점	미기재
	다. 총 금융자산대비 총 투자상품의 비중 ①: 1점, ②: 2점, ③: 3점, ④: 4점, ⑤: 5점	미기재
4. 투자경험	가. 투자경험이 있는 금융투자상품(복수선택가능) ①: 1점, ②: 2점, ③: 3점, ④: 4점, ⑤: 5점	미기재
	나. 금융투자상품 투자경험기간 ①: 1점, ②: 2점, ③: 3점, ④: 4점, ⑤: 5점	미기재
5. 투자목적	❶: 5점, ②: 4점, ③: 3점, ④: 2점, ⑤: 1점	5점
6. 금융지식수준/이해도	①: 1점, ❷: 2점, ③: 3점, ④: 4점	2점
7. 감내할 수 있는 손실 수준	①: -2점, ②: 2점, ③: 4점, ❹: 6점	6점
총점	47점 만점	20점
점수계산방법	1번부터 7번까지의 응답결과에 따른 점수를 합산(총점 47점)하고, 이를 100점으로 환산	
투자자성향분류	점수결과에 따라 고객의 투자성향을 5단계로 분류 • 20점 이하: 안정형 • 20점 초과~40점 이하: 안정추구형 • 40점 초과~60점 이하: 위험중립형 • 60점 초과~80점 이하: 적극투자형 • 80점 초과: 공격투자형	
신청인 투자성향 분류 결과	20/47 × 100 = 42.53점(위험중립형)	

(조정사례) 투자자가 투자자정보확인서에 기재하지 않은 4개 항목* 중 확인이 가능한 "4.투자경험"의 2개 항목이 기재되었다면, 투자성향은 "적극투자형"(61.70점)으로 변동될 수 있었던 상태임

* 3-나,다 4-가,나 항목이며 당시 신청인의 4-가. 나 항목의 투자경험(주식투자경험有, 5년 이상)은 확인되는 상태였음

항목	문항당 배점	신청인 점수 (실제)	당시 확인 가능 여부	신청인 점수 (가정)
1. 연령	①②: 4점, ③: 3점, ④: 2점, ❺: 1점	1점		1점
2. 투자하는 자금의 예상기간	①: 1점, ②: 2점, ③: 3점, ④: 4점, ❺: 5점	5점		5점
3. 재산상황	가. 향후 자신의 수입원에 대한 예상 ①: 3점, ②: 2점, ❸: 1점	1점		1점
	나. 여유자금 보유여부 ①: 1점, ②: 2점, ③: 3점, ④: 4점, ⑤: 5점	미기재	X	-
	다. 총 금융자산대비 총 투자상품의 비중 ①: 1점, ②: 2점, ③: 3점, ④: 4점, ⑤: 5점	미기재	X	-
4. 투자경험	가. 투자경험이 있는 금융투자상품(복수선택가능) ①: 1점, ②: 2점, ③: 3점, ④: 4점, ⑤: 5점	미기재	O (❹: 4점)	4점
	나. 금융투자상품 투자경험기간 ①: 1점, ②: 2점, ③: 3점, ④: 4점, ⑤: 5점	미기재	O (❺: 5점)	5점
5. 투자목적	❶: 5점, ②: 4점, ③: 3점, ④: 2점, ⑤: 1점	5점		5점
6. 금융지식수준/ 이해도	①: 1점, ❷: 2점, ③: 3점, ④: 4점	2점		2점
7. 감내할 수 있는 손실 수준	①: -2점, ②: 2점, ③: 4점, ❹: 6점	6점		6점
총점	47점 만점	20점		29점
투자성향결과	100점으로 환산점수	위험 중립 (42.53점)		적극 투자 (61.70점)

(조정결론) 관련계좌 개설과 함께 '위험중립형'으로 분류된 신청인에게 관련주식을 권유한 행위가 「자본시장과 금융투자업에 관한 법률」 제46조 제3항을 위반하여 신청인의 위험성에 관한 올바른 인식형성을 방해하거나 투자상황에 비추어 과대한 위험성을 수반하는 거래를 적극 권유한 경우에 해당한다고 보기는 곤란하다고 판단

2 투자권유준칙

「자본시장과 금융투자업에 관한 법률」 관련 규정

제50조(투자권유준칙) ① 금융투자업자는 투자권유를 함에 있어서 금융투자업자의 임직원이 준수하여야 할 구체적인 기준 및 절차(이하 "투자권유준칙"이라 한다)를 정하여야 한다. 다만, 파생상품등에 대하여는 일반투자자의 투자목적·재산상황 및 투자경험 등을 고려하여 투자자 등급별로 차등화된 투자권유준칙을 마련하여야 한다.
② 금융투자업자는 투자권유준칙을 정한 경우 이를 인터넷 홈페이지 등을 이용하여 공시하여야 한다. 투자권유준칙을 변경한 경우에도 또한 같다.
③ 협회는 투자권유준칙과 관련하여 금융투자업자가 공통으로 사용할 수 있는 표준투자권유준칙을 제정할 수 있다.

「투자권유준칙」 관련 규정

제8조(투자자정보 파악 및 투자자성향 분석 등)
① 임직원등은 투자권유를 희망하는 투자자에 대하여 투자권유 전에 면담·질문 등을 통하여 투자자의 투자자정보를 [별지 제3호]의 투자자정보 확인서에 따라 파악하고, 투자자로부터 서명 등의 방법으로 확인을 받아 이를 유지·관리하여야 한다
제10조(투자권유 절차)
① 임직원등은 회사가 정한 [별지 제6호]의 적합성판단 기준에 비추어 보아 투자자에게 적합하지 아니하다고 인정되는 투자권유를 하여서는 아니 된다.
② 임직원등은 회사가 이미 투자자정보를 알고 있는 투자자에 대하여는 기존 투자자성향을 알리고 투자권유를 하여야 한다.

[별지 제6호] 투자자성향별 투자권유 가능상품 분류기준

구분	초고위험 (Speculative Risk)	고위험 (High Risk)	중위험 (Middle Risk)	저위험 (Low Risk)	초저위험 (Ultra Low Risk)
안정형	투자권유불가	투자권유불가	투자권유불가	투자권유불가	
안정추구형	투자권유불가	투자권유불가	투자권유불가		
위험중립형	투자권유불가	투자권유불가			
적극투자형	투자권유불가				
공격투자형					

[별지 제7호] 금융투자상품별 투자위험도 분류기준

구분	초고위험 (1등급) (Speculative Risk)	고위험 (2등급) (High Risk)	중위험 (3등급) (Middle Risk)	저위험 (4등급) (Low Risk)	초저위험 (5등급) (Ultra Low Risk)
채권	투기등급 (B+ 이하)	투기등급 (BB+ 이하)	회사채 금융채 (BBB-이상~BBB+이하)	회사채 금융채 (A-이상~AAA)	국채 통안채 지방채 정부보증채 특수채
CP/전자단기사채	투기등급 (C이하)	투기등급 (B+이하)	A3-이상~A3+이하	A2-이상~A1	
CMA					RP형, MMW형, MMF형 CMA
파생결합증권 ELS DLS	원금비보장형	원금부분보장형 원금비보장형	원금부분보장형		
파생결합증권 ELW	ELW				
파생결합사채 ELB, DLB				원금보장형	
주식	신용거래, 투자경고종목, 투자위험종목, 관리종목	주식			
선물옵션	선물옵션				

* 집합투자증권의 경우 해당 집합투자증권의 투자설명서에 기재된 투자위험도에 따라 5단계로 분류
* 시행일 이후 해당 집합투자증권의 투자설명서에 투자위험도가 반영이 안 된 경우는 반영되기 전까지 당사 관련 부서의 상품분류 기준을 따름
* 회사의 내부정책에 따라 금융투자상품의 손익구조, 시장상황 등 위험요인을 참고하여 위험등급과 각 등급에 포함되는 금융투자상품의 상세내역을 정할 수 있음(다음 예시 참조)

예시 | 고객 투자성향별 권유가능 상품 분류표(증권사 투자권유준칙)

☞ 고객 투자성향별 권유가능 금융투자상품 분류 기준표

고객투자 성향	상품등급	집합투자 증권 (펀드)	파생결합증권 ELS/DLS 등	ELW	주식 등	장내파생상품	채권 및 CLN 등
안정형	초저위험						국고채, 통안채, 지방채, 특수채, 정부보증채, RP
안정추구형	저위험		원금 보장형				금융채, 회사채 A-이상 A1~A2등급 CP
위험중립형	중위험	*하단참조	원금 부분 보장형				회사채 BBB+~BBB- A3등급 CP
적극투자형	고위험				주식		
공격투자형	초고위험		원금 비 보장형	ELW	신용거래, 투자경고종목, 투자위험종목, 관리종목, 외화증권	선물, 옵션, FX마진 거래 등	투기등급 (BB이하 회사채, B이하 CP)

* 집합투자증권(펀드)의 투자위험도는 주식형, 혼합형, 인덱스파생펀드(지수 100% 추종)의 경우 고위험으로 분류하며, 그 이외의 펀드는 투자설명서상의 투자위험도를 따릅니다.

* 고객투자성향과 일치하는 상품등급 이하의 상품만 투자권유가 가능하며, 해당투자등급을 초과하는 상품에 투자하는 경우에는 '고객 선택상품 가입확인서'를 작성하신 후 거래하실 수가 있습니다.

☞ 파생상품 등에 대한 투자제한

고객 분류	투자권유가능 파생상품 등
만 65세 이상이고 투자경험 1년 미만	원금보장형 파생결합증권
만 65세 미만이고 투자경험 1년 미만 또는 만 65세 이상이고 투자경험 1년 이상 3년 미만	원금손실률이 20% 이내로 제한되는 파생결합증권 원금손실률이 20% 이내로 제한되는 파생상품 집합투자 증권

* 상기 항목 이외의 파생상품 등에 가입을 원하는 경우에는 '고객 선택상품 가입확인서'를 작성하신 후 거래하실 수가 있습니다.

3 적합성의 원칙

> ## 「자본시장과 금융투자업에 관한 법률」
>
> **제46조(적합성 원칙 등)**
> ② 금융투자업자는 일반투자자에게 투자권유를 하기 전에 면담·질문 등을 통하여 일반투자자의 투자목적·재산상황 및 투자경험 등의 정보를 파악하고, 일반투자자로부터 서명(「전자서명법」 제2조 제2호에 따른 전자서명을 포함한다. 이하 같다), 기명날인, 녹취, 그 밖에 대통령령으로 정하는 방법으로 확인을 받아 이를 유지·관리하여야 하며, 확인받은 내용을 투자자에게 지체 없이 제공하여야 한다.
> ③ <u>금융투자업자는 일반투자자에게 투자권유를 하는 경우에는 일반투자자의 투자목적·재산상황 및 투자경험 등에 비추어 그 일반투자자에게 적합하지 아니하다고 인정되는 투자권유를 하여서는 아니 된다.</u>
> **제64조(손해배상책임)** ① 금융투자업자는 법령·약관·집합투자규약·투자설명서(제123조 제1항에 따른 투자설명서를 말한다)에 위반하는 행위를 하거나 그 업무를 소홀히 하여 투자자에게 손해를 발생시킨 경우에는 그 손해를 배상할 책임이 있다.

■ **(개요)** 금융투자업자가 일반투자자에게 투자권유를 하는 경우 일반투자자의 투자목적, 재산상황, 투자경험 등에 비추어 그 일반투자자에게 부적합한 투자권유를 하여서는 안 된다는 원칙

❖ 고객보호의무 위반 여부가 요건이 되는가에 관하여 명시적인 판례는 없으나,

❖ 투자자정보 확인서상의 고객성향과 맞지 않은 금융투자 상품의 권유가 고객의 투자 상황 등에 비추어 투자자보호의무 위반으로 평가될 수 있는 경우에 한하여 손해배상 책임을 인정할 수 있을 것임

■ **(내용)** 투자자정보 확인과 적합한 상품의 권유

❖ 일반투자자인 경우 투자권유 전에 고객의 투자권유 희망여부를 파악하여 투자권유를 희망하는 고객의 투자성향을 파악한 다음, 서명, 기명날인 등 확인을 받아 유지, 관리하여야 함
  – 투자권유 불원고객은 투자자정보를 확인할 필요 없음

❖ 적합한 상품의 권유의무는 적합한 투자권유를 하여야 할 적극적 의무가 아니라 <u>부적합한 투자권유를 하지 않을 소극적 의무</u>임
  – 투자자가 금융투자회사의 투자권유 없이 본인 판단에 따라 본인의 투자성향보다 투자위험도가 높은 금융투자상품에 대한 투자를 희망하는 경우 금융투자

회사는 해당상품의 위험성을 고지하고 고객의 확인을 받아야 함

(판례) 금융투자업자가 고객의 투자성향에 비추어 과대한 위험을 수반하는 투자를 적극적으로 권유한 경우 고객보호의무 위반한 불법행위 책임 인정

❖ 과거 신용거래 및 주식투자 경험이 없고 안정적 투자를 원하는 투자자에게 신용거래를 권유한 경우 적합성 원칙 위반 인정(서울고법 2012.9.19. 선고 2011나102068 판결)

❖ 일반투자자에게 신용등급 A3- 기업어음 투자를 권유한 경우 이는 일반투자자에게 투자권유를 할 수 있는 범위 내여서 적합성 원칙 위반 아님(대법원 2015.4.23. 선고 2013다17674 판결)

❖ 한편, 은행의 경우 투자를 전문으로 하는 다른 금융기관에 비하여 더 큰 공신력을 가지므로 은행이 위험성이 큰 장외파생거래를 권유할 때에는 다른 금융기관에 비하여 더 무거운 고객보호의무를 부담함이 타당하나,

– 환리스크 관리팀과 환위험관리규정 등을 두고 여러 차례 통화옵션계약을 체결하여 녹아웃(Knock-Out)과 녹인(Knock-In) 경험이 있는 甲주식회사가 이미 이른바 오버헤지(over-hedge)에 이른 상태에서 乙은행과 키코(KIKO)통화옵션계약을 체결하였다가 환율 급등으로 손해를 입게 되자 乙은행을 상대로 적합성 위반 등을 이유로 손해배상을 구한 사안에서

– 원고는 환헤지 목적이 아니라 환율변동에 따른 환차익을 획득하려는 환투기목적에서 이 사건 통화옵션계약을 체결하였고 그 위험성을 충분히 알고 있었다고 보이므로

– 원고가 스스로 선택한 이 사건 각 통화옵션계약의 체결을 피고 은행이 끝까지 저지하거나 거부하지 않았다고 적합성 원칙을 위반하였다고 할 수 없다고 판단(대법원 2013.9.26. 선고 2013다26746 판결, KIKO 판결)

4 적정성의 원칙(법 제46조의2)

「자본시장과 금융투자업에 관한 법률」

제46조의2(적정성의 원칙 등)
① 금융투자업자는 일반투자자에게 투자권유를 하지 아니하고 파생상품, 그 밖에 대통령령으로 정하는 금융상품(이하 "파생상품등"이라 한다)을 판매하려는 경우에는 면담, 질문 등을 통하여 그 일반투자자의 투자목적·재산상황 및 투자경험 등의 정보를 파악하여야 한다.
② 금융투자업자는 일반투자자의 투자목적·재산상황 및 투자경험 등에 비추어 그 일반투자자에게 적정하지 아니하다고 판단되는 경우에는 대통령령으로 정하는 바에 따라 그 사실을 알리고 일반투자자로부터 서명, 기명날인, 녹취, 그 밖의 대통령령으로 정하는 방법으로 확인을 받아야 한다.
제64조(손해배상책임) ① 금융투자업자는 법령·약관·집합투자규약·투자설명서(제123조 제1항에 따른 투자설명서를 말한다)에 위반하는 행위를 하거나 그 업무를 소홀히 하여 투자자에게 손해를 발생시킨 경우에는 그 손해를 배상할 책임이 있다.

(개요) 파생상품 등[1] 투자 시 부과된 금융투자업자의 의무

❖ 투자권유가 없이 파생상품 등을 일반투자자에게 판매하는 경우 면담·질문 등을 통하여 그 일반투자자의 투자목적·재산상황 및 투자경험 등의 정보를 파악하여야 함(법 제46조의2①)

❖ 파악한 정보에 비추어 해당 파생상품 등이 그 일반투자자에게 적합하지 않다고 판단되는 경우에는 해당 거래의 투자위험성을 고지하고 해당투자자로부터 투자위험성을 고지 받았다는 사실을 서명 등의 방법으로 확인받은 후 해당 상품 판매가능

❖ 적합성원칙은 금융투자업자가 일반투자자에게 투자권유를 하는 경우에 적용되고, 적정성원칙은 파생상품 등을 판매하는 경우에 투자권유가 없어도 적용

---

1 파생상품 등의 범위(영 제52조의2)
 −파생결합증권, 단 금적립계좌 등은 제외
 −장내/장외파생상품 운용 펀드(순자산가치 주당변동율과 펀드 목표지수의 변동율의 차이가 10% 이내인 인덱스펀드 제외)
 −집합투자재산의 50%를 초과하여 파생결합증권에 운용하는 펀드
 −조건부자본증권

5 설명의무(법 제47조, 48조)

「자본시장과 금융투자업에 관한 법률」

제47조(설명의무)

① 금융투자업자는 일반투자자를 상대로 투자권유를 하는 경우에는 금융투자상품의 내용, 투자에 따르는 위험, 그 밖에 대통령령으로 정하는 사항을 일반투자자가 이해할 수 있도록 설명하여야 한다.

② 금융투자업자는 제1항에 따라 설명한 내용을 일반투자자가 이해하였음을 서명, 기명날인, 녹취, 그 밖의 대통령령으로 정하는 방법 중 하나 이상의 방법으로 확인을 받아야 한다.

③ 금융투자업자는 제1항에 따른 설명을 함에 있어서 투자자의 합리적인 투자판단 또는 해당 금융투자상품의 가치에 중대한 영향을 미칠 수 있는 사항(이하 "중요한 사항"이라 한다)을 거짓 또는 왜곡(불확실한 사항에 대하여 단정적 판단을 제공하거나 오인하게 할 소지가 있는 내용을 알리는 행위를 말한다)하여 설명하거나 중요사항을 누락하여서는 아니 된다.

제64조(손해배상책임) ① 금융투자업자는 법령·약관·집합투자규약·투자설명서(제123조 제1항에 따른 투자설명서를 말한다)에 위반하는 행위를 하거나 그 업무를 소홀히 하여 투자자에게 손해를 발생시킨 경우에는 그 손해를 배상할 책임이 있다.

(개요) 금융투자업자는 일반투자자를 상대로 투자권유를 하는 경우 금융투자상품의 내용, 투자에 따르는 위험, 그 밖에 대통령령으로 정하는 사항[2]을 일반투자자가 이해할 수 있도록 설명하고, 일반투자자가 이를 이해했음을 서명 등 하나 이상의 방법으로 확인

❖ 설명을 함에 있어 투자자의 합리적인 투자판단 또는 금융투자상품의 가치에 중대한 영향을 미칠 수 있는 사항을 거짓으로 설명하거나 중요사항을 누락하여서는 안 됨

❖ **불특정 다수인을 상대로** 투자조언을 하는 유사투자자문업자에게는 적합성 원칙과 설명의무에 관한 규정이 유추적용 된다거나 같은 내용의 신의칙상 의무가 인정되지 않음(대법원 2014.5.16. 선고 2012다46644 판결)

   – **적합성원칙과 설명의무는 특정 투자자를 상대로** 하여 투자자로부터 그의 투자목적, 재산상황, 투자경험 등의 정보를 얻어 그에게 적합한 투자권유를 할

---

2 대통령령으로 정하는 사항이란 다음과 같은 사항을 말한다(영 제53조①)

  1. 금융투자상품의 투자성에 관한 구조와 성격

  2. 수수료에 관한 사항

  3. 조기상환조건이 있는 경우 그에 관한 사항

  4. 계약의 해제·해지에 관한 사항

의무와 금융투자상품의 내용 등에 관하여 **특정투자자가 이해할 수 있도록** 설명할 의무를 말하기 때문임

▧ **(설명의무의 내용 및 정도) 설명의무는 판매하는 상품이나 주체에 따라 그 내용 및 정도가 조금씩 상이**

❖ 투자자에게 어느 정도의 설명을 하여야 하는지는 해당 금융투자상품의 특성 및 위험도의 수준, 투자자의 투자경험 및 능력을 종합적으로 고려하여 판단하여야 할 것이나

- 투자자나 그 대리인이 그 내용을 충분히 잘 알고 있는 경우에는 설명의무 부정(대법원 2015.4.23. 선고 2013다17674 판결)

장외파생상품-선물환

❖ 금융기관이 고객과 역외펀드에 연계된 선물환계약을 체결하면서 기본적인 환헤지의 기능에 관하여는 어느 정도 설명하였으나

- 위 선물환계약에 수반되는 특별한 위험성에 관하여는 충분한 설명을 하지 않은 경우 고객보호의무 위반 인정(대법원 2010.11.11. 선고 2010다55699 판결 - 별첨 3-2 판례 2)

간접투자신탁 수익증권

❖ 판매회사의 임직원이 수익증권 매수를 권유하는 때에는 투자에 따른 위험을 포함하여 수익증권의 특성과 주요내용을 정확히 설명함으로써 고객이 그 정보를 바탕으로 합리적인 투자판단을 할 수 있도록 고객을 보호하여야 할 주의의무가 있음(대법원 2010.11.11. 선고 2008다52369 판결 등)

- **장외파생펀드**
  - 위험성이 상당히 높은 장외파생상품에 신탁자산의 대부분을 투자하는 펀드의 수익증권을 발행한 사안에서
  - 판매회사는 수익증권 판매에 있어 단순히 자산운용사의 투자설명서나 판매자료를 신뢰하여 이를 설명한다고 해서 투자자 보호의무를 다하는 것이 아니며, 투자설명서 등의 의문이 있는 점에 대해서 확인·보완하여 판매하는 상품의 위험과 수익에 대하여 균형성을 갖춘 설명을 하여야 하는바,
  - 장외파생펀드 판매 시 고수익성만을 강조하고 상품의 수익과 위험성에 관하여

제대로 설명하지 아니한 판매은행과 자산운용회사의 손해배상책임을 인정(대
법원 2011.7.28. 선고 2010다76368 판결)

- **사모펀드**
  - 투자신탁의 자산운용회사는 투자신탁의 수익구조 및 위험요인에 관한 사항을
    합리적으로 조사하여 올바른 정보를 판매자와 투자자에게 제공하여야 할 의
    무가 있고
  - 판매회사는 원칙적으로 자산운용회사에서 제공받은 투자설명서나 운용제안서
    등의 내용이 진실한지 독립적으로 조사할 의무는 없으나, 투자신탁의 설정을
    사실상 주도한 경우는 조사하여 올바른 정보를 제공할 의무가 있음(대법원
    2015.11.12. 선고 2014다15996 판결)

회사채 및 기업어음

❖ 회사채나 기업어음에 투자하는 경우 투자위험은 발행기업의 신용위험 및
   그로 인한 원금손실 가능성임
  - 금융투자업자가 투자자에게 사채권의 신용등급과 아울러 해당 신용등급의 의
    미와 그것이 전체 등급에서 차지하는 위치에 대하여 투자자가 이해할 수 있을
    정도로 설명하였다면 발행기업의 신용위험에 대한 설명을 다 한 것이고
  - 투자설명서나 증권신고서에 기재된 영업환경이나 재무상황(대법원 2015.9.15.
    선고 2015다21612 등), 지주회사의 신용등급이 아닌 자회사에 대하여까지 구체
    적으로 설명할 의무까지는 없음(서울고등 2014.11.7. 선고 2014나27717 판결)

특정금전신탁

❖ 신탁업자가 특정금전신탁의 투자를 실질적으로 권유했다고 볼 수 있는 경
   우 설명의무 인정(대법원 2015.12.23. 선고 2015다231092, 대법원 2015.4.23.
   선고 2013다17674 판결)
  - 특정금전신탁은 신탁업자가 위탁자가 지정한 운용방법대로 자산을 운용하는
    과정에서 신탁재산에 대하여 선량한 관리자의 의무를 다하였다면 운용결과에
    대한 손익은 모두 수익자에게 귀속되는 것이지만
  - 신탁업자가 신탁재산인 금전의 구체적인 운용방법을 미리 정해놓고 고객에게
    계약체결을 권유하는 등 실질적으로 투자를 권유하였다고 볼 수 있는 경우에
    는 신탁업자는 신탁재산의 구체적인 운용방법에 따르는 수익구조와 위험요인
    을 합리적으로 조사하여 올바른 정보를 고객에게 제공하고 고객이 이를 이해

할 수 있도록 명확히 설명함으로써 고객이 그 정보를 바탕으로 합리적인 투자 판단을 할 수 있도록 고객을 보호하여야 할 주의의무가 있음

▨ **(설명방법)** 모든 설명을 반드시 구두로 하여야 하는 것은 아니고 상품안 내서 등 적절한 자료를 제공하는 방법으로 설명가능

❖ **'상품안내서 등의 교부를 통하여** 투자신탁의 운용개념 및 방법과 신탁약관 에서 정하는 사항에 대한 **개략적인 정보를 제공한 경우**에는 투자신탁설명 서나 약관 등을 직접 제시하거나 교부하지 않았다고 하여 설명의무 위반이 된다고 단정할 수 없다'고 판시(대법원 2006.5.11. 선고 2003다51057 판결)

▨ **(설명의무와 대리인)** 투자자의 대리인이 금융투자업자의 설명을 듣고 대 리권의 범위 내에서 투자 결정을 내리고 투자를 한 경우 금융투자업자가 설명의무를 다하였는지를 판단함에 있어서,

❖ 설명의무의 범위 및 정도를 가늠하기 위한 투자자의 투자 목적, 위험감수의 사 및 능력, 투자경험 등 **판단의 기초자료는 투자자 본인을 기준**으로 하되

❖ 금융투자업자의 인식과 비슷한 수준으로 **인식할 수 있을 정도로 설명이 이 루어졌는지는 대리인을 기준**으로 판단(서울중앙지법 2012..9.27. 선고 2011 가합78083 판결)

▨ **(손해배상)** 설명의무 위반시 이로 인하여 발생한 손해를 배상할 책임이 있음**(법 제48조)**

❖ **(손해 범위)** 고객에게 배상하여야 할 손해의 범위는 **그 설명의무 위반과 상 당인과관계가 있는 손해에 한함**

  - 고객이 은행으로부터 중도 환매가격에 대하여 설명을 들은 이후에도 중도 환 매를 하지 않고 수익증권을 계속 보유한 결과 발생한 원금 상실의 손해는 위 은행의 중도 환매가격에 대한 설명의무 위반으로 인한 손해라고 보기 어려움 (대법원 2010.11.11. 선고 2008다52369 판결)[3]

---

3 [대법원 2010.11.11.선고 2008다52369 판결] 투자신탁 수익증권을 판매하는 은행 직원이 고 객에게 투자신탁 수익증권의 매수를 권유하면서 중도 환매가격에 대하여 오해를 불러일으킬 수 있는 부실한 표시가 기재된 상품설명서를 제공하고 그 환매가격에 대한 명확한 설명을 하 지 않음으로써 고객으로 하여금 중도 환매 시 지급받을 수 있는 환매가격에 관하여 오해하게

❖ **(손해액의 추정)** 금융투자상품의 취득으로 인하여 일반투자자가 지급하였거나 지급하여야 할 금전의 총액에서 그 금융투자상품의 처분 등의 방법으로 그 일반투자자가 회수하였거나 회수할 수 있는 금전의 총액을 뺀 금액을 손해액으로 추정

  ― 자본시장법에서 규정하고 있는 '회수할 수 있는 금전'이라 함은 '당장은 아니라고 하더라도 멀지 않은 장래에 회수가 확실히 예정되어 있거나 회수할 개연성이 상당한 금전'으로 보아야 할 것이어서 A건설의 회생계획안에 따른 변제 예정금액은 회수할 개연성이 상당하다고 보기 어렵다고 판단하였음(서울고법 2013.2.8. 선고 2012나2189 판결)

  ― 투자원금에서 출자전환에 따른 회수금액, 회생계획에 따른 현금변제 및 회수가능금액[4]을 공제한 금액을 손해액으로 계산한 경우도 있음(서울남부지법 2014.5.9. 선고 2013가합101631 판결)

▰▰▰ **기타 ― 전문투자자에 대한 추정 배제**

❖ 한정된 규제자원의 효율적 활용을 위해 자본시장법은 전문투자자에게 설명의무 및 손해액 추정을 인정하고 있지 않으나

❖ 전문투자자도 손해액 및 인과관계를 주장·증명함으로써 민법상 불법행위 책임 추궁이 가능(민법 제750조)

  ― 다만 전문성을 감안하여 보호의무의 범위와 정도가 달라질 수 있음

> **2015.2.26. 선고 2014다17220 판결** 투자권유단계에서 판매회사의 투자자보호의무는 투자자가 전문투자자라는 이유만으로 배제된다고 할 수 없고 다만 투자신탁재산의 위험도 수준, 투자자의 투자경험이나 전문성 등을 고려하여 투자자보호의무의 범위와 정도를 달리 정할 수 있다.

하였으나, 고객이 그 후 중도 환매가격이 당초 이해한 것과 다르다는 설명을 듣고 신속한 환매를 권유받았음에도 은행에 대하여 원금 전액의 보장과 손해배상 등을 요구할 뿐 중도 환매 요청을 하지 않은 채 수익증권을 계속 보유함으로써 만기에 이르러 원금 대부분을 상실하는 손해를 입은 사안에서, 고객이 은행으로부터 중도 환매가격에 대하여 설명을 들은 이후에도 중도 환매를 하지 않고 수익증권을 계속 보유한 결과 발생한 원금 상실의 손해는 위 은행의 중도 환매가격에 대한 설명의무 위반으로 인하여 발생한 손해라고 보기 어렵다.

4 서울고법 2012나2189와 일응 상충되는 것으로 보이나 고법사례의 경우 변론종결일까지 A건설은 신탁원금 및 이자에 대한 변제를 전혀 못한 경우였고, 이 남부지법 사례의 경우 회생계획에 따라 51.5%를 현금변제한 사례로 '회수할 수 있는 금전'에 대한 법원의 판단이 달라진 것으로 보임

6 부당권유 금지(법 제49조)

「자본시장과 금융투자업에 관한 법률」

제49조(부당권유의 금지) 금융투자업자는 투자권유를 함에 있어서 다음 각 호의 어느 하나에 해당하는 행위를 하여서는 아니 된다.

1. 거짓의 내용을 알리는 행위
2. 불확실한 사항에 대하여 단정적 판단을 제공하거나 확실하다고 오인하게 할 소지가 있는 내용을 알리는 행위
3. 투자자로부터 투자권유의 요청을 받지 아니하고 방문·전화 등 실시간 대화의 방법을 이용하는 행위. 다만, 투자자 보호 및 건전한 거래질서를 해할 우려가 없는 행위로서 대통령령으로 정하는 행위를 제외한다.
4. 투자권유를 받은 투자자가 이를 거부하는 취지의 의사를 표시하였음에도 불구하고 투자권유를 계속하는 행위. 다만, 투자자 보호 및 건전한 거래질서를 해할 우려가 없는 행위로서 대통령령으로 정하는 행위(1개월 지난 후 재권유행위, 타 금융투자상품 권유행위)는 제외한다.

제64조(손해배상책임) ① 금융투자업자는 법령·약관·집합투자규약·투자설명서(제123조 제1항에 따른 투자설명서를 말한다)에 위반하는 행위를 하거나 그 업무를 소홀히 하여 투자자에게 손해를 발생시킨 경우에는 그 손해를 배상할 책임이 있다.

▨ (부당권유 행위 유형) 자본시장법은 부당권유행위로 다음의 4가지 사유를 규정

❖ 거짓의 내용을 알리는 행위

❖ 불확실한 사항에 대하여 단정적 판단을 제공하거나 확실하다고 오인하게 할 소지가 있는 내용을 알리는 행위(단정적 판단 제공)

- 판례는 부당권유행위로 인한 불법행위 책임을 인정하기 위해서 '**거래경위, 거래방법, 고객의 투자상황, 거래위험성 및 이에 대한 설명 정도 등을 종합적으로 고려한 후 당해 권유행위가 고객에게 위험성에 관한 올바른 인식형성을 방해하거나 고객의 투자상황에 비추어 과대한 위험성을 수반하는 거래를 적극 권유한 경우**에 해당하여 고객에 대한 보호의무를 저버려 위법성을 띤 행위'로 평가되어야 한다고 하고 있음(대법원 2007.7.12. 선고 2006다53344 판결)

- "합리적 근거"와 관련하여 판례는 종목추천시 증권회사의 투자보고서, 경제신문기사에 투자유망종목으로 보도되었음을 근거로 하였을 경우 합리적 근거에 의한 투자권유행위로 인정(서울고법 2000.6.9. 선고 99나40380 판결)

- "주가상승이 100% 확실하고 혼자만 알고 있는 호재인데 밝힐 수 없다"고 하면서 주식의 대량 매수를 권유한 경우 부당권유 성립(대법원 2003.1.24. 선고

2001다2129 판결)

- 해당종목의 주가가 큰 폭으로 하락하고 이미 공시된 유상증가 결정이 취소되었으며 다시 관리종목으로 지정되기까지 한 상황에서 "무조건 여기서 사 놓아야 한다, 더 이상 어떠한 악재도 없다, 기존에 손실 본 것까지 회복이 가능하다"라고 한 경우 고객보호의무 위반 인정함(서울고법 2011.10.14. 선고 2011나17047 판결)

❖ 투자자로부터 투자권유의 요청을 받지 아니하고 방문, 전화 등 실시간 대화의 방법을 이용하는 행위(**불초청 투자권유금지**, 장외파생상품에만 적용)
  - 실시간 대화가 아닌 우편이나 이메일은 규제대상에서 제외됨

❖ 투자권유를 받은 투자자가 이를 거부하는 취지의 의사를 표시하였음에도 불구하고 투자권유를 계속하는 행위(**재권유 금지**)
  - **(예외)** 1개월 후 다시 투자권유를 하는 행위, 다른 종류(금융투자상품의 일반적 분류에 따른 구분)[5]의 금융투자상품에 대하여 투자권유를 하는 행위는 가능
  - 실제 분쟁해결과정에서 **어떤 경우에 투자자가 투자권유를 거부하는 의사표시를 했다고 볼 수 있는지**[6] 및 **어떤 경우에 투자자의 거부 의사에도 불구하고 직원이 투자권유를 계속했는지**에 대한 판례가 아직 없음
  - 법 및 시행령의 제정 취지상 연속된 대화가 아닌 경우 앞선 대화에서 거부 의사표시가 있고, 나중 대화에서 재권유가 있다면 의사에 반한 재권유로 볼 수 있을 것임

███ **(적용범위)** 일반투자자뿐 아니라 전문투자자에 대하여도 적용

---

5 금융투자업규정 제4-8조 제2항은 '다른 종류의 금융투자상품'으로 채무증권, 지분증권, 수익증권, 투자계약증권, 파생결합증권, 증권예탁증권, 장내파생상품, 장외파생상품으로 분류하고 있다.

6 '생각해보겠다'의 경우에 투자권유를 거부하는 의사표시로 볼 수 있을 것인지 등의 문제를 의미한다.

7 손실보전 등 약정금지(법 제55조)

「자본시장과 금융투자업에 관한 법률」

제55조(손실보전 등의 금지) 금융투자업자는 금융투자상품의 매매, 그 밖의 거래와 관련하여 제103조 제3항에 따라 손실의 보전 또는 이익의 보장을 하는 경우, 그 밖에 건전한 거래질서를 해할 우려가 없는 것으로서 정당한 사유가 있는 경우를 제외하고는 다음 각 호의 어느 하나에 해당하는 행위를 하여서는 아니 된다. 금융투자업자의 임직원이 자기의 계산으로 하는 경우에도 또한 같다.
1. 투자자가 입을 손실의 전부 또는 일부를 보전하여 줄 것을 사전에 약속하는 행위
2. 투자자가 입은 손실의 전부 또는 일부를 사후에 보전하여 주는 행위
3. 투자자에게 일정한 이익을 보장할 것을 사전에 약속하는 행위
4. 투자자에게 일정한 이익을 사후에 제공하는 행위
제64조(손해배상책임) ① 금융투자업자는 법령·약관·집합투자규약·투자설명서(제123조 제1항에 따른 투자설명서를 말한다)에 위반하는 행위를 하거나 그 업무를 소홀히 하여 투자자에게 손해를 발생시킨 경우에는 그 손해를 배상할 책임이 있다.
제445조(벌칙) 다음 각 호의 어느 하나에 해당하는 자는 3년 이하의 징역 또는 1억원 이하의 벌금에 처한다.
10. 제55조(제42조 제10항 또는 제52조 제6항에서 준용하는 경우를 포함한다)를 위반하여 같은 조 각 호의 어느 하나에 해당하는 행위를 한 자

가. 관련법령의 개정 전·후 비교

■ 「자본시장법과 금융투자업에 관한 법률」(이하 '자본시장법'이라 함)의 시행 전·후 **수익보장·손실보전 약정관련 규제와 형식이 변경***됨

 * "제2관 투자권유 등"이 아니라 "제3관 직무관련 정보의 이용금지 등"에 수익보전 등의 금지를 규율

 ❖ 자본시장법상 판례의 태도는 구 거래법상과 다르지 않은 것으로 보임

 * 자본시장법하에서도 여전히 구증권거래법처럼 수익보장 약정 등을 통한 주식투자의 위험성에 관한 투자자의 인식형성을 방해하는 부당권유행위의 인정여부로 판단하는 것이 판례의 태도로 보임

■ **舊 거래법상 손실보전 등의 약정 관련 규정**

 ❖ 손실보전 등을 **약속**하고 유가증권 매매거래 등을 **권유**하는 행위를 **부당권유행위의 한 유형**으로 금지(舊 증권거래법 제52조 및 선물거래법 제45조)

 ❖ 구 증권거래법은 **별도의 손해배상책임규정을 두지 않고** 있으므로 통상 민

법의 불법행위로 인한 손해배상책임 조항을 적용

> - **민법 제750조(불법행위의 내용)** 고의 또는 과실로 인한 위법행위로 타인에게 손해를 가한 자는 그 손해를 배상할 책임이 있다.
> - **민법 제756조(사용자의 배상책임)** ① 타인을 사용하여 어느 사무에 종사하게 한 자는 피용자가 그 사무집행에 관하여 제삼자에게 가한 손해를 배상할 책임이 있다.

자본시장법상 손실보전 등의 약정 관련규정

❖ 사전 및 사후를 막론하고 **투자자에게 손실보전 및 이익보장을 약정·실행하는 행위를 금지**(자본시장법 제55조)하고 있으며

  - 증권의 매매, 그 밖의 거래와 관련하여 **손실보전 내지 이익보전하는 행위를 "불건전 영업행위"로 규정**(자본시장법 제71조 및 시행령 제68조, 금융투자업 규정 시행세칙 제4-20조 제1항 7호)

❖ 금융투자업자인 증권회사는 법 제55조, 제71조에 위반하는 행위인 **손실보전 등 약정을 하여 투자자에게 손해를 발생시킨 경우 그 손해를 배상하여야 함**(자본시장법 제64조)

나. 금지되는 행위

(사전·사후손실보전 약정금지) 투자자가 입은 손실의 전부 또는 일부를 보전하여 줄 것을 사전에 약속하거나 사후에 보전하여 주는 행위 금지

(사전·사후수익보장 약정금지) 투자자에게 일정한 이익을 보장할 것을 사전에 약속하거나 일정한 이익을 사후에 제공하는 행위 금지

다. 예외적으로 가능한 경우: 준법감시인 또는 감사 등에 대한 사전보고 필요

회사가 자신의 위법 행위여부가 불분명한 경우 사적화해의 수단으로 보증하는 행위(증권투자의 자기책임 원칙에 반하는 경우 제외)

▨▨▨ 회사의 위법행위로 회사가 손해를 배상하는 경우

▨▨▨ 분쟁조정 또는 재판상의 화해절차에 따라 손실을 보상하거나 손해를 배상하는 행위

라. 손실보장 약정 등의 효력(손실보장약정에 따른 지급의무 발생여부)

▨▨▨ **(강행규정 위반으로 무효)** 판례는 부당권유행위를 금지하는 구 증권거래법 제52조를 강행법규로 보고 이에 위반하는 투자수익보장 등의 약정은 강행법규 위반으로 무효라는 것이 확립된 판례이므로(대법원 2007.4.12. 선고 2004다62641 판결, 대법원 2001.4.24. 선고 99다30719 판결, 대법원 2003.1.24. 선고 2001다2129 판결)[7]

❖ 더 나아가 판례는 손실보전약정이 유효함을 전제로 일정기간 동안 법적 조치 등을 취하지 않기로 하는 약정도 무효로 보고 있음(대법원 2003.1.24. 선고 2001다2129 판결)

－ 또한, 판례는 이와 같은 무효인 손실부담약정에 기하여 고객이 지급받은 이익금은 법률상 원인 없는 부당이득으로 고객에게 지급되었더라도 다시 증권회사에 반환되어야 하는 것으로 보고 있음(대법원 1980.12.23. 선고 79다2156 판결, 대법원 97.2.14. 선고 95다19140 판결)

－ 공정증서상의 채무가 금전소비대차계약에 기한 차용금으로 기재되어 있으나 그 실제성격이 손실보전약정인 경우 정당한 서유가 없는 한 무효이므로 공정증서에 기한 강제집행을 불허함(대법원 2011.1.27. 선고 2010다15776 판결)

❖ 한편, 고객과 증권회사 사이에 주식매매거래계좌설정약정 및 투자수익보장약정, 일임매매약정이 일체로 체결되었으나 그 중 투자수익보장약정이 무

---

7 대법원은 2001.4.24. 선고 99다30718 판결에서 손실보전약정이 무효인 이유로 증권투자에서의 자기책임원칙을 강조하고 있는데 "증권회사 등이 고객에 대하여 증권거래와 관련하여 발생한 손실을 보전하여 주기로 하는 약속이나 그 손실보전행위는 위험관리에 의하여 경제활동을 촉진하는 증권시장의 본질을 훼손하고 안이한 투자판단을 초래하여 가격형성의 공정을 왜곡하는 행위로서, 증권투자에 있어서의 자기책임원칙에 반하는 것이라고 할 것이므로, 정당한 사유 없는 손실보전의 약속 또는 그 실행행위는 사회질서에 위반되어 무효라고 할 것이다"라고 판시하고 있다.

효인 경우, 약정 당시 고객이 투자수익보장약정이 무효임을 알았거나 알 수 있었다고 보여지고 주식매매거래계좌설정약정 및 일임매매약정에 기하여 주식거래가 계속되어 새로운 법률관계가 계속적으로 형성되어 왔다면 <u>투자수익보장약정이 무효라고 하여 주식매매거래계좌설정약정 및 일임매매약정까지 무효가 아니라는 입장임</u>(대법원 96.8.23. 선고 94다38199 판결)

▨▨▨ **(예외적 유효)** 판례는 '사후 손실보전약정은 정당한 사유가 있는 때에 한하여 유효하고, 보전의 대상이 되는 손실이 증권회사 등에게 책임 있는 사유로 발생한 경우라면 이를 보전하기로 하는 내용의 사후손실보전약정은 그 범위 내에서 정당한 사유가 있다'고 하였음(대법원 2011.1.27. 선고 2010다15776, 15783 판결)

▨▨▨ **(사인간 체결된 수익보장 약정)** 판례는 구 증권거래법 제52조의 유추적용을 부정하여 그 효력이 인정된다고 하였음(대법원 2010.7.22. 선고 2009다40547판결[8] 별첨 3-2 판례 4)

마. 불법행위 책임 성부

▨▨▨ 불법행위 책임 판단 시 다음의 집중점검사항을 중심으로 검토할 필요가 있다.

---

8 [대법원 2010.7.22. 선고 2009다40547 판결] 구 증권거래법상 증권회사 또는 그 임직원이 고객에 대하여 수익을 보장하는 약정의 사법적 효력을 부인하는 것은 증권시장에서의 가격이 공정하게 형성되도록 노력할 책무가 있는 증권회사나 그 임직원이 고객에 대하여 수익을 보장하는 약정을 하고 이를 이행하기 위하여 부득이 불건전한 거래 또는 변칙적인 거래를 함으로써 증권시장의 공정한 거래질서의 왜곡 위험성이 있다는 점 등을 고려한 것임을 감안할 때 <u>증권회사 및 그 임직원의 고객 사이가 아닌 사인들 사이에 이루어진 수익보장약정에 대항 구 증권거래법상 수익보장금지 원칙을 곧바로 유추적용하기는 어렵고, 그 사법적 효력을 부인할 근거도 찾기 어렵다.</u>

집중점검사항

- 손실보전 약정 등의 존재 여부
- 손실보전 약정 등의 체결 시기
- 손실보전 약정 등 체결 경위
- 손실보전 약정 등의 체결을 정당화할 사유유무
- 손실보전 약정 등이 건전한 거래질서를 해할 우려 유무
- 준법감시인에 사전보고 여부
- 위 약정이 투자자의 투자결정 내지 계속투자 의사결정에 영향 여부
- 투자자가 위 약정시 약정의 위법성 및 무효 등 인지 여부

❖ **손실보전 약정 등 존재 여부**
  - 각서, 대화나 통화녹음, 문자 등의 증거로 손실보전 약정 등의 존재여부 확인
❖ **손실보전약정 등 해당 여부 판단**
  - 원본 손실이 나지 않고 **수익이 보장될 것이라는 단정적 판단을 제공한 것만으로는 손실보전 약정에 해당하지 않는다고** 판단(대법원 2011도11237)
  - 수익보장 약정의 존재를 인정할 **증거(녹취, 각서 등)의 부존재시 부당권유 성립 不인정**

▨ 투자수익보장약정은 무효로 되더라도 부당권유 행위로 인한 손해배상책임 발생 가능**(고객보호의무 위반에 따른 불법행위 책임)**

❖ 확실한 투자정보가 있다면서 주식의 대량매수를 유도하고 손실보전각서까지 써주면서 고객의 매도요청을 거부한 것은 과대한 위험을 수반하는 거래를 적극적으로 권유하면서 위험성에 대한 인식을 방해한 행위, 즉 고객에 대한 보호의무를 위반한 행위에 해당하여 불법행위를 구성한다고 판시(대법원 2003.1.24. 선고 2001다2129 판결)

❖ 수익보장약정이 법령상 금지된 것이라고 설명하지 않았을 뿐 아니라 이후 고객의 정산요구를 거절하고 오히려 추가예치권유로 손실확대 초래한 경우 손해배상책임 인정(대법원 99.6.11. 선고 97다58477 판결)

❖ 선물옵션 거래를 할 수 있는 1종 투자상담사 자격이 없음에도 손익보증을 약속하며 선물옵션거래를 일임 받은 후 손해가 발생한 후에도 원금을 회복

할 수 있다고 원고를 설득하여 손해를 확대시킨 경우 손해배상책임 인정(대
법원 2007.4.12. 선고 2004다62641 판결)

❖ 다만 고객이 원금보장약정이 강행법규에 위반된다는 사실을 알고 있었고
거래상황을 사후보고 등을 통해 충분히 인지한 경우에는 고객보호의무 위
반 부정으로 손배책임 불성립(대구지법 2000.5.16. 선고 98가합23052 판결)

▦ **적극적 권유가 없는 경우에는 부당권유행위 내지 고객보호의무 위반을 부
정하는 것이 판례의 태도**

❖ 투자원리금 반환 약정이 직원이 투자를 권유하기 위하여 적극적으로 제안
한 것이라기보다 고객이 주식거래 도중에 이미 상당한 손실을 보게 되자 자
신의 손실을 보전하기 위한 목적에서 직원에게 요구하여 받아낸 경우(대법
원 2002.10.8. 선고 2002다37382 판결) 등의 경우는 **고객보호의무 위반 부정**

❖ 펀드 평가금액이 하락하여 **고객의 항의로 손실보전각서를 교부한 가운데**
이후 손실은 고객이 각서 제공 **당시 펀드의 위험성을 충분히 인식했고 각서
제공으로 펀드 환매를 연기하게 하였다는 증거가 없으므로** 각서로 인한 부
당권유 不인정(서울고법 2010.5.26. 선고 2009나43371 판결)

❖ 일임매매기간 동안 큰 손실이 발생한 상태로 **주식투자의 위험성을 인지한
상태에서 고객 요청으로 직원이 차용증을 작성·교부한 경우**(부산지방법원
2007.1.24. 선고 2005가합25208 판결)

바. 손해배상금액 산정기준

▦ **손해배상금액 산정절차(자본시장법 전후 공통)**

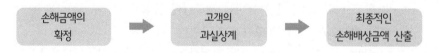

손해금액의 확정(손해금액 산정방식)

> ■ 손해액 = (약정시의 계좌평가액+약정 이후 입금액)
>   - (약정 이후 출금 + 약정이후 출고 + 계좌잔고)
>   = 거래순손실 + 거래비용

❖ 손실보장약정 제공 등 불법행위로 인해 금융투자회사가 투자자에게 배상하여야 할 **손해의 범위는 손실보장약정 금지 위반과 상당인과관계가 있는 손해에 한하므로**
  - **약정 제공 이후** 약정의 위법성을 인지하여 거래중단 등으로 **손해의 추가 발생을 차단할 수 있었음에도 거래를 지속했다면** 약정 제공과 상당인과관계가 인정되는 손해의 범위는 **약정의 위법성 인지 이전의 손해금액으로 제한**[9]

고객의 과실상계비율
❖ '자기판단, 자기책임'이라는 **투자의 기본원칙을 소홀히 한 과실**이 크므로 일임매매와 유사하게 고객 과실비율을 비교적 높게 적용
  - 통상 **40~80% 내외의 과실상계 비율 인정**

투자자 과실사유
❖ 투자자 과실사유에 **거래정황, 고객속성 등 다수요인을 복합적으로 고려하여** 합리적 적용
  - 또한, 당사자간 자율적 합의에 따른 분쟁의 종국적 해결이란 자율조정의 제도적 취지에 부합하게 **손해배상금액 산정 기준을 탄력적으로 적용**

---

9 [대법원 2010.11.11 선고 2008다52369](별첨 3-3 판례 2) 수익증권 상품 판매시 부실한 표시의 상품설명서를 제공하여 고객에 대한 설명의무를 위반한 경우로서 은행으로부터 상품에 대한 바른 설명을 듣고 환매를 권유받았음에도 중도 환매하지 않아 손실이 확대된바, 고객이 환매를 하지 않고 계속 보유한 결과 발생한 손해는 위 은행의 설명의무 위반으로 인하여 발생한 손해라고 보기 어려움

8 투자권유 등 손해배상책임

▨ **(규제 유형)** 투자권유와 관련된 규제는 크게 적합성 원칙·설명의무 위반 과 기타 부당권유(자본시장법 제49조, 제55조)규제로 구분

  ❖ 종전 판례는 통합하여 부당권유로 보았으나 자본시장법 제정으로 투자권유 규제가 법제화됨에 따라 위법여부를 각 구분하여 판단 중

▨ **손해배상책임의 발생**

  ❖ **(자본시장법상 손해배상책임)** 금융투자업자는 설명의무 위반으로 인하여 발 생한 일반투자자의 손해를 배상할 책임이 있고(법 제48조), 투자권유대행인 이 투자권유를 대행함에 있어 투자자에게 손해를 끼친 경우에는 민법상 사 용자 책임이 준용되며(법 제52조⑤,⑥), 법령·약관·투자설명서 등에 위반 하는 행위를 하거나 그 업무를 소홀히 하여 투자자에게 손해를 입힌 경우에 손해배상책임이 있음(법 제64조)

  ❖ **(민법상 손해배상책임)** 자본시장법상 책임과 경합적으로 민법상 불법행위책 임 및 사용자 책임이 인정됨(민법 제750조, 제756조)

▨ **손해의 산정**

  ❖ **(차액설)** 불법행위로 인한 재산상의 손해는 그로 인하여 발생한 재산상의 불이익, 즉 재산상의 손해가 없었더라면 존재하였을 재산상태와 현재의 재 산상태의 차이로서, 기존의 이익이 상실되는 적극적 손해와 장차 얻을 수 있을 이익을 얻지 못하는 소극적 손해를 포함함

    − 손익보장약정 상당액이 손해액이 될 수는 없고, 손해액은 거래종료된 때를 기 준으로 고객의 매매순손실임(서울고법 99.4.19. 선고 99머2972 판결)

    − 부당권유행위로 인한 손해는, 고객이 증권회사 직원의 권유로 주식매수를 위 하여 지출한 비용에서 사후 그 주식매도로 얻은 이익을 공제한 차액임(대법원 2001.10.12. 선고 2000다28537 판결)

    − 불법행위로 인한 손해는 그 손해가 피고들의 불법행위와 상당인과관계가 있는 것으로서 구체적(확정적)이고 현실적이어야 하는바, 펀드를 중도환매하지 않 고 만기가 도래하지도 않은 투자자는 이 사건 투자로 인하여 손해를 입었다고 단정할 수 없음을 물론 그 손해가 확정되었다고 볼 수 없다고 하여 청구기각

함(대법원 2011.7.28. 선고 2010다76368 판결)

– 불법행위에서 위법행위 시점과 손해발생 사이에 시간적 간격이 있는 경우 불법행위로 인한 손해배상청구권의 지연손해금은 손해발생 시점을 기산일로 하여 산정한다고 판시(대법원 2011.7.28. 선고 2010다76368 판결)

❖ **(손해 범위)** 고객에게 배상하여야 할 손해의 범위는 그 **설명의무 위반과 상당인과관계가 있는 손해에 한함**

– 고객이 은행으로부터 중도 환매가격에 대하여 설명을 들은 이후에도 중도 환매를 하지 않고 수익증권을 계속 보유한 결과 발생한 원금 상실의 손해는 위 은행의 중도 환매가격에 대한 설명의무 위반으로 인한 손해라고 보기 어려움(대법원 2010.11.11. 선고 2008다52369 판결)

❖ **(특별손해 인정)** 부당권유로 주식거래를 하지 않았다면 확정이자가 보장되는 금융상품에 투자하였을 것이 추인되고 직원도 이를 알았을 경우 이자수익상당의 기대이익을 특별손해에 포함함(서울고법 2000.4.11. 선고 99나35173 판결, 대법원 2011.7.28. 선고 2010다76368 판결[10])

■ **(설명의무 손해액 추정)** 투자금액과 회수(가능)금액의 차액인 **원본결손액을 손해액으로** 법률상 추정

❖ 종전에는 일반 불법행위법에 따라 손해를 투자자가 입증하게 하여 증거나 전문지식의 부족으로 입증이 곤란한 경우가 많았으나

❖ **금융투자업자에게 입증책임을 전환**시킴으로써 투자자를 두텁게 보호

---

10 [대법원 2011.7.28.선고 2010다76368판결] 원심이 인정한 판시 사실 중 특히 다음과 같은 사정, 즉, 이 사건 제2호 펀드의 만기가 6년으로 장기인 점, 피고들은 이 사건 제2호 펀드와 국고채, 시중은행 후순위채, 은행예금 등 위험성이 적은 금융상품과 비교하여 이 사건 제2호 펀드의 판매활동을 전개한 점에 비추어 보면, 위 원고는 다른 특별한 사정이 없는 한 피고들의 위와 같은 위법행위가 없었더라면 이 사건 제2호 펀드에 투자한 원금을 최소한 정기예금이자 상당의 이율이 보장되는 안정적인 금융상품에 투자하였을 것이므로, 위 원고는 피고들의 위법행위로 인하여 적어도 투자원금에 대한 정기예금 이자 상당의 기대수익을 상실하는 특별손해를 입게 될 가능성이 있고, 피고들로서도 이러한 사정을 알거나 알 수 있었을 것으로 보인다. 그럼에도 원심이 위 원고가 피고들로부터 이 사건 제2호 펀드에 관하여 완전한 설명을 들었더라면 금리가 보장되는 국고채 내지 그와 유사한 금융상품에 투자하였을 것이라는 점을 인정할 증거가 없다는 이유로 이에 관한 위 원고의 주장을 배척한 데에는 특별손해의 발생요건에 관한 법리를 오해한 잘못이 있다(비록 이유 중 설시이지만 특별손해의 발생요건을 언급하고 특별손해를 인정하였다.

– 다만 원본결손액을 넘는 **초과손해**는 투자자가 입증해야 함

▪ **지급하였거나 지급하여야 할 금전**

투자원금, 수수료, 환매·해지수수료, 옵션·선물 증거금 및 미수금 등 주로 적극적 손해관련사항

▪ **회수하였거나 회수할 수 있는 금전**

회수하였거나 회수가 확실히 예정되어 있거나 회수할 개연성이 상당한 금전*

* 투자이익, 펀드 확정수익금, 중도환매 수령금, 계좌 출금액, 계좌 예탁금 잔액 등

* 기업어음이나 회사채 매입 후 회생계획에 따라 인가된 현금변제예정금액의 경우 회수가능성 여
  부에 따라 포함여부가 결정(판례)

– 투자원금에서 출자전환에 따른 회수금액, 회생계획에 따른 현금변제 및 회수
  가능금액을 공제한 금액을 손해액으로 계산(서울남부지법 2014.5.9. 선고
  2013가합101631 판결)

투자권유 관련 손해액 산정 예시

	상품	투입금액	회수금액(공제금액)
투자권유	선물·옵션	입금총액	출금총액, 잔고
	펀드	가입원금+일실이익	분기별 확정수익금, 중도환매 수령금
	투자일임상품	투자금+성과수수료	수익금, 계좌잔고
	회사채	투자금	출자전환에 따른 회수금액(출자전환된 주식수×주식취득 당시 종가), 현금변제액, 현금변제예정금액(△)
	특정금전신탁	CP 실제매수금액, 신탁보수	지급이자(△)

9 투자권유 등의 과실상계 · 손익상계

가. 과실상계

▨▨ **(과실상계)** 일반적으로 부당권유행위가 성립하더라도 판례에서는 고객에
게 자기책임 원칙 소홀 등의 책임을 물어 과실상계를 인정하고 있음

❖ 거래경험의 과다, 고학력인 투자자의 속성, 수익보장약정의 적법성 확인해
  태 등의 사유도 과실상계사유로 인정됨

❖ 공동불법행위 책임에서 피해자의 공동불법행위자 각인에 대한 과실비율이

서로 다르더라도 피해자의 과실을 공동불법행위자 각인에 대한 과실 비율로 개별적으로 평가할 것이 아니고 그들 전원에 대한 과실로서 전체적으로 평가하여야 함(대법원 2011.7.28. 선고 2010다76368 판결)

▨ **(과실상계 사유)** 투자자 과실이나 자기책임원칙 위반 및 경제급변 등 공평원칙에 근거한 과실상계 사유가 존재

❖ **(투자자 과실)** 투자자의 과실 범주에는 거래 위임, 거래 미점검, 추가투자 및 수익보장 등 불법행위를 방조한 경우 과실상계

❖ **(자기책임원칙 위반)** 자기투자책임이나 투자경험 등을 무시하고 투자를 무리하게 한 경우 과실상계

❖ **(공평의 원칙)** 투자자의 과실에는 속하지 않지만 공평의 원칙에 따른 과실상계 사유도 존재

▨ **과실상계 비율**: 통상 판례는 30~85% 범위 내에서 결정되고 있음

나. 손익상계

▨ 판례는 과실상계를 한 후 손익상계를 하고 있음(대법원 1990.5.8. 선고 89다카29129 판결)

❖ 손익상계가 인정되려면 손해배상책임의 원인이 되는 행위로 인하여 피해자가 새로운 이득을 얻고 그 이득과 손해배상책임의 원인행위 사이에 상당인과관계가 있어야 함

❖ 일임매매기간 중 직원의 손실보전금액이 다시 매매에 사용되어 손해가 발생한 경우 손해배상으로 인정할 수 없으며 일임기간이 종료되어 매매가 중단된 후 지급한 손실보전금액만 손해배상액에서 손익상계(대법원 2007.4.12. 선고 2004다62641 판결)

❖ 펀드 부당권유에 따른 손해는 원고들이 이 사건 펀드 수익증권을 환매하여 환매대금을 수령한 시점에 현실적 구체적으로 발생하므로 그때까지 원고들이 수령한 확정수익금은 과실상계 이전에 원고들의 손해액을 산정하는 요소에 해당하는 것이지 이를 제외하고 산정된 원고들의 손해액에 과실상계를 한 기준으로 다시 공제되어야 할 이득이라고 볼 수 없다고 하여 펀드 분

기별 확정수익금은 손익상계 대상이 아니라고 판시(대법원 2011.7.28. 선고 2010다76368 판결)

❖ 정기예금 이자 상당의 기대이익을 특별손해로 인정한 판결에서 이 사건 가입 당시 피고들이 제시한 3년 만기 정기예금 이자 상당액은 소득세법이 정한 '금전사용에 대한 대가'가 아니라 피고들의 불법행위로 인한 특별손해액 상당의 금원이므로 이자소득액 등 공제주장을 받아들이지 아니함(서울고법 2012.5.24. 선고 2011나62184 판결)

별첨 3-1

손실보전 등 약정과 관련된 자본시장법과 증권거래법 관련규정 비교

증권거래법	자본시장법
제2절 건전영업질서의 유지 **제52조(부당권유행위등의 금지)** 증권회사 또는 그 임·직원은 다음 각 호의 행위를 하여서는 아니된다. <개정 1982.3.29, 1997.1.13, 1998.5.25, 2000.1.21> 1. 유가증권의 매매거래에 있어서 고객에 대하여 당해 거래에서 발생하는 손실의 전부 또는 일부를 부담할 것을 약속하고 권유하는 행위 3. 제1호 및 제2호의 행위 이외에 유가증권의 발행 또는 매매 기타 거래와 관련하여 투자자의 보호 또는 거래의 공정을 저해하거나 증권업의 신용을 추락시키는 것으로서 대통령령이 정하는 행위 (출처: 증권거래법 제08904호 2008.3.14)	**제3관 직무관련 정보의 이용금지 등** **제55조(손실보전 등의 금지)** 금융투자업자는 금융투자상품의 매매, 그 밖의 거래와 관련하여 제103조제3항에 따라 손실의 보전 또는 이익의 보장을 하는 경우, <u>그 밖에 건전한 거래질서를 해할 우려가 없는 경우로서</u> **정당한 사유**가 있는 경우를 제외하고는 다음 각 호의 어느 하나에 해당하는 행위를 하여서는 아니 된다. 금융투자업자의 임직원이 자기의 계산으로 하는 경우에도 또한 같다. 1. 투자자가 입은 손실의 전부 또는 일부를 보전하여 줄 것을 사전에 약속하는 행위 2. 투자자가 입은 손실의 전부 또는 일부를 사후에 보전하여 주는 행위 3. 투자자에게 일정한 이익을 보장할 것을 사전에 약속하는 행위 4. 투자자에게 일정한 이익을 사후에 제공하는 행위
선물거래법 **제45조(부당권유행위등의 금지)** ① 선물업자 및 그 임직원은 다음 각 호의 행위를 하여서는 아니된다. <개정 2000.1.21> 1. 위탁자에 대하여 손실의 전부 또는 일부를 부담할 것을 약속하거나 이익을 보장하고 계약체결을 권유하는 행위	**제64조(손해배상책임)** ① 금융투자업자는 <u>법령·약관·집합투자규약·투자설명서(제123조제1항에 따른 투자설명서를 말한다)에 위반하는 행위를 하거나 그 업무를 소홀히 하여 투자자에게 손해를 발생시킨 경우</u>에는 그 손해를 배상할 책임이 있다. 다만, 배상의 책임을 질 금융투자업자가 제37조 제2항, 제44조, 제45조, 제71조 또는 제85조를 위반한 경우(투자매매업 또는 투자중개업과 집합투자업을 함께 영위함에 따라 발생하는 이해상충과 관련된 경우에 한한다)로서 그 금융투자업자가 상당한 주의를 하였음을 증명하거나 <u>투자자가 금융투자상품의 매매, 그 밖의 거래를 할 때에 그 사실을 안 경우에는 배상의 책임을 지지 아니한다.</u> **제71조(불건전 영업행위의 금지)** 투자매매업자 또는 투자중개업자는 다음 각 호의 어느 하나에 해당하는 행위를 하여서는 아니 된다. 다만, 투자자 보호 및 건전한 거래질서를 해할 우려가 없는 경우로서 대통령령으로 정하는 경우에는 이를 할 수 있다.

7. 그 밖에 투자자 보호 또는 건전한 거래질서를 해할 우려가 있는 행위로서 대통령령으로 정하는 행위

시행령
제68조(불건전 영업행위의 금지) ⑤ 법 제71조 제7호에서 "대통령령으로 정하는 행위"란 다음 각 호의 어느 하나에 해당하는 행위를 말한다.
14. 그 밖에 투자자의 보호나 건전한 거래질서를 해칠 염려가 있는 행위로서 금융위원회가 정하여 고시하는 행위

시행령
제36조의3(증권회사 등의 금지행위) 법 제52조 제3호에서 "대통령령이 정하는 행위"라 함은 다음 각 호의 행위를 말한다.
3. 유가증권의 매매 기타 거래와 관련하여 고객에게 금융위원회가 정하는 한도를 초과하여 직접 또는 간접적인 재산상의 이익을 제공하는 행위 또는 정당한 사유없이 당해 거래에서 발생한 손실의 전부 또는 일부를 보전하여 주는 행위

증권업감독규정
제4-8(손실보전의 금지) ① 증권회사는 금전제공, 수수료 할인 또는 비정상적 조건에 의한 유가증권매매 등 직접 또는 간접의 방법으로 고객에게 유가증권매매 기타 거래에서 발생하는 손실의 전부 또는 일부를 보전하여 주어서는 아니된다. 다만, 다음 각 호의 1에 해당하는 행위는 손실을 보전하는 행위로 보지 아니한다.
1. 증권회사나 그 임직원이 자신의 위법(과실에 의한 위법을 포함한다. 이하 이 조에서 같다)행위여부가 불명확한 경우 사적 화해의 수단으로 손실을 보상하는 행위. 다만, 증권투자의 자기책임원칙에 반하는 경우에는 그러하지 아니한다.
2. 증권회사의 위법행위로 인하여 손해를 배상하는 행위
3. 분쟁조정 또는 재판상의 화해절차에 의하여 손실을 보상하거나 배상하는 행위
② 증권회사나 그 임직원 등이 제1항 단서의 규정에 의하여 고객에게 보상 또는 배상하는 경우에는 사전에 이를 준법감시인(그의 업무를 위임받은 자를 포함한다. 이하 이편에서 같다)에게 보고하여야 한다.

금융투자업규정·시행세칙
제4-20조(불건전영업행위의 금지) ① 영 제68조 제5항 제14호에서 "금융위원회가 정하여 고시하는 행위"란 다음 각 호의 어느 하나에 해당하는 행위를 말한다.
7호. 다음 각 목의 어느 하나에 해당하는 행위[사전에 준법감시인(준법감시인이 없는 경우에는 감사 등 이에 준하는 자를 말한다)에게 보고한 경우에 한한다]를 제외하고 증권의 매매, 그 밖에 거래와 관련하여 손실을 보전하거나 이익을 보전하는 행위
가. 투자매매업자·투자중개업자 및 그 임직원이 자신의 위법(과실로 인한 위법을 포함한다. 이하 이 조에서 같다)행위여부가 불명확한 경우 사적 화해의 수단으로 손실을 보상하는 행위. 다만 증권투자의 자기책임원칙에 반하는 경우에는 그러하지 아니한다.
나. 투자매매업자 또는 투자중개업자의 위법행위로 인하여 손해를 배상하는 행위
다. 분쟁조정 또는 재판상의 화해절차에 따라 손실을 보상하거나 손해를 배상하는 행위

별첨 3-2

관련 판례: 투자권유 등

1. 자본시장법상 투자권유 여부

증권사 직원이 타사의 투자일임계약상품을 적극적으로 소개·설명하는 등 고객으로 하여금 위 직원이 위 상품을 판매·중개하는 역할을 하는 것으로 판단할 수 있는 경우, 자본시장법상 금융투자업자로서 투자권유규제가 적용된다고 본 사례

1. 사건의 개요

❖ 피고 증권회사 직원이 원고들에게 다른 금융투자업자가 취급하는 금융투자상품 등을 단순히 소개하는 정도를 넘어 계약 체결을 권유함과 아울러 그 상품 등에 관하여 구체적으로 설명하는 등 적극적으로 관여

- 위 투자상품의 계약당사자는 원고들과 투자자문사이고, 피고증권회사는 운용수익 내지 판매수수료를 취득하지 않음

❖ 위 상품을 운용하던 중 주가지수가 하락하여 일임투자제안서에서 정한 누적 손실한도에 도달하였음에도 손실방지조치를 취하지 아니하여 원고들의 계좌에서 손실이 발생하게 되자 피고 증권회사를 상대로 손해배상을 청구함

2. 주요 쟁점사항

❶ 금융투자업자가 고객에게 다른 금융투자업자가 취급하는 금융투자상품 등을 소개한 것이 자본시장법 제9조 제4항에서 정한 투자권유를 한 것으로 평가되는 경우로 이 경우 해당 금융투자업자가 고객에게 해당 금융투자상품에 관한 적합성 원칙의 준수 및 설명의무를 부담하는지 여부

❷ 적합성 원칙 위반 여부

❸ 설명의무 위반 여부

❹ 투자자문 주식회사가 당초 약속한 위험관리기준을 준수하지 아니하여 손해가 확대된 경우, 피고 회사 직원의 불법행위와 손해발생 사이의 인과관계 인정 여부

3. 소송의 경과

서울남부지방법원 2013.5.10. 선고 2011가합17909 판결: 원고 일부 승
[원고: 고객 ↔ 피고: 증권회사]
서울고등법원 2013.11.7. 선고 2013나2009367 판결: 원고 일부 승
[원고, 피항소인 겸 항소인: 고객↔ 피고, 항소인겸피항소인: 증권회사]
대법원 2015.1.29. 선고 2013다217498 판결: 상고기각
[원고, 피상고인: 고객 ↔ 피고, 상고인: 증권회사]

4. 판결의 요지(1심, 항소심, 상고심 동일)

❶ 금융투자업자가 고객에게 다른 금융투자업자가 취급하는 금융투자상품 등을 소개한 것이 자본시장법 제9조 제4항에서 정한 투자권유를 한 것으로 평가되는 경우로 이 경우 해당 금융투자업자가 고객에게 해당 금융투자상품에 관한 적합성 원칙의 준수 및 설명의무를 부담하는지 여부(적극)

❖ 자본시장법 제9조 제4항, 제46조 제3항, 제47조 제1항, 제3항의 규정 내용과 취지 등에 비추어 보면, 금융투자업자가 과거 거래 등을 통하여 자신을 신뢰하고 있는 고객에게 다른 금융투자업자가 취급하는 금융투자상품 등을 단순히 소개하는 정도를 넘어 계약 체결을 권유함과 아울러 그 상품 등에 관하여 구체적으로 설명하는 등 적극적으로 관여하고, 나아가 그러한 설명 등을 들은 고객이 해당 금융투자업자에 대한 신뢰를 바탕으로 다른 금융투자업자와 계약체결에 나아가거나 투자 여부 결정에 그 권유와 설명을 중요한 판단요소로 삼았다면 해당 금융투자업자는 자본시장법 제9조 제4항에서 규정하는 투자권유를 하였다고 평가할 수 있고 그와 같이 평가되는 경우 해당 금융투자업자는 직접 고객과 사이에 금융투자상품 등에 관한 계약을 체결하는 것이 아니라 하더라도 고객에 대하여 해당 금융투자상품에 관한 적합성 원칙과 설명의무를 부담한다.

❷ 적합성 원칙 위반 여부(적극)

❖ 원고들은 고령으로 안정적인 투자성향을 보이는 점, 옵션거래는 원금초과손실이 발생할 수 있는 매우 위험한 상품인 점, 이 사건 투자일임계약이 절대수익을 추구하는 것이라고 하더라도 옵션상품이 가지는 기본적인 위험에 비추어 반드시 안정적인 수익을 발생시킬 수 있는 것이라고 단정할 수 없는 점, 위험성이 높은 이 사건 투자일임계약에 가입하기 위하여 기존의 '위험

중립형'으로 평가된 원고들의 투자성향을 '공격투자형'으로 변경한 것으로 보이는 점 등을 고려하면 원고들에게 적합하지 않은 이 사건 투자일임계약의 체결을 권유한 것이라 판단

❸ **설명의무 위반 여부(적극)**
❖ 옵션에 주로 투자하는 이 사건 투자일임계약의 성격상 원금을 초과하는 손실도 발생할 수 있다고 충분히 예상할 수 있는 점, 손실한도를 설정해 두었다고 하나 이는 투자자문사 직원이 기준을 참작하여 거래한다는 것이므로 반드시 그 기준한도 내에서만 손실이 발생한다고 볼 수 없는 점을 고려하면 위험성에 대하여 충분히 설명하여야 함에도 안정적인 수익을 얻을 수 있다는 점을 주로 부각하여 설명함으로써 자본시장법상 설명의무를 위반하였다고 판단

❹ **의무위반과 손해 사이의 인과관계 인정 여부(적극)**
❖ 이 사건 투자상품의 구조상 위험관리기준 준수 여부와 상관없이 투자로 인해 발생할 수 있는 위험성은 항상 존재한다고 보아야 할 것이므로, 원고들이 피고 회사 직원의 불법행위로 인해 위와 같은 손해를 입을 위험에 노출되었다고 보아 위 불법행위와 원고들의 손해 사이의 인과관계 인정(다만, 투자자문사가 당초 제시한 위험관리기준을 준수하지 않아 손실이 확대된 부분에 관하여는 피고의 책임제한사유로 참작)

❺ **책임의 제한**
❖ (1심) 손해가 확대된 것은 투자자문사가 위험관리기준을 준수하지 않은 것이 주 원인인 점, 피고는 투자성과에 따른 보수를 지급받지 않은 점, 원고들도 위험을 어느 정도 감수하여야 하는 점 등을 감안 피고의 책임을 20%로 제한
❖ (2심) 이 사건 계약에 따른 개별거래는 장외파생상품의 거래와 유사한 성격과 위험성을 갖고 있는 것으로 보이는데 자본시장법 제166조의2 제1항에서는 일반투자자에 대한 장외파생상품의 판매 등을 위험회피 목적의 거래로 제한하고 있는 점, 투자일임권유 당시 설명자료에 옵션투자에 따른 원금 손실, 원금초과손실 위험성 등에 관한 구체적인 내용이 없는 점, 피고들의 투자성향을 객관적인 자료도 없이 공격투자형으로 변경하는 등으로 투자일임

계약을 적극적으로 권유한 점 등에 비추어 보면 피고들의 책임이 결코 가볍
지 않다고 전제한 후

❖ 1심의 사유 외 원고들이 스스로 공격투자형으로 변경한 점, 원고들이 여러
번의 투자경험을 갖고 있는 점 등을 고려 피고들의 책임을 40%로 제한

2. 선물환계약 체결시 금융기관의 설명의무의 정도

1. 사건의 개요

❖ 원고는 피고 은행 직원인 소외 1의 권유에 따라 일본국 통화로 투자하였다가 환매할 때에도 같은 엔화로 회수하는 역외펀드에 가입하고, 그로부터 9개월 경과 후 피고 은행 직원 소외 2의 권유에 따라 만기에 미리 정한 선물환율로 투자원금 상당의 엔화를 매도하는 내용의 선물환계약(이하 '1차 선물환계약')을 체결함

❖ 원고는 1차 선물환계약 만기시 엔화환율이 예상환율보다 높아 환차손을 보게 되었고, 선물환 정산을 위해 환차손 상당액을 지급한 이후 다시 선물환계약을 체결함(이하 '2차 선물환계약')

❖ 한편 원고는 이 사건 선물환계약 이전에는 선물환계약에 대한 경험이 없었고, 이 사건 선물환 계약은 기준일 당시에 보유하고 있지 않을 외환을 매도하는 계약으로서 환율이 상승하는 경우에는 매도 외환금액에 선물환율과 기준일 당시의 시장환율의 차이를 곱한 차액을 정산하여야 할 의무를 부담하게 되는 고도의 위험이 수반되는 투기적 성격이 아주 강한 금융상품임

2. 주요 쟁점사항

❶ 금융기관이 일반 고객과 선물환 거래 등 전문적인 지식과 분석능력이 요구되는 금융거래를 할 때 요구되는 설명의 정도(상고심)

❷ 1차 선물환 계약 및 2차 선물환 계약에 있어서 설명의무 위반여부

❸ 과실상계에 참작할 원고의 과실비율

3. 소송의 경과

대전지방법원 2009.11.19. 선고 2009가합6008 판결: 원고 일부 승

[원고: 고객 ↔ 피고: 은행]

대전고등법원 2010.6.9. 선고 2009나9940 판결: 원고 일부 승

[원고, 항소인 겸 피항소인: 고객 ↔ 피고, 피항소인 겸 항소인: 은행]

대법원 2010.11.11. 선고 2010다55699 판결: 파기환송(일부)

[원고, 상고인 겸 피상고인: 고객 ↔ 피고, 피상고인 겸 상고인: 은행]

대전고등법원 2010나7858 결정: 화해권고, 확정

[원고, 항소인 겸 피항소인: 고객 ↔ 피고, 피항소인 겸 항소인: 은행]

4. 판결의 요지

가. 제1심

❶ 1차 선물환 계약 및 2차 선물환 계약에 있어서 설명의무 위반(적극)

❖ 1차 선물환계약 체결에 있어서, 소외 2가 원고에게 선물환계약에 따른 손해로 펀드 불입금액 자체까지 마이너스가 될 수 있고 나아가 만기시 환율이 급격히 상승하여 별도로 환율 상승에 따른 손해로 인하여 환차손 상당을 추가로 납입하여야 펀드계약을 해지할 상황이 발생할 수도 있다는 점 및 엔화 환율의 변동 및 그 예상치에 대하여 충분히 설명하지 못하였고, 오히려 선물환계약을 처음 접하는 고객들에게는 마치 선물환계약을 통해 원금에 대한 환위험이 제거되어 원금이 보장되는 것으로 착오를 일으킬 여지가 있었다고 보아 설명의무 위반 인정

❖ 2차 선물환계약을 체결함에 있어서도, 소외2가 원고에게 1차 선물환계약과 마찬가지로 엔화환율의 변동 추이, 선물환계약 체결에 따른 위험분산 가능성 등에 관하여 사전에 충분한 설명을 하지 않았다고 보아 설명의무 위반 인정

❷ 과실상계에 참작할 원고의 과실비율

❖ 다만 원고로서도 선물환계약 체결에 있어 선물환계약의 위험성에 대해 정확하게 파악하여야 함에도 이를 게을리한 과실이 있고, 원고가 거액의 환차손을 입게 된 데에는 미국의 서브프라임 모기지 사태에서 촉발된 세계적인 금융위기가 크게 작용하였고 이는 선물환계약 체결 및 갱신 당시에는 그 정도를 예측하기 어려웠던 사정 역시 손해의 공평한 분담 취지에서 참작함이 상당하므로, 피고 배상액은 전체 환차손액의 60%로 봄

나. 항소심

❶ 1차 선물환 계약 및 2차 선물환 계약에 있어서 설명의무 위반: 1심과 동일
❷ 과실상계에 참작할 원고의 과실비율

❖ 그러나 원고로서는 2차 선물환계약 체결 당시에는 이미 1차 선물환계약을 정산한 경험이 있어 추가손실의 가능성을 더 잘 예상할 수 있었으므로, 원

고의 과실 등을 참작할 때 피고가 원고에게 배상하여야 할 손해의 범위는 1차 선물환계약의 경우에는 손해액의 70%, 2차 선물환계약의 경우에는 손해액의 50% 정도로 제한함

다. 상고심

❶ 금융기관이 일반 고객과 선물환거래 등 전문적인 지식과 분석능력이 요구되는 금융거래를 할 때 요구되는 설명의 정도

❖ 고객의 자산을 관리하는 금융기관은 고객에 대하여 선량한 관리자로서의 주의의무를 부담하는 것이므로, 고객의 투자목적·투자경험·위험선호의 정도 및 투자예정기간 등을 미리 파악하여 그에 적합한 투자방식을 선택하여 투자하도록 권유하여야 하고, 조사된 투자목적에 비추어 볼 때 고객에게 과도한 위험을 초래하는 거래행위를 감행하도록 하여 고객의 재산에 손실을 가한 때에는 그로 인한 손해를 배상할 책임이 있다고 할 것이다. 그러나 투자자가 금융기관의 권유를 받고 어느 특정한 상품에 투자하거나 어떠한 투자전략을 채택한 데에 단지 높은 위험이 수반된다는 사정만으로 일률적으로 금융기관이 적합성의 원칙을 위반하여 부당하게 투자를 권유한 것이라고 단정할 수는 없으며, 투자자로서도 예상 가능한 모든 위험을 회피하면서 동시에 높은 수익률이 실현될 것을 기대할 수는 없고 위험과 수익률의 조합을 스스로 투자목적에 비추어 선택할 수밖에 없는 것이다. 또한 금융기관이 일반 고객과 선물환거래 등 전문적인 지식과 분석능력이 요구되는 금융거래를 할 때에는, 상대방이 그 거래의 구조와 위험성을 정확하게 평가할 수 있도록 거래에 내재된 위험요소 및 잠재적 손실에 영향을 미치는 중요인자 등 거래상의 주요 정보를 적합한 방법으로 설명할 신의칙상의 의무가 있다고 할 것이나, 계약자나 그 대리인이 그 내용을 충분히 잘 알고 있는 경우에는 그러한 사항에 대하여서까지 금융기관에게 설명의무가 인정된다고 할 수는 없다.

❷ 1차 선물환계약을 체결함에 있어 피고의 설명의무 위반 여부: 제1심, 항소심과 동일

❖ 2차 선물환계약을 체결함에 있어 피고의 설명의무 위반 여부: 원고는 비록 1차 선물환계약의 체결 당시에는 선물환계약의 위험성에 관하여 제대로 알

지 못하였다고 하더라도, 1차 선물환계약의 만기일에 이 사건 펀드를 해지하지 않고 선물환계약만을 정산하면서 당시 이 사건 펀드의 손실과 상승한 환율로 인하여 2천만 원이 넘는 정산금을 입금하면서 선물환계약의 의미와 위 정산금의 발생내역에 관한 설명을 다시 들었으므로, 그 무렵에는 앞에서 본 바와 같은 선물환계약의 특별한 위험성에 관하여 잘 알게 되었다고 보아야 할 것이므로 피고가 2차 선물환계약을 체결하면서 별도로 원고에게 위와 같은 특별한 위험성에 관하여 설명할 의무가 있었다고는 볼 수 없다 할 것이어서, 2차 선물환계약에 관한 피고의 설명의무 내지 보호의무 위반을 인정할 수 없음

라. 환송 후 항소심

❖ 화해권고결정: 2차 선물환 계약에서 거액의 손실을 입게 된 데에는 미국의 서브프라임모기지사태에서 촉발된 세계적인 금융위기가 크게 작용하였고 계약체결당시에는 원·피고 모두 이를 예측할 수 없었는데, 대법원이 그 책임귀속주체를 원고로 판단한 바 있으나 국내 굴지의 금융기관인 피고로서는 위 대법원의 판단을 실질적인 소송이익으로 삼고 고객이었던 피고와 원만한 해결을 도모하는 것이 바람직하다고 판단하여, 피고는 원고에게 2차 선물환계약의 손실액 중 일부를 지급하고 원고는 나머지 청구를 포기하는 것으로 화해권고

3. 유사투자자문업자나 미등록투자자문업자에게 자본시장법상 적합성 원칙 및 설명의무 적용 여부

1. 사건의 개요

❖ 피고 회사는 자본시장법상 유사투자자문업 신고를 마친 회사로서, 인터넷상 사이트를 개설하고 고객들로부터 수수료를 받고 투자정보를 제공하는 영업을 하고 있었고 피고 2는 이 사건 사이트에서 증권투자 전문가로 활동하고 있었음

❖ 원고들은 피고 2가 운영하는 투자클럽에 유료회원이 되어 각종 투자정보를 제공받고 있었는데 2010. 9.부터 한국콜 등 워런트증권 및 주식, 기타 파생상품에 투자하였고 2009. 11. 18. 위 한국콜 등이 만기출고에 따른 대체출고가 이루어짐으로써 한국콜 등의 원고들 잔액은 0원이 되었음

❖ 원고들은, 피고들이 원고들에게 불확실한 사항에 대해 단정적 판단을 제공하여 위험성이 높은 ELW에 투자하도록 적극 권유하는 등 자본시장법상의 투자자문업자의 의무를 위반하여 원고들에게 손해를 입게 하였으므로 이에 대한 손해배상을 요구

2. 주요 쟁점사항

❖ 자본시장법상 적합성원칙과 설명의무가 유사투자자문업자나 미등록 투자자문업자에게 적용 내지 유추적용되거나 같은 내용의 신의칙상 의무가 인정되는지 여부

3. 소송의 경과

서울동부지방법원 2011.7.8. 선고 2010가합4903 판결: 원고 패
[원고: 고객(5인) ↔ 피고: 유사투자자문회사, 직원]
서울고등법원 2012.5.3. 선고 2011나60201 판결: 항소 기각
[원고, 항소인: 고객(3인) ↔ 피고, 피항소인: 유사투자자문회사, 직원]
대법원 2014.5.16. 선고 2012다46644 판결: 상고 기각
[원고, 상고인 : 고객(3인) ↔ 피고, 상고인: 유사투자자문회사, 직원]

4. 판결의 요지(제1심, 항소심, 상고심 동일)

❖ 자본시장과 금융투자업에 관한 법률(이하 '자본시장법'이라 한다)은 금융투자업자가 일반투자자를 상대로 투자권유를 하는 경우에 준수하여야 할 적합성원칙(제46조)과 설명의무(제47조)에 관하여 규정하고 있는데, 여기서 금융투자업자란 '투자자문업 등 자본시장법 제6조 제1항 각 호에 정한 금융투자업에 대하여 금융위원회의 인가를 받거나 금융위원회에 등록하여 이를 영위하는 자'를 말한다(제8조 제1항).

❖ 따라서 금융투자업자를 대상으로 하는 자본시장법상의 적합성원칙 및 설명의무가 유사투자자문업 신고를 하고 불특정 다수인을 대상으로 간행물, 출판물, 통신물 또는 방송 등을 통하여 투자조언을 하는 유사투자자문업자(제101조)나 등록 없이 투자자문업을 하는 미등록 투자자문업자에게는 적용된다고 볼 수 없다.

❖ 그리고 위 적합성원칙과 설명의무는 특정 투자자를 상대로 하여 적합한 투자권유를 할 의무와 설명을 할 의무를 말하므로, 불특정 다수인을 상대로 투자조언을 하는 유사투자자문업자에게는 적합성원칙과 설명의무에 관한 규정이 유추적용된다거나 같은 내용의 신의칙상 의무가 인정된다고 할 수 없다.

❖ 또한 미등록 투자자문업자의 경우 투자자문을 받는 자와의 계약에서 자본시장법이 정한 투자자문업자의 의무와 같은 내용의 의무를 부담하기로 약정하였다는 등의 특별한 사정이 없는 이상, 적합성원칙과 설명의무가 유추적용된다거나 그러한 내용의 신의칙상 의무가 인정된다고 할 수 없다.

4. 사인간 체결된 투자약정에 수익보장 약정을 금지한 구 증권거래법의 유추적용여부

1. 사건의 개요

❖ 원고는 피고들과 사이에 피고들이 원고의 지시에 따라 소외 회사의 주식에 투자하고 원고에게 자문수수료를 지급하기로 하는 내용의 투자자문계약을 체결하였는데, 위 계약의 내용에는 투자수익보장('원고는 투자금액 4억 5,000만 원과 투자금액 10%인 4,500만 원을 합한 4억 9,500만 원을 보장하고 그 담보로 소외 회사 발행 백지어음 1장을 교부한다.') 취지의 약정이 포함됨

❖ 그런데 원고는 소외 회사의 실질 사주인 소외 1과 개인적인 친분을 가지고 소외 회사의 자금조달 및 유상증자 등에 깊이 관여하던 자로서, 이 사건 약정 이전부터 자신의 주변 지인에게 소외 회사 주식을 대상으로 대주주 관련 주식매수가 있을 것이라고 말해 온 사정이 있음

❖ 원고는 피고들에게 소외 회사의 내부정보로 외국 기업의 M&A, DMZ 철책 사업 수주 등의 호재가 있다고 말한 바 있으나 실제 그러한 사실은 없었고 (소외 1은 위 허위의 M&A사실을 유포한 행위 등으로 증권거래법 위반죄로 유죄판결을 선고받음), 당시 소외 회사는 3년 연속 적자일 정도로 재무상황이 악화된 상태였음

❖ 피고들은 원고의 지시에 따라 소외 회사의 해당 일자 총 거래주식의 8.7%에 이르는 소외 주식을 매수하게 되었고, 그 이후 투자 만기까지 약 2개월 동안 소외 주식은 2배 이상 급등함

❖ 원고는 위 투자약정에 따른 자문수수료 상당의 약정금을 청구

2. 주요 쟁점사항

❖ 이 사건 투자약정이 시세조종 등 불공정거래에 해당하여 무효인지 여부

❖ 사인간 체결된 이 사건 투자약정에 수익보장약정을 금지한 구 증권거래법 제52조를 유추적용할 수 있는지 여부

3. 소송의 경과

서울동부지방법원 2008.2.20. 선고 2007가합871 판결: 원고 승
서울고등법원 2009.5.6. 선고 2008나29477 판결: 원고 패

대법원 2010.7.22. 선고 2009다40547 판결: 파기환송

4. 판결의 요지

가. 제1심

❖ 피고들은 원고에게 이 사건 투자약정에 기한 수수료를 지급할 의무가 있고, 위 약정이 시세조종행위를 위한 것으로서 공서양속에 반하여 무효라거나 기망행위로서 취소되어야 한다는 원고들의 항변사실에 대하여는 이를 인정할 증거가 부족하다고 보아 배척함

나. 항소심

❖ 원고가 소외 회사에 대한 단순한 투자자로서 주식 매도를 통한 수익 실현보다는 피고들 계좌를 통해 대주주 거래가 있는 것처럼 보임으로써 소외 회사의 주가를 끌어 올리거나 급격한 주가 하락을 막으려는 의도가 있었던 것으로 보이고, 따라서 이 사건 약정은 시장 원리에 의한 공정한 가격형성이라는 공개 주식시장의 건전한 투자질서를 해하는 것으로서 선량한 풍속 기타 사회질서에 반하는 행위에 해당한다고 보아 무효라고 판단

❖ 증권거래법상 증권회사 또는 그 임직원의 고객에 대한 주식투자에 따른 손실 부담 또는 수익 보장 행위를 금지하고 있는 증권거래법상 수익보장 등 금지의 법리를 유추적용하면, 수익보장의 내용을 담고 있는 이 사건 약정은 선량한 풍속 기타 사회질서에 반하는 행위에 해당하여 무효라고 판단

다. 상고심(파기환송)

❖ 소외 회사의 주가 변화 추이, 피고들이 매수한 소외 회사 주식 수와 매매 횟수 및 피고들이 소외 회사의 주식을 매수하여 보유하고 있는 무렵 소외 회사에 대해 시세조종 혐의가 포착되어 조사가 이루어진 바는 없는 등의 사실에 비추어 보면, 피고들이 원고의 지시에 따라 소외 회사의 주식을 매수한 행위가 소외 회사의 주가상승에 절대적인 영향을 미쳤다고 보기 어렵고, 원고가 공개 주식시장에서의 정상적인 수요·공급의 시장 원리에 반하여 소외 회사의 주가를 부당하게 형성할 의도로 이 사건 약정을 체결한 것이라고 단정할 수 없음
  - 설령 원고에게 시세조종의 의도가 있었더라도, 이는 원고의 내심에 머물러 있

는 목적이나 동기에 불과한 것으로서 이 사건 약정 당시 그러한 목적이나 동기가 외부에 표시되었거나 피고들이 이를 잘 알고 있었다는 사정이 보이지 않는 이 사건에서, 원고가 이 사건 약정을 체결한 목적과 동기가 선량한 풍속 기타 사회질서에 반한다고 하여 이 사건 약정의 효력까지 당연히 무효로 볼 수 없음

❖ 증권거래법상 증권회사 또는 그 임직원이 고객에 대하여 수익을 보장하는 약정의 사법적 효력을 부인하는 것은, 증권시장에서의 가격이 공정하게 형성되도록 노력할 책무가 있는 증권회사나 그 임직원이 고객에 대하여 수익을 보장하는 약정을 하고 이를 이행하기 위하여 부득이 불건전한 거래 또는 변칙적인 거래를 함으로써 증권시장의 공정한 거래질서의 왜곡을 가져올 위험성이 있다는 점 등을 고려한 것임을 감안할 때, 증권회사 및 그 임직원과 고객 사이가 아닌 사인(私人)들 사이에 이루어진 이 사건 수익보장약정에 대하여 증권거래법상 수익보장금지 원칙을 곧바로 유추적용하기는 어렵다고 판단

5. 공정증서에 기한 사후손실보전약정의 효력

1. 사건의 개요

❖ 피고는 원고 증권사 지점장A 및 직원 B에게 선물옵션계좌의 운용을 포괄일 임하였으나 큰 손실을 입게 되었고, 원고는 위 손실보전을 위해 A으로부터 손실보전각서를 받은 후 다시 A에게 위 계좌의 운용을 맡겼음

❖ 위 각서 작성 이후 A은 피고의 명시적 동의 없이 피고 명의 주식계좌의 주 식을 대용증권으로 설정하여 선물옵션계좌로 대체입고한 후 선물옵션계좌 를 운용하였으나 다시 큰 폭의 손실을 보게 되자, 당시 지점장이던 A이 원 고증권사 명의의 금전소비대차계약에 관한 공정증서를 작성하여 주었음

❖ 이후 피고가 원고 증권사에 대하여 위 공정증서에 기한 강제집행을 하자 원 고증권사가 위 강제집행에 대하여 청구이의를 하였고 피고는 동의 없는 대 용증권 지정, 과당매매 등 불법행위에 기한 손해배상청구를 반소로 제기함

2. 주요 쟁점사항

❖ 공정증서에 기한 사후손실보장약정의 효력
❖ 부당권유 등 불법행위 성립여부

3. 소송의 경과

서울남부지방법원 2008.12.5. 선고 2008가합642(본소), 2008가합20370(반소) 판 결: 원고(반소원고) 승

서울고등법원 2009.12.18. 선고 2009나6877(본소), 2009나6884(반소) 판결: 원고 (반소피고) 패

대법원 2011.1.27. 선고 2010다15776(본소), 2010다15783(반소) 판결: 원고(반소 원고) 승, 파기환송

서울고등법원 2011.5.25. 2011나19272(본소), 2011나19289(반소) 판결: 원고(반 소원고) 승

대법원 2011.9.29. 2011다55160 판결: 심리불속행기각

4. 판결의 요지

가. 제1심

❖ 이 사건 공정증서는 금전소비대차라는 표현에도 불구하고 실제로는 피고의 투자손실을 보전하기 위한 것이므로 구 증권거래법 및 선물거래법상 손실보전약정금지규정을 위반한 것으로 무효임

❖ A는 피고로부터 주식위탁계좌 및 선물옵션계좌의 운용 및 관리를 포괄 일임받았고 그 권한에 기하여 대용증권지정, 결제대금 이체 등이 이루어졌으며, 과당매매 또한 인정할 증거가 없으므로 피고의 주장은 이유 없음

나. 환송 전 항소심

❖ 이 사건 공정증서상의 채무는 금전소비대차계약에 기한 차용금으로 기재되어 있으나 실제로는 A 및 B에 의한 피고의 주식계좌 및 옵션계좌의 포괄적 일임매매로 인한 손실을 보전할 것을 목적으로 하는 사후손실보전약정에 해당하므로 정당한 사유가 없는 한 무효임

❖ A가 임의로 주식계좌의 증권에 관하여 대용증권 지정을 한 것으로 보이는 점, B가 선물옵션거래로 피고에게 큰 손실을 보게 하였으면 그 상사인 A로서는 피고에게 선물옵션거래의 위험성에 관하여 경고하고 보수적으로 주식계좌 및 옵션계좌를 운용할 것을 권유하는 등 현실적인 방법을 제안함이 마땅함에도 오히려 이 사건 각서로써 선물옵션거래를 계속하면 그동안 투입한 원금을 회복할 수 있는 것처럼 피고를 현혹하였던 점 등을 고려하면, A의 피고에 대한 투자권유행위는 부당권유행위에 해당하고, A와 B의 사용자인 원고로서는 위와 같은 부당권유로 인한 불법행위로 피고가 입은 손해를 배상할 의무가 있음

❖ 이와 같이 A 등이 투자자보호의무를 위반하여 피고에게 손해를 입힌 점, 임의로 2004. 3. 22. 주식계좌에서 옵션계좌로 9,000만원을 무단이체한 것으로 보이는 점, 관련 법령을 숙지하고 있는 사람으로서 특별한 사정이 없는 한 이 사건 각서 및 공정증서와 같은 사후손실보전약정을 할 이유가 없는 점 등에 비추어 보면, 이 사건 공정증서의 작성 및 그 금액에 관하여는 정당한 사유가 있다고 봄이 상당함

다. 상고심, 파기환송심

❖ 사후손실보전약정은 정당한 사유가 있는 때에 한하여 유효하고, 보전의 대상이 되는 손실이 증권회사 등에게 책임 있는 사유로 인하여 발생한 경우라면 이를 보전하기로 하는 내용의 사후손실보전약정은 그 범위 내에서 정당한 사유가 있음

❖ 피고는 이 사건 각서 작성 당시에는 선물옵션거래로 인한 위험성을 충분히 인식하고 있었다고 할 것임에도 그 손실을 회복하기 위하여 이 사건 각서 작성 이후에도 계속하여 선물옵션거래를 하기로 한 것으로서, A의 현혹 또는 적극적 권유에 의한 것이라고 볼 만한 자료가 없음

❖ 피고가 원고측에 주식계좌 및 옵션계좌의 운용을 일임하였던 점, 주식계좌 및 옵션계좌의 운용현황을 보고받으면서도 아무런 이의를 제기하지 아니하였던 점 등 A가 주식계좌의 증권을 대용증권으로 지정하여 이를 선물옵션거래의 자금으로 사용한 것이 피고의 의사에 반한 것이었다고 단정할 수 없음

❖ 그 밖에 원고가 이 사건 손실에 대하여 책임이 있음을 인정할 자료가 없어, 결국 이 사건 공정증서에 의한 사후손실보전약정은 정당한 사유가 없는 때에 해당하여 무효임

별첨 3-3 투자권유 관련 과실상계 비율 판례 정리

과실비율	번호	사건번호	사건 개요	과실상계사유
30%	1	서울중앙지법 2005가합89893	선물옵션 투자 시 설명의무 위반 (원고손실 가능성 설명 아니하여 위험성 인식거래)	• 자기책임아래 신중한 투자판단 해태 • 명세서 등을 확인했더라면 손해의 확대를 막을 수 있었을 것
	2	서울고법2003나18 2077	수익보장약정에 따른 부당권유	• 거래내역 점검 없이 방치 • 선물옵션 거래의 위험성 무시하고 무리하게 투자
	3	청주지법 2009가합2924	선물옵션 계약 체결 시 적합성 원칙 및 설명의무 위반	• 자기책임아래 신중한 투자판단 해태 • 전세계약의 금융위기로 환율예측 어려웠던 점
40%	4	서울남부지법 2013가합101631	회사채 투자 시 설명의무 위반 (신용등급 잘못 안내)	• 자기책임아래 신중한 투자판단 해태 • 수익 얻기 위해 투자한 경우 어느 정도 위험성을 감수하여야 하는 점
	5	서울남부지법 2011가합13570	기업어음 투자권유 설명의무 위반 (2012나2189 항소심에서 과실비율 70%로 상향, 18년)	• 자기책임 아래 신중한 투자판단 해태 • 기업어음의 본질적인 위험성에 대해 지식이 있는 점 • 판매사가 피고도 발행회사에 자료요구가 쉽지 않았을 것으로 보이는 점
	6	부산지법 2005나11999	옵션 적합성 원칙, 설명의무, 과당매매 위반	• 주식투자 및 옵션 거래 경험과 지식이 전문가 피고에서 상태에서 피고의 일만 믿고 무모하게 옵션거래를 전석으로 위임하고 방치한 책임
	7	서울고법 99나65655	수익보장 약정에 따른 부당권유	• 자기책임 원칙하에 조사 확인의무 위배하여 만연히 직원의 말만 믿고 투자한 점
50%	8	서울남부지법 2010가합23020	신용거래 권유 시 적합성 원칙 및 설명의무 위반	• 신중한 투자판단 해태 • 보고 등을 통해 주식거래 손실 방지 가능했던 점 • 피고의 매도권유에도 원고가 매도 거부하여 손실확대 • 원고 의사도 주식거래에 어느 정도 반영된 점, 급등락기
	9	서울고법	신용거래 권유시 적합성 원칙 및 설명의무 위반	• 신중한 투자판단 해태

과실비율	번호	사건번호	사건개요	과실상계사유
		2011나102068	(8번 사건 항소심)	• 피고의 매도권유에도 원고가 매도거부하여 손실확대 • 손해에도 정상적인 거래비용도 포함되어 있는 점 • 거래종료 시점의 주가지수 하락
60%	10	서울고법 2013나2009367	타사 투자일임상품 투자권유한 경우 적합성, 설명의무 위반 (서울남부 2011가합17909 사건 항소심, 18번)	• 장외파생상품에 준하는 위험을 가지고 있는 상품이고 원고들이 고령임에도 투자성향을 공격투자형으로 변경하는 등 피고들의 책임이 결코 가볍다고 할 수 없음 • 금융투자는 투자자인 원고들의 책임하에 이루어지는 점 • 기초 투자성향에도 불구하고 원고들이 스스로 공격투자형으로 변경 • 피고가 투자성과에 따른 보수를 지급받지 아니한 점 • 원고들이 주식 등 투자경험이 있는 점 • 셰어프에셋이 위험관리기준을 준수하지 아니한 잘못이 손해확대의 주원인
	11	서울남부지법 2003가합12381 서울고법 2005나14002	선물옵션 적합성 원칙, 설명의무 위반	• 선물 옵션 투자경험이 전혀 없었음에도 피고의 말만 믿고 무모하게 거래 시작 • 손실이 발생했음에도 매매를 중지시키지 않고 손실회복목적으로 추가투자를 감행하는 등 투자자로서의 기본책임조차 다하지 못한 잘못
	12	서울중앙 2005가합4517	수익보장 약정에 따른 부당권유(거래개발한 선물옵션 프로그램 이용하여 투자하면서 수익보장 차용증까지 작성)	• 선물옵션 투자는 자기책임하에서 이루어져야 하는 점 • 주식거래 경험이 있어 선물옵션 거래의 위험성을 알고 있었던 점 • 하락, 경매에 비춰어 투자원금을 보장하면서 고수익이 보장되는 금융상품이 존재하기 어렵다는 점을 알 수 있었던 점 • 개인거래에 입금하는 등 비정상적인 방법으로 투자금을 위탁한 점 • 수익보장 약정만 믿고 운용을 일임한 점
	13	2005가합8252	손실보전 각서 교부 후 주가조치종목 매매하여 손해가 발생한 경우 부당권유	• 은행 지점장 출신으로 주식투자 경험이 많고 매매내역 통보받아 확인하였으면서도 다른 비정상적인 거래임을 알 수 있었음에도 매매내역 확인 해태

과실비율	번호	사건번호	사건 개요	과실상계사유
65%	14	서울북부지법 2010가합1191	손실위험성 안내 없이 우량주 위주의 거래 강조하며 포괄일임받았으나 우량주 위주의 운용을 하지 않은 경우 부당권유 및 과당매매	• 손실보전 각서 믿고 제로방치하여 위법행위가 지속되게 함 • 주식거래의 경험이 전무함에도 피고의 말만 믿고 포괄 일임 • 손실확대에도 거래중지 등 조치를 취하지 아니한 점 • 손해액 속에 정상적인 거래로도 피할 수 없는 손실도 포함된 점
	15	서울중앙 2008가합122133	수익보장 약정에 따른 부당권유(고수익 및 원금보장 약정하면서 고객거래금을 시세조종에 이용)	• 경솔하게 투자금을 교부한 점 • 편법적인 요청에도 별다른 이의를 제기하지 아니한 점 • 거래내역 등 확인조차 없이 피고직원의 말만 믿고 추가로 자금을 교부한 점
	16	서울남부지법 2014가합9565 2014가합8975 2014가합1516	타사 투자일임상품 투자권유한 경우 적합성, 설명의무, 단정적 판단제공 부당권유 위반	• 투자일임계약을 체결하게 된 경우 • 투자위험성을 충분히 알아보지 아니한 채 투자한 잘못 • 세이프에셋이 약정손실한도를 준수하지 아니한 잘못이 손해확대의 주원인인 점
70%	17	서울중앙 2003가합46784	옵션 포괄 일임매매 중 만기일 마감직전 신규대량 매수의 적합성 원칙 위반	• 금거래 포괄적 일임매매 약정 • 옵션거래에 대한 상당한 지식이 있는 원고가 직원을 관리감시할 의무 위반 • 옵션 신규매수를 알 수 없었음에도 무모한 거래를 막지 아니한 과실
80%	18	서울남부지법 2011가합17909	타사 투자일임상품 투자권유한 경우 적합성, 설명의무 위반 (항소심에서 과실비율 60%로 감소, 10번)	• 세이프에셋이 위험관리기준을 준수하지 아니한 잘못이 손해확대의 주원인인 점 • 피고가 투자성과에 따른 보수를 지급받지 아니한 점 • 수익을 얻기 위한 투자상품에 가입한 것에 따른 위험을 감수해야 하는 점
	19	서울고법 2005나82453	수익보장 약정에 따른 부당권유(자체개발한 선물 선 프로그램 이용하여 투자하면서 수익보장 차용 등	• 1심과 과실상계 사유는 기본적으로 동일하나 원고와 관련 직원과의 전문성에 따라 비율을 달리함

과실비율	번호	사건번호	사건개요	과실상계사유
			까지 작성, 12번 사건 항소심)	• 관련 직원과 친구이거나 동창이고 관련 직원이 투자에 대하여 알고 있었던 단 원고: 80% • 관련직원이 친구인 원고가 투자한 경우: 70% • 피고 회사 직원을 통하여 관련직원을 소개받은 경우: 60%
	20	서울남부 2012가합8476	손실보전 약정을 통한 부당권유 및 과당매매	• 자기책임의 원칙에 따라 거래내역을 파악하고 손해를 최소화하도록 노력하여야 함에도, 손실보전 약정을 안전히 믿고 주식거래행위를 방치한 점 • 위험을 수반하는 주식거래의 성격상 불가피하게 발생할 수 있는 손해도 포함되어 있는 점 • 주식의 거래정지처분으로 인한 손해 확대
85%	21	서울중앙 2008가합21038 서울고법 2009나87876	W펀드 적합성 원칙, 설명의무 위반	• 자기책임의 원칙아래 신중히 검토한 다음 투자하여야 하나 투자설명서 등을 교부받아 읽어보지도 아니한 점 • 펀드 해지 전 상당한 펀드수익음을 취득한 점 • 금융위기 등을 공통 채임제한 사유로 삼았으나 수인의 원고 중 투자금액 및 투자경험에 따라 과실비율을 달리 판단함 • 투자경험 있고 금융기간으로 일반인보다 주의의무 높은 세대음 금고의 과실비율: 85% • 투자경험 없고 투자금액도 적은 원고: 60% • 투자경험 있고 투자금액 적은 원고: 70% • 투자경험 있고 투자금액도 5억원으로 비교적 큰 원고: 75% • 투자경험 없으나 투자금액이 15억원으로 거액: 80%(항소심에서 투자경험 있고 투자금액 크다고 판단한 뒤 비율 75%로 감소)

별첨 3-4 투자권유 관련 과실상계 비율 조정례 정리

과실비율	사건번호	사건 개요	과실상계
30%	금감원 제2010-34호	손실보전약정에 따른 부당권유	• 자기책임 원칙에 따라 손해와 이익은 투자자에게 귀속하는 것이 원칙 • 거래내역 및 잔고확인 소홀히 하여 손해확대에 기여 • 신청인이 고령의 농업종사자로 투자경험이 전혀 없음을 고려
40%	거래소 제2014-23호	거짓정보 제공에 따른 부당권유	• 관련 직원이 설명, 보고에 의존하며 매매내역 자료 등의 확인을 소홀히 함
	거래소 제2004-63호	합리적 근거없는 권유 및 손실보전약정에 따른 부당권유	• 신청인이 투자경험 있는 부장판사 출신 변호사인 점 • 매수권유 근거가 비합리적이고 불공정거래에 해당함을 알지 못한 과실
50%	금감원 제2010-3호	펀드 설명의무 위반	• 투자결과 발생한 손해는 투자자에게 귀속되는 것이 원칙 • 다수의 펀드 투자경험 • 담당직원의 말에만 의존하여 투자 • 연금손실 발생가능성을 알고 있었던 점
	거래소 제2014-97호	거짓된 정보제공에 따른 부당권유 및 과당매매	• 자기책임원칙에 따른 투자판단 게을리하여 투자 포괄일임 • 거래내역 통보받았음에도 손실확인 게을리 한 점
50%	거래소 제2014-15	단정적 판단제공에 따른 부당권유 등	• 신청인이 직원의 판단에 의존하여 거래한 점
	거래소 제2004-20	합리적 근거없는 부당권유	• 단기간에 주가가 급락한 종목을 직원의 말만 믿고 쉽게 매수 결정
	거래소 제2007-7	손실보전약정에 따른 선물옵션 부당권유	• 5년 이상 주식 수익증권 투자경험함 • 투자목적 기재서 등 자필서명 • 매매전략 및 손실현황을 통보받았음에도 일임지속

과실비율	사건번호	사건개요	과실상계
55%	금감원 제2011-38호	선물옵션 적합성 설명의무 위반	• 자기책임 원칙 아래 신중히 검토하여 투자해야 하나 비교적 거액을 투자하면서 이를 게을리 한 점 • 계좌개설시 계좌개설신청서 및 투자정보확인서에 서명한 점 • 위험성을 알 수 있었음에도 충분한 검토없이 거래를 시작한 점 • 손실가능성 않고도 거래중단하지 안아 손해가 확대된 점 • 투자판단을 직원에게 일임한 점
60%	금감원 제2010-45호	펀드 가입시 설명의무 위반	• 자기책임 원칙 아래 신중히 검토하여 투자해야 하나 이를 게을리 한 점 • 주식형 펀드 등에 가입한 경험이 있어 펀드의 위험성에 대하여 인식가능했던 점 • 원금손실 가능성을 인식했음에도 환매 등 조치를 취하지 아니한 점
	거래소 제2015-7호	주식 단정적 판단제공에 따른 부당권유	• 자기판단 자기책임 원칙에 위배하여 관련직원의 투자만을 신뢰한 점 • 거래내역 통보받아 투자내용 잘 알고 있음에도 거래중단 조치를 취하지 않아 손해확대에 기여
	거래소 제2014-76호	손실보전약정에 따른 부당권유	• 자기투자자기책임 원칙에 반하여 포괄일임 • 거래내역 통보에도 불구하고 제좌관리 해태 • 손실보전에도 불구하고 손실보전약정만 믿고 일임관계 지속
66.7% (2/3)	거래소 제2014-62	주식 단정적 판단제공에 따른 부당권유	• 투자의 위험성에 대한 판단은 신청인의 책임인 점 • 위험성을 알 수 있었음에도 직원의 권유에만 의지한 채 거래 지속 • 신청인이 풍문에만 의지한 위험성 있는 거래를 적극적으로 활용한 점이 손해의 확대의 원인이 된 점
70%	거래소 제2014-82	불확실한 사실고지에 따른 부당권유	• 투자의 위험성에 대한 판단은 신청인의 책임인 점 • 주식거래 포괄일임하고 손실확대에도 불구하고 일임관계 유지 • 주식거래계속 후 매도하였다면 손실 줄일 기회가 있었던 점

과실비율	사건번호	사건 개요	과실상계
	금감원 제2010-44호	펀드 가입시 설명의무 위반, 단정적 판단제공에 따른 부당권유	• 자기책임 원칙 아래 신중히 검토하여 투자해야 하나 비교적 거액을 투자하면서 이를 게을리 한 점 • 주식형 펀드 등에 가입한 경험이 있어 펀드의 위험성에 대하여 인식가능했던 점 • 원금손실 가능성을 인지했음에도 판매 등 조치를 취하지 아니한 점
	금감원 제2010-27호	ELS 가입 시 설명의무 위반	• 투자손익은 투자자에게 귀속되는 것이 원칙 • 펀드에 가입한 경험이 있음에도 직원의 말에만 의존하여 투자결정 • 상품내역의 확인 및 서류 보완을 게을리 한 점
	거래소 제2006-72호	ELW 설명의무, 적합성 원칙	• 자기판단 자기책임원칙 위배 • 주식투자경험 10년 • 거래내역서를 통해 손실인지하고도 관련자원의 매매거래에만 의존
80%	금감원 제2010-109호	옵션 설명의무 위반	• 자기책임 원칙아래 신중히 검토하여 투자해야 하나 비교적 거액을 투자하면서 이를 게을리 한 점 • 주식투자 경험이 있고 옵션거래로 인한 손실발생 가능성 자체는 알고 있었다고 보이는 점 • 손실이 발생한 상황에서 거래 지속하여 손실 확대 • 옵션거래의 위험성을 고지받았음을 확인하는 내용이 투자자 체크리스트에 자필서명 날인한 점

2. 일임매매 및 과당매매

1 일임매매 원칙적 금지

▨▨▨ 자본시장법은 투자일임업으로 등록한 경우 일임매매를 자유롭게 허용하되 등록하지 하지 않은 투자 매매·중개업자의 일임은 원칙적으로 금지11(동법 제71조 제6호)

❖ 구증권거래법 제107조는 포괄적 일임은 금지하였으나 제한적 일임은 허용 (수량·가격 및 매매시기에 관하여 일임은 가능)

2 일임매매 제한규정을 위반한 약정의 사법상 효력

▨▨▨ **(사법상 효력 인정)** 일임매매에 관한 구 증권거래법 제107조를 위반한 약정도 사법상으로는 유효(대법원 2002.3.29. 선고 2001다49128 판결 등)

❖ 일임매매에 관한 증권거래법 제107조는 고객을 보호하기 위한 규정으로서 증권거래에 관한 절차를 규정하여 거래질서를 확립하는 데 목적이 있으므로 고객에 의하여 매매를 위임하는 의사표시가 된 것이 분명한 이상 그 사법상 효력을 부인할 이유가 없고, 만일 그 효력을 부인할 경우 거래상대방과의 사이에서 법적 안정성을 해하는 부당한 결과를 초래하므로 일임매매에 관한 증권거래법 제107조 위반의 약정도 사법상으로는 유효

❖ 자본시장법 시행 이후에도 일임매매 제한규정을 위반한 일임약정의 사법상 효력을 인정하는 전제하에서 과당매매의 불법행위 성립여부를 검토하고 있음(서울남부지법 2013.7.12. 선고 2012가합8476 판결)

---

11 다만 투자자가 매매거래일(하루로 한정) 및 총 매매수량 또는 금액을 지정하여 투자중개업자에게 매매를 일임하는 경우로서 일임받을 필요성이 인정되는 경우에만 제한적으로 허용됨(법 제71조 제6호 단서, 시행령 제7조 제2항 등)

3 과당매매 판단기준

「자본시장과 금융투자업에 관한 법률」

제71조(불건전영업행위의 금지) 투자매매업자 또는 투자중개업자는 다음 각 호의 어느 하나에 해당하는 행위를 하여서는 아니된다.
:
6. 투자자로부터 금융투자상품에 대한 투자판단의 전부 또는 일부를 일임받아 투자자별로 구분하여 금융투자상품을 취득·처분, 그 밖의 방법으로 운용하는 행위. 다만, 투자일임업으로서 행하는 경우와 제7조 제4항에 해당하는 경우에는 이를 할 수 있다.
7. 그 밖에 투자자의 보호 또는 건전한 거래질서를 해할 우려가 있는 행위로서 대통령령으로 정하는 행위

「자본시장과 금융투자업에 관한 법률 시행령」

제68조(불건전영업행위의 금지) ⑤ 법 제71조 제7호에서 "대통령령으로 정하는 행위"란 다음 각 호의 어느 하나에 해당하는 행위를 말한다.
:
2. 일반투자자의 투자목적, 재산상황 및 투자경험 등을 고려하지 아니하고 일반투자자에게 지나치게 자주 투자권유를 하는 행위
:
14. 그 밖에 투자자의 보호나 건전한 거래질서를 해칠 염려가 있는 행위로서 금융위원회가 정하여 고시하는 행위

「금융위원회 고시」 「금융투자업 규정」

제4-20조(불건전영업행위의 금지) ① 영 제68조 제5항 제14호에서 "금융위원회가 정하여 고시하는 행위"란 다음 각 호의 어느 하나에 해당하는 행위를 말한다.
:
5. 투자권유와 관련하여 다음 각 목의 어느 하나에 해당하는 행위
가. 일반투자자를 대상으로 빈번한 금융투자상품의 매매거래 또는 과도한 규모의 금융투자상품의 매매거래를 권유하는 행위, 이 경우 특정거래가 빈번한 거래인지 또는 과도한 거래인지 여부는 다음의 사항을 감안하여 판단한다.
(1) 일반투자자가 부담하는 수수료의 총액
(2) 일반투자자의 재산상태 및 투자목적에 적합한지 여부
(3) 일반투자자의 투자지식이나 경험에 비추어 당해 거래에 수반되는 위험을 잘 이해하고 있는지 여부
(4) 개별 매매거래시 권유내용의 타당성 여부
:

▊▊▊ **(충실의무 위반)** 포괄적 일임약정이 있는 경우 불법행위가 성립하려면 충실의무를 위반하여 고객의 이익을 등한시 하고 무리하게 빈번한 회전매매를 함으로써 고객에게 손해를 입히는 등 과당매매행위가 있어야 손해배상책임을 인정(대법원 2006다53344 판결 등)

❖ **(과당매매 판단기준) 과당매매 해당 여부는** 고객계좌에 대한 증권회사의 지배 여부, 주식 매매의 동기 및 경위, 거래기간과 매매횟수 및 양자의 비율, 매입 주식의 평균적 보유기간, 매매 주식 중 단기매매가 차지하는 비율, 동일 주식의 매입·매도하였는지의 여부, 수수료 등 비용을 공제한 후의 이익 여부, 운용액 및 운용기간에 비추어 본 수수료 액의 과다 여부, 손해액에서 수수료가 차지하는 비율, 단기매매가 많이 이루어져야 할 특별한 사정이 있는지의 여부 등 제반 사정을 참작하여 주식매매의 반복이 **전문가로서의 합리적인 선택이라고 볼 수 있는지 여부**를 기준으로 판단(대법원 2007.4.12. 선고 2004다4980 판결, 별첨 4-2 판례 1)

과당매매 판단기준

- 고객 계좌에 대한 증권회사의 지배여부
- 주식매매의 동기 및 경위
- 거래기간과 매매횟수 및 양자의 비율
- 매입주식의 평균적 보유기간
- 매매주식 중 단기매매비율
- 동일 주식의 매입·매도의 반복성 여부
- 수수료 등 비용을 공제한 후의 이익여부
- 운용액 및 운용기간을 고려한 수수료액의 과다여부
- 손해액 중 수수료가 차지하는 비율
- 단기매매가 이루어져야 할 특별한 사정의 존재 여부
- 주식매매의 반복이 전문가로서의 합리적인 선택이라고 볼 수 있는지 여부

▊▊▊ **(개별사례)** 과당매매 해당여부는 제반사정을 감안하여 결정하라는 대법원의 판결에 따라 **금융상품별로 그 기준이 조금씩 상이**

❖ 최근 매매회전율 대신 예탁자산대비 수수료율, 예탁자산대비 거래대금비율을 판단기준으로 삼은 판례도 있음(서울남부지법 2013.7.12. 선고 2012가합

8476 판결)

❖ 주식 1종목만을 대상으로 32개월간 총 629회의 거래를 하고, 연평균 매매회전율이 766%, 손실액 대비 수수료율이 12.85%인 경우 과당매매 인정(대법원 2012.6.14. 선고 2011다65303 판결)

❖ 한편, **선물·옵션 거래의 경우 과당매매로 인한 불법행위의 성립을 긍정**하면서, 선물·옵션 거래가 위험회피를 위하여 일반주식보다 빈번한 거래가 행하여지는 점(대구지법 2013.5.28. 선고 2012가합11819 판결), 투기성이 강하고 예탁금의 수배 이상을 거래할 수 있는 선물거래의 특성, 선물거래 일평균 거래대금 및 주식시장의 일평균 거래대금의 비율 등을 함께 고려하고 있음(서울지법 동부지원 2000.5.17. 선고 99가단39808 판결)

과당매매 판단기준 계산방법

과당성 기준	계산방법
월평균 매매회전율	월평균 매매회전율 = 총 거래대금 ÷ 월평균 예탁자산 합계 * 월평균 예탁자산 = (월초 예탁자산 + 월말 예탁자산) ÷ 2
손해금액 대비 수수료율(거래비용률)	손해금액 대비 수수료율(거래비용률) = 수수료(거래비용) ÷ 손해금액 * 거래비용 : 매매수수료 + 거래세 + 기타수수료(신용이자, 미수이자 등)
평균 주식보유일수	평균 주식보유일수 = Σ(종목별 거래대금 × 보유일수) ÷ 총 거래대금 * 종목별 보유일수(영업일 기준) = [Σ(매도일 × 거래수량) − Σ(매수일 × 거래수량)] ÷ 총 거래수량
당일매매 비율	당일매매 비율 = 당일매매 거래대금 ÷ 총 거래대금
단기매매 비율	단기매매 비율 = 평균 주식보유일수 3거래일 이내 종목 거래대금 ÷ 총 거래대금
과다매매기간 손해금액 비율	과다매매기간 손해금액 비율 = 월평균 매매회전율 1,000% 이상 손해금액 합계 ÷ 총 손해금액

참고 | 계좌내 손익 산출 관련 개념 정리

각 손익 개념 비교

구분	개념	산출개요
매매손익	순수 매매에서 발생한 손익	매도금액 - 매수금액
매매 정산손익	매매손익에서 종목별 수수료, 제세금 이자 등 거래비 용을 공제한 금액	매매손익 - 거래비용
(총) 정산손익	매매정산손익에서 매매이외의 잡손익 (예탁금이용료, 배당금, 기타 비용 등)을 가감한 금액	매매손익 ± 기타 잡손익

* 매매정산손익은 매매 종목별로도 산출이 가능하나, 총 정산손익은 매매 이외의 잡 손익의 반영이 필요하여
  종목별이 아닌 계좌 전체 기준으로 산출함이 용이

■ **총 정산손익의 산출방법(2가지)**
("매매 기준 산출 방법") 매매손익에서 종목별 거래비용을 공제한 매매정산손익을 구한 후, 다
시 예탁금 이용료 등 기타 잡손익을 가감하는 방식

$$총\ 정산손익 = (매도금액 - 매수금액) - (수수료 + 제세금 + 신용 이자 및 각종 연체료)$$
$$+ (배당금 + 예탁금이용료 + RP수익 + 세금환급 등)$$

* 기초 또는 기말 기준 보유주식이 있는 경우, 기초기준 보유주식 평가액은 매수금액, 기말기준 보유주식평가액
  은 매도금액으로 간주하여 계산

("예탁자산 기준 산출 방법") 계좌 내 기말/기초 예탁 자산을 비교한 후, 기간 내 입출금액을 가
감하는 방식

$$총\ 정산손익 = (기말예탁자산 - 기초예탁자산) + 출금액 - 입금액$$

예탁자산 기준 산출 방법 주요 개념

구분	개념	산출개요
기초예탁자산	기간 내 최초 계좌 자산	예수금 + 보유 주식등의 평가금액*
기말예탁자산	기간 내 최후 계좌 자산	예수금 + 보유 주식등의 평가금액*
출금액	기간 내 출금 금액	출금은 계좌 밖으로 인출되는 자산이므로 정산 손익 산출시 가산요소**
입금액	기간 내 입금 금액	입금은 계좌 안으로 유입되는 추가 투자 금액이 므로 정산손익 산출시 감산요소***

*기초전일 종가 기준 및 기말일 종가 기준 주식의 평가금액
**계좌 밖으로 인출되어 계좌주의 자산으로 확정된 대체 출금액을 말하며, 신용융자이자 등은 기말예탁자산
에 반영되는 비용개념이므로 상기 "출금액"에서 제외됨
***계좌주의 순수 투입 자산으로서의 입금액을 말하며, 예탁금이용료 및 배당금 등의 입금액은 매매에서 파
생되어 기말예탁자산에 반영되는 수익개념(거래비용에 대치되는 개념)이므로 상기 "입금액"에서 제외됨

■ **계좌별 변수를 고려한 매매 기준 산출 손익과 예탁자산 기준 산출 손익은 일치하여야 함**

참고 | 선물 과당매매 개연성계좌 점검 매뉴얼[**선물(주)]

1. 업무개요

거래소 시장감시규정 제3조 제3항 및 당사 내부통제기준 4.1.3.6조에 따라 고객 이익 보호와 공정한 거래질서의 유지를 위하여 빈번하거나 과도한 매매로 고객의 피해가 발생하지 않도록 고객이 부담하는 수수료 및 투자목적 그리고 투자권유가 타당한지를 고려하여 고객과의 분쟁을 예방하고 선의의 투자자를 보호하는 데 그 목적이 있음

2. 업무절차

1) 대상계좌의 선정

과당매매계좌는 상담사가 관리자로 등록된 개인고객 계좌 중 다음에 해당되는 계좌(파생상품계좌에 한함)를 과당매매 개연성계좌 점검대상으로 선정함

가. 예탁자산이 5,000,000원 이상인 계좌
나. 손실율이 30% 이상인 계좌
다. 회전율이 1,000% 이상인 계좌
라. 수수료율이 2% 이상인 계좌
마. 기타 과당매매 개연성이 높다고 판단되는 계좌

2) 과당매매계좌 점검

선정된 과당매매 개연성계좌에 대하여 매월 전산마감 이후 해당계좌의 매매내역을 점검함. 점검은 계좌회전율 및 수수료율을 기본으로 손실 및 예탁자산, 과당선정관리자 계좌현황 위주로 실시. 점검 후 뚜렷이 과당매매로 볼 수 있는 계좌에 대하여 점검함

3) 점검결과 보고

'11.9.1 이전	'11.9.1 이후
점검담당자는 과당매매 개연성계좌의 점검결과 고객과의 분쟁 징후가 발견되거나 증권사고의 가능성이 있다고 판단되는 경우 즉시 컴플라이언스 담당 임원에게 보고함 (해당 특이사항 첨부하여 보고)	점검담당자는 과당매매 개연성계좌의 점검결과 한 계좌가 6개월 이내에 3회 이상 적출 시 준법감시인에게 보고 후 즉시 해당계좌 담당자에게 유선주의 조치함.
-	4) 시행일자는 2011년 9월 1일 소급 적용함.

4 손해배상범위

가. 통상손해

▨▨▨ (과당매매 기간) 증권업자가 일정 기간 동안 고객의 계좌를 지배하였다고 하여 반드시 그 계좌 지배 기간 전체의 거래를 기준으로 과당매매 성립 여부를 판단하여야 하는 것은 아니고,

❖ 만약 그 중 일부 기간의 거래는 전문가로서의 합리적인 선택이라고 볼 수 없을 정도로 과도한 거래가 반복되었음이 인정되지만 나머지 기간의 거래는 그렇지 아니한 경우에는, **그 일부기간의 거래만을 기준으로 과당매매 성립 여부를 판단할 수도 있다**고 판시(대법원 2007.4.12. 선고 2004다38907 판결)

❖ 다만 일부구간의 과당성이 감소되었고 협의나 보고가 있었다고 하더라도 계좌지배성이 중단되었다고 보기 어려운 경우 구간별로 과당성을 판단할 것은 아니라고 판단한 경우도 있음(부산지방법원 2014.10.16. 선고 2013가합1917 판결, 별첨 4-2 판례 3)

▨▨▨ **(손해액)** 과당매매 시작시점의 계좌 평가액에서 정상적인 일임거래 시 발생되었을 손실과 정상 거래비용 등 평가금액을 공제한 금액과 과당매매 후 잔고의 차액으로 산정하는 것이 원칙(대법원 2007.4.12. 선고 2004다4980 판결, 별첨 4-2 판례 1)

❖ 다만, 정상거래 후 잔고산정의 어려움으로 **과당매매 시작시점의 계좌상태**와 **과당매매 종료시점의 계좌잔고**의 차액에서 과당매매가 없었더라도 피할 수 없었을 손실을 참작하여 책임감경하는 방식도 허용

나. 특별손해

▨▨▨ 과당일임매매에 의한 고객의 정신적 고통은 특별한 사정이 없는 한, 재산적 손해의 전보로 치유된다고 하여 위자료 지급을 명할 특별한 경우를 제외하고는 위자료청구에 대한 배상은 부정(대법원 96.7.17. 선고 96다21515 판결)

❖ 재산적 손해배상으로 회복할 수 없는 정신적 손해는 특별손해에 해당하므로 특별사정의 존재 및 가해자가 그런 특별사정을 알았거나 알 수 있었을 경우에 한하여 인정됨(민법 제393조 제2항)

5 (일임매매에서의)책임제한

▨ **(개요)** 손해배상책임과 관련하여 과당일임매매는 **"자기판단 · 자기책임"**이라는 투자원칙에 반하므로 원칙적으로 위탁자의 과실이 다른 분쟁유형에 비하여 상당부분 인정됨

▨ **(과실상계 사유)** 투자자 과실이나 자기책임원칙 위반 및 경제급변 등 공평원칙에 근거한 과실상계 사유가 존재하나 다소 무원칙적임

　❖ **(투자자 과실)** 투자자의 과실 범주에는 금지된 포괄적 일임매매거래 위임, 이의 미제기, 추가투자 및 수익보장 등 불법행위 방조에 따른 과실상계 사례가 있음

　❖ **(자기책임원칙 위반)** 자기투자책임이나 투자경험 등을 무시하고 투자를 무리하게 한 경우 과실상계

　❖ **(공평의 원칙)** 투자자의 과실에는 속하지 않지만 공평의 원칙에 따른 과실상계 사례가 존재

▨ **과실상계 비율**: 통상 30~90% 범위 내에서 결정되고 있음

참고 | 주요 과당매매 관련 판례 사안의 손해배상액과 수수료 비교

사건번호	심급	손해액	책임비율	손해배상액	피고 수수료수익
2010나36683	2심	481,238,932원	40%	192,495,572원	169,441,650원
2010가합1191	1심	777,611,904원	40%	222,174,828원	678,006,990원
2012가합11819	1심	428,808,041원	10%	42,880,804원	388,018,220원
2012가합8476	1심	101,490,611원	20%	20,298,122원	47,808,177원
2011가합5985	1심	348,873,975원	30%	104,662,192원	279,963,480원
2012나47694	1심	123,900,568원	50%	61,950,284원	32,268,760원
2007나39422	파기 환송심	329,865,827원	70%	230,906,078원	180,761,380원
2007나118714	파기 환송심	2,312,170,988원	30%	693,651,296원	258,472,280원
2008가합7720	1심	212,544,712원	40%	85,017,884원	291,724,350원
2010나36683	2심	481,238,932원	40%	192,495,572원	169,441,650원

6 손해배상청구권의 포기

(포기요건) 과당매매로 인한 손해배상청구권의 묵시적 포기를 인정하기 위해서는

❖ 단순히 고객이 계좌의 거래 내용과 손실발생여부를 알고서도 증권업자에게 아무런 이의를 제기하지 않았다거나, 오히려 담당직원의 권유에 따라 다른 증권회사로 계좌를 이관하여 주었다는 사정만으로는 부족하고,

❖ 고객이 이의를 제기하지 않은 경위나 계좌를 이관하게 된 동기 등 그러한 행위를 하게 된 전후 사정뿐만 아니라, 그와 같은 행위를 함에 있어서 고객이 증권업자에 대하여 손해배상청구권을 행사할 수 있음에도 불구하고 이를 포기한다는 점을 충분히 인식할 수 있는 상황에 있었는지, 고객이 손해배상청구권을 포기할 만한 동기나 형평상의 이유가 있었는지 여부 등의 여러 사정을 종합적으로 검토하여 신중하게 판단(대법원 2007.4.12. 선고 2004다38907 판결)

(개별 사안) 단순히 주식을 이관한 사실만으로는 손해배상청구권을 포기한 것으로 볼 수 없다는 판례 존재

❖ 계좌에 손실이 발생하였음을 알고서도 '매매결과 상기 잔고에 이상 없음을 확인함'이라고 서명하고 주식이관신청을 한 사실만으로는 손해배상청구권 포기 인정되지 않는다고 판시(서울고법 2010.11.10. 선고 201036683 판결)

❖ 이에 반하여 고객이 자신의 기존 계좌를 이용한 증권회사 직원의 과당매매 행위로 인하여 손해가 발생하였음을 확인하고도 이에 대한 책임을 추궁하는 대신 제3자 명의의 계좌에 주식을 이관하여 두었다가

  – 다시 그 직원의 권유에 따라 자신 명의의 새로운 계좌를 개설하여 주식을 이관시킨 후 그에게 관리를 맡기고 그 거래에 관하여 포괄위임을 하여 준 경우, 기존 계좌를 통한 과당매매거래에 대한 손해배상청구권을 포기한 것이라고 판단(대법원 2005.10.7. 선고 2005다11541 판결)

별첨 4-1

일임매매 관련 자본시장법과 증권거래법 등 규정 비교

일임매매 제한 규정	
증권거래법	**자본시장법**

<table>
<tr><td>

증권거래법

제6장 한국증권선물거래소
제2절 유가증권시장 및 코스닥시장에서의 매매거래
제107조(일임매매거래의 제한) ① 증권회사는 고객으로부터 유가증권의 매매거래에 관한 위탁을 받은 경우 그 수량·가격 및 매매의 시기에 한하여 그 결정을 일임받아 매매거래를 할 수 있다. 이 경우 그 유가증권의 종류·종목 및 매매의 구분과 방법에 관하여는 고객의 결정이 있어야 한다. <개정 1991.12.31>
② 증권회사는 제1항의 규정에 의하여 유가증권의 매매에 관하여 고객으로부터 일임받아 이를 매매거래(이하 "일임매매"라 한다)하는 경우에는 선량한 관리자로서의 주의를 다하여야 하며, 다음 각 호의 행위를 하여서는 아니된다. <신설 2004.1.29>

1. 고객의 자기판단과 자기책임에 의한 투자원칙에 반하여 일임매매에 관한 위탁을 권유하거나 위탁받는 행위
2. 위탁받은 취지와 위탁받은 금전 및 유가증권의 규모에 비추어 지나치게 자주 매매거래를 하는 행위
3. 자기 또는 제3자의 이익을 위하여 일임매매를 이용하는 행위
③ 증권회사가 제1항의 규정에 의하여 유가증권의 매매거래를 하는 경우에는 총리령이 정하는 바에 따라야 한다. <개정 1991.12.31, 1997.1.13, 1998.5.25, 2008>

</td><td>

자본시장법

제2절 금융투자업자별 영업행위 규칙
제1관 투자매매업자 및 투자중개업자의 영업행위 규칙
제71조(불건전 영업행위의 금지) 투자매매업자 또는 투자중개업자는 다음 각 호의 어느 하나에 해당하는 행위를 하여서는 아니 된다. 다만, 투자자 보호 및 건전한 거래질서를 해할 우려가 없는 경우로서 대통령령으로 정하는 경우에는 이를 할 수 있다. <개정 2009.2.3>
6. 투자자로부터 금융투자상품에 대한 투자판단의 전부 또는 일부를 일임받아 투자자별로 구분하여 금융투자상품을 취득·처분, 그 밖의 방법으로 운용하는 행위. 다만, 투자일임업으로서 행하는 경우와 제7조제4항에 해당하는 경우에는 이를 할 수 있다.

제7조(금융투자업의 적용배제) ④ 투자중개업자가 투자자의 매매주문을 받아 이를 처리하는 과정에서 금융투자상품에 대한 투자판단의 전부 또는 일부를 일임받을 필요가 있는 경우로서 대통령령으로 정하는 경우에는 투자일임업으로 보지 아니한다.

</td></tr>
<tr><td>

증권거래법 시행규칙

제20조의2(일임매매의 방법등) ① 법 제107조제3항의 규정에 따라 증권회사가 일임매매를 하는 경우에는 사전에 고객과 서면에 의한 계약을 체결하고, 그 계좌의 관리자를 지정하여

</td><td>

자본시장법 시행령

제7조(금융투자업자의 적용배제) ② 법 제7조제4항에서 "대통령령으로 정하는 경우"란 투자중개업자가 따로 대가 없이 금융투자상품에 대한 투자판단(법 제6조 제6항에 따른 투자판단

</td></tr>
</table>

야 한다. 이 경우 일임매매의 계약기간은 1년 이내로 하고, 일임종목수는 10종목 이내로 하여야 한다.

② 법 제107조 제3항의 규정에 따라 증권회사가 일임매매를 한 경우 그 고객의 성명, 유가증권의 수량·가격·매매시기 등을 그 매매거래가 행하여진 날이 속하는 달의 다음달 10일까지 금융감독위원회와 거래소에 각각 보고하여야 한다.

③ 일임매매의 계약서의 서식, 계좌관리자의 지정 및 관리, 일임매매에 관한 보고, 그 밖에 일임매매에 관하여 필요한 세부사항은 금융감독위원회가 정한다.

선물거래법

제4장 선물업
제48조(임직원의 거래제한등)

② 선물업자는 위탁자로부터 선물거래의 위탁을 받는 경우 그 수량·가격 및 매매의 시기에 한하여 그 결정을 일임받아 선물거래를 할 수 있다. 이 경우 거래품목의 종류 및 거래방법에 관하여는 위탁자의 결정이 있어야 한다.   <개정 2004.1.29>*

③ 선물업자는 제2항의 규정에 의하여 선물거래에 관하여 위탁자로부터 일임받아 선물거래(이하 이 조에서 "일임선물거래"라 한다)를 하는 경우에는 선량한 관리자로서의 주의를 다하여야 하며, 다음 각호의 행위를 하여서는 아니된다.   <신설 2004.1.29>

1. 위탁자의 자기판단과 자기책임에 의한 투자원칙에 반하여 일임선물거래에 관한 위탁을 권유하거나 위탁받는 행위

2. 위탁받은 취지와 위탁받은 금전의 규모에 비추어 지나치게 자주 선물거래를 하는 행위

3. 자기 또는 제3자의 이익을 위하여 일임선물거래를 이용하는 행위

④ 선물업자가 제2항의 규정에 의하여 일임선물거래를 하는 경우에는 총리령이 정하는 바에 따라야 한다.   <신설 2004.1.29, 2008.2.29>
* 2004.1.29. 개정 전 선물거래법에서는 일체의

을 말한다. 이하 같다)의 전부나 일부를 일임받는 경우로서 다음 각 호의 어느 하나에 해당하는 경우를 말한다.

1. 투자자가 금융투자상품의 매매거래일(하루에 한정한다)과 그 매매거래일의 총매매수량이나 총매매금액을 지정한 경우로서 투자자로부터 그 지정 범위에서 금융투자상품의 수량·가격 및 시기에 대한 투자판단을 일임받은 경우

2. 투자자가 여행·질병 등으로 일시적으로 부재하는 중에 금융투자상품의 가격 폭락 등 불가피한 사유가 있는 경우로서 투자자로부터 약관 등에 따라 미리 금융투자상품의 매도 권한을 일임받은 경우

3. 투자자가 금융투자상품의 매매, 그 밖의 거래에 따른 결제나 증거금의 추가 예탁 또는 법 제72조에 따른 신용공여와 관련한 담보비율 유지의무나 상환의무를 이행하지 아니한 경우로서 투자자로부터 약관 등에 따라 금융투자상품의 매도권한(파생상품인 경우에는 이미 매도한 파생상품의 매수권한을 포함한다)을 일임받은 경우

4. 투자자가 투자중개업자가 개설한 계좌에 금전을 입금하거나 해당 계좌에서 금전을 출금하는 경우에는 따로 의사표시가 없어도 자동으로 법 제229조 제5호에 따른 단기금융집합투자기구(이하 "단기금융집합투자기구"라 한다)의 집합투자증권 등을 매수 또는 매도하거나 증권을 환매를 조건으로 매수 또는 매도하기로 하는 약정을 미리 해당 투자중개업자와 체결한 경우로서 투자자로부터 그 약정에 따라 해당 집합투자증권 등을 매수 또는 매도하는 권한을 일임받거나 증권을 환매를 조건으로 매수 또는 매도하는 권한을 일임받은 경우

5. 그 밖에 투자자 보호 및 건전한 금융거래질서를 해칠 염려가 없는 경우로서 금융위원회가 정하여 고시하는 경우

일임매매를 금지하고 있었음.

[증권업감독규정]

제4-49조(일임매매계약의 체결) ① 증권회사가 유가증권의 수량, 가격 및 매매시기의 결정을 일임받아 매매거래를 하고자 할 때에는 다음 각 호의 사항이 포함된 약정서에 의하여 고객과 계약을 체결하여야 한다.
1. 일임의 범위
2. 일임계약의 존속기간
3. 일임매매관리자
4. 일임계약의 변경 및 해지방법
5. 매매손익의 고객에의 귀속 및 손실보전·이익보장금지
6. 약정시 기재사항이외의 계약내용은 무효라는 뜻

② 제1항 제1호의 일임의 범위는 유가증권매매의 수량·가격·매매시기의 전부 또는 일부인지 여부를 명확히 표시하여야 한다.
③ 제1항 제3호의 일임매매관리자는 당해 계좌가 개설되어 있는 영업점의 임직원중에서 지정되어야 한다.
제4-50조(일임매매계좌의 관리) ① 제4-49조의 규정에 의하여 일임매매계약을 체결한 증권회사는 일임매매계좌를 일반계좌와 구분하여 관리하여야 하며, 일임매매계약이 만료될 때에는 일반계좌로 관리하여야 한다.
② 증권회사는 매달 말일을 기준으로 하여 다음달 10일까지 영업점별로 일임매매상황을 감독원장에게 보고하여야 한다.

[유가증권시장업무규정](2008.9.30.규정 제377호)
제6장 매매거래의 수탁
제1절 수탁의 방법 및 조건
제78조(약관의 기재사항등) ① 회원은 다음 각 호의 사항이 기재된 약관을 정하여야 한다.
<개정 2005.5.13>
5. 일임매매거래의 제한 및 임의매매의 금지에 관한 사항

[금융감독업규정]에서 일임매매계약체결 규정 빠짐.

[유가증권시장업무규정](2012.10.17.규정 제871호)
제78조(약관의 기재사항등) ① 회원은 다음 각 호의 사항이 기재된 약관을 정하여야 한다.
5. 임의매매의 금지에 관한 사항
(일임매매거래의 제한에 관한 사항은 빠짐.)

투자일임업자로서 포괄적 일임매매허용 규정	
[증권거래법] **제5장 증권업** **제2절 건전영업질서의 유지** **제51조** (겸업의 제한) ① 증권회사는 다음 각 호의 업무외의 다른 업무를 겸영하지 못한다. <개정 2008.2.29> 1. 금융업(이 법 또는 금융관련법령에서 규정하고 있는 업무를 말한다. 이하 이 조에서 같다)으로서 해당법령에서 증권회사가 영위할 수 있도록 한 업무 2. 대통령령이 정하는 금융업으로서 그 업무의 성격상 증권회사가 겸업하는 것이 가능하다고 금융위원회가 인가한 업무 ② 증권회사가 제1항제2호의 규정에 의한 금융업으로서 이 법 또는 다른 법령에 의하여 금융위원회의 허가 또는 인가를 받거나 금융위원회에 등록을 한 업무는 제1항제2호의 규정에 의한 금융위원회의 인가를 받은 것으로 본다. <개정 2008.2.29> **[증권거래법 시행령]** **제5장 증권업** **제36조의2(증권회사의 업무범위)** ① 법 제51조 제1항제2호에서 "대통령령이 정하는 금융업"이란 다음 각 호의 업무를 말한다. 3. 「간접투자자산운용업법」 제2조제6호의 규정에 의한 투자일임업 **[구 간접투자자산운용업법]** **제1장 총칙** **제2조(용어의 정의)** 6. "투자일임업"이라 함은 고객으로부터 투자자문자산의 가치 등의 분석에 기초한 투자판단의 전부 또는 일부를 일임받아 그 자를 위하여 투자하는 영업을 말한다.	**[자본시장법]** **제1편 총칙** **제6조(금융투자업)** ① 이 법에서 "금융투자업"이란 이익을 얻을 목적으로 계속적이거나 반복적인 방법으로 행하는 행위로서 다음 각 호의 어느 하나에 해당하는 업(業)을 말한다. 5. 투자일임업 ⑦ 이 법에서 "투자일임업"이란 투자자로부터 금융투자상품에 대한 투자판단의 전부 또는 일부를 일임받아 투자자별로 구분하여 금융투자상품을 취득·처분, 그 밖의 방법으로 운용하는 것을 영업으로 하는 것을 말한다. 제3관 투자자문업자 및 투자일임업자의 영업행위 규칙 **제98조(불건전 영업행위의 금지)** ② 투자일임업자는 투자일임재산을 운용함에 있어서 다음 각 호의 어느 하나에 해당하는 행위를 하여서는 아니 된다. 다만, 투자자 보호 및 건전한 거래질서를 해할 우려가 없는 경우로서 대통령령으로 정하는 경우에는 이를 할 수 있다. 10. 그 밖에 투자자 보호 또는 건전한 거래질서를 해할 우려가 있는 행위로서 대통령령으로 정하는 행위 **[자본시장법 시행령]** **제99조(불건전 영업행위의 금지)** ④ 법 제98조 제2항 제10호에서 "대통령령으로 정하는 행위"란 다음 각 호의 어느 하나에 해당하는 행위를 말한다. 3. 투자일임의 범위, 투자목적 등을 고려하지 아니하고 투자일임재산으로 금융투자상품을 지나치게 자주 매매하는 행위
벌칙규정	
[증권거래법] **제208조(벌칙)** 다음 각호의 1에 해당하는 자는 3년 이하의 징역 또는 2천만원 이하의 벌금에 처	**[자본시장법]** **제444조(벌칙)** 다음 각 호의 어느 하나에 해당하는 자는 5년 이하의 징역 또는 2억원 이하의 벌

한다. <개정 1982.3.29, 1987.11.28, 1991.12.31, 1994.1.5, 1997.1.13, 1998.1.8, 1999.2.1, 2000.1.21, 2003.10.4, 2004.1.29, 2008.2.29>
3. 제63조·제95조 제1항·제107조 제1항 또는 제173조의3의 규정에 위반한 자-일임매매제한 위반시

제213조 과태료 ② 다음 각 호의 1에 해당하는 자는 <u>500만원 이하의 과태료</u>에 처한다. <개정 1997.1.13, 1998.1.8, 1998.2.24, 1999.2.1, 2002.1.26, 2003.10.4, 2003.12.31, 2004.1.29>

1. 제17조(제27조의2에서 준용하는 경우를 포함한다)·제36조·제46조 또는 제107조 제2항·제3항의 규정에 위반한 자 - <u>일임매매의 선관의무, 과당매매 등 금지행위 및 방법 위반시</u>

제214조(징역과 벌금의 병과) ① 제207조의2 내지 제210조에 규정하는 죄를 범한 자에게는 징역과 벌금을 병과할 수 있다. <개정 1997.1.13>

제215조(양벌규정) 법인의 대표자, 법인 또는 개인의 대리인·사용인 기타 종업원이 그 법인 또는 개인의 업무에 관하여 제207조의2 내지 제212조의 위반행위를 한 때에는 행위자를 벌하는 외에 그 법인 또는 개인에 대하여도 각 해당 조의 벌금형을 과한다. <개정 1997.1.13>

금에 처한다. <개정 2009.2.3>

8. 제71조(제7호를 제외한다), 제85조(제8호를 제외한다), 제98조 제1항(제101조 제4항에서 준용하는 경우를 포함한다)·제2항(제10호를 제외한다) 또는 제108조(제9호를 제외한다)를 위반하여 각 해당 조항 각 호의 어느 하나에 해당하는 행위를 한 자

제447조(징역과 벌금의 병과) ① 제443조부터 제446조까지의 규정에 해당하는 죄를 범한 자에게는 징역과 벌금을 병과할 수 있다.

제448조(양벌규정) 법인(단체를 포함한다. 이하 이 조에서 같다)의 대표자나 법인 또는 개인의 대리인, 사용인, 그 밖의 종업원이 그 법인 또는 개인의 업무에 관하여 <u>제443조부터 제446조까지</u>의 어느 하나에 해당하는 위반행위를 하면 그 행위자를 벌하는 외에 그 법인 또는 개인에게도 해당 조문의 벌금형을 과(科)한다. 다만, 법인 또는 개인이 그 위반행위를 방지하기 위하여 해당 업무에 관하여 상당한 주의와 감독을 게을리하지 아니한 경우에는 그러하지 아니하다.

제449조(과태료) ① 다음 각 호의 어느 하나에 해당하는 자에 대하여는 <u>5천만원 이하</u>의 과태료를 부과한다. <개정 2009.2.3, 2010.3.12>
29. 제71조(제7호에 한한다), 제85조(제8호에 한한다), <u>제98조 제2항(제10호에 한한다)</u> 또는 제108조(제9호에 한한다)를 위반하여 각 해당 조항의 해당 호에 해당하는 행위를 한 자

별첨 4-2

관련판례: 일임과당매매

1. 과당매매로 인한 재산상 손해의 산정기준
특별한 사정이 없는 한 예탁금 총액에 주가지수변동률을 곱하여 주가하락이 반영된 예탁금 총액을 산출한 후 거래종료시 계좌평가액 및 거래비용을 공제하는 방식이 논리적이라고 본 사례

1. 사건의 개요

❖ 원고는 지인에게서 피고직원을 소개받아 790,368,837원을 맡기며 주식거래를 일임하였는데 약 1년 3개월간의 매매로 733,016,726의 손실이 발생함

2. 주요 쟁점

❶ 과당매매로 인한 충실의무 위반 여부
❷ 과당매매로 인한 손해금액 및 피고회사 책임비율

3. 소송의 경과

서울지방법원 2002.12.5. 선고 2001가합37489 판결: 원고 일부 승
[원고: 고객 ↔ 피고: 증권회사, 직원]
서울고등법원 2003.12.9. 선고 2003나15527 판결: 항소 기각
[원고, 피항소인 겸 항소인: 고객 ↔ 피고, 항소인겸피항소인: 증권회사, 직원]
대법원 2007.4.12. 선고 2004다4980 판결: 파기환송
[원고, 상고인 겸 피상고인: 고객 ↔ 피고, 피상고인 겸 상고인: 증권회사, 직원]
서울고등법원 2007.9.19. 선고 2007나39422 판결: 원고 일부 승
[원고, 피항소인 겸 항소인: 고객 ↔ 피고, 항소인 겸 피항소인: 증권회사, 직원]
대법원 2008.2.1. 선고 2007다76740 판결: 심리불속행기각
[원고, 상고인: 고객 ↔ 피고, 피상고인: 증권회사, 직원]

4. 판결의 요지

❶ 과당매매의 성립 여부(원심, 항소심, 상고심 동일)

❖ 거래기간 및 매매회수, 동일 종목의 매수·매도를 반복한 사실, 거래기간 중 연평균 거래회전율, 손실액 대비 거래비용의 비중 및 원고에게 구체적 거래 내역 등을 통보하지 않은 사정 등을 고려하면 원고에 대한 충실의무를 위반 하여 무리하게 빈번한 회전매매를 한 결과 고객인 원고에게 손해를 입힌 것 이므로 과당매매행위로서 불법행위가 성립함

❷ 과당매매로 인한 손해금액 및 피고회사 책임비율

가. 제1심

❖ 피고직원의 과당매매로 인한 원고의 손해는 계좌입금액 790,368,837원에서 거래중단시 평가액 57,352,111원을 제외한 나머지 733,016,726원이고 원고의 과실비율(40%)에 해당하는 금액을 차감한 439,810,035원을 배상하여야 함

나. 항소심

❖ 원고가 예탁한 총액은 790,368,837원, 과당매매 거래종료 당시 계좌평가액 은 57,352,111원, 과당매매 기간 중 원고 계좌의 연평균 거래회전율은 3,966.96%(상장주식 연평균 시가총액 회전율은 270.53%), 거래비용은 293,557,475원, 일임기간 동안 증권시장 전체의 장세 하락으로 인해 거래소 종합주가지수는 967.05에서 531.59로 하락한 사실이 인정됨

❖ 과당매매로 인한 손해를 거래비용 손해 및 거래 순손실 손해로 구분하여, 거래비용의 경우 정상적인 거래가 있었을 경우 고객이 부담하였을 금액을 초과하는 부분이 과당매매와 상당인과관계가 있는 손해이고, 거래 순손실 의 경우는 주가하락에 의해 발생한 손해를 추출해 낸 부분이 과당매매와 상 당인과관계 있는 손해이므로, 전체 거래비용 중 상장주식 시가총액 회전율 을 기준으로 할 때의 거래비용을 초과하는 부분에 해당하는 273,538,089원 {=293,557,475×(3,966.96−270.53)/3,966.96} 상당의 거래비용 손해와, 위 예탁금 총액에서 잔고 평가액과 전체 거래비용을 뺀 439,459,251원(= 790,368,837−57,352,111−293,557,475)에 주가지수변동률(531.59/967.05)을 곱한 금액 241,571,938원을 합친 515,110,027원이 이 사건 과당매매와 상당

인과관계가 있는 손해이며, 이 금액에 피고회사 책임비율 70%(원고 과실비율 30%)를 곱한 360,576,983원으로 손해배상금액을 산정함

다. 상고심

❖ 주가하락의 영향을 반영하여 거래 순손실 중에서 과당매매로 인한 손해만을 산정한다고 하더라도, 특별한 사정이 없는 한은 예탁금 총액에 주가지수 변동률을 곱하여 주가하락이 반영된 예탁금 총액을 산출한 후 거기에서 잔고 평가액과 거래비용을 공제하는 방식이 논리적이라 할 것임

❖ 예탁금 총액에서 잔고 평가액과 전체 거래비용을 뺀 금액을 기준으로 하여 그 금액에 주가지수변동률을 곱하는 방식은, 주가하락이 이미 반영되어 있는 잔고평가액에 대하여는 이중으로 주가하락을 반영하는 한편 거래비용 손해 산정시 이미 지출된 것으로 간주되어 더 이상 주가하락으로 인한 영향을 반영할 필요가 없는 전체 거래비용에 대하여도 주가하락을 반영하는 결과가 되어 논리칙상 승인되기 어려움

라. 환송 후 항소심

❖ (계좌 입금총액 − 정상거래 후 예상손실[A] − 정상거래시 예상 거래비용[B])으로 과당매매로 인한 손해를 계산하고 피고회사 책임비율 70%를 곱한 금액으로 손해배상금액을 산정함

    A) 계좌입금액 × [(코스피지수 변동률) × (코스피 종목 거래대금 비중) +
                (코스닥지수 변동률) × (코스닥 종목 거래대금 비중)]

    B) (총거래비용) × (상장주식 연평균 회전율) / (원고 계좌 연평균 회전율)

2. 구간별 과당매매 판단

일부구간의 과당성이 감소되었고 협의나 보고가 있었다고 하더라도 계좌지배성이 중단되었다고 보기 어려운 경우 구간별로 과당성을 판단할 것은 아니라고 본 사례

1. 사건의 개요

❖ 원고는 2009.3.24.부터 2012.9.20.까지 피고 회사에 총 2억 5,000원을 입금하고 피고직원에게 주식거래를 일임하였으나 총 161,650,932원의 손실이 발생함

❖ 원고는 2010.4.12. 이 사건 계좌의 잔고가 161,895,643인 것을 확인하고 피고 직원으로부터 '2010.12.27.까지 계좌 평가총액이 2억 4,000원이 되도록 할 것을 확약'하는 각서를 교부받고 계좌를 계속 일임한 바 있음

2. 주요 쟁점

❶ 일임매매 입증책임

❷ 과당매매 해당여부: 구간별 과당매매 주장에 대한 판단

❸ 과당매매로 인한 손해배상청구권의 묵시적 포기

❹ 손해액 산정: 주가상승분 반영, 정상적인 거래비용 공제 판단

3. 소송의 경과

부산지방법원 2014.10.16. 선고 2013가합1917 판결: 원고 일부 승, 확정
[원고: 고객 ↔ 피고: 증권회사, 직원]

4. 판결의 요지

❶ 일임매매 입증책임

❖ 고객이 임의매매라고 주장하면서 불법행위에 기한 손해배상을 구함에 대하여 증권회사가 그것이 고객으로부터의 포괄적 위임에 기한 일임매매라고 다투는 경우, 증권회사의 직원이 임의로 유가증권을 매매하였다는 위법행위는 불법행위에서의 법리에 따라 고객이 일응 그 입증책임을 부담

❷ 과당매매의 성립 여부

❖ **(관련 법리)** 거래기간 및 매매회수, 동일 종목의 매수·매도를 반복한 사실, 거래기간 중 연평균 거래회전율, 손실액 대비 거래비용의 비중 및 원고에게 구체적 거래내역 등을 통보하지 않은 사정 등을 고려하면 원고에 대한 충실의무를 위반하여 무리하게 빈번한 회전매매를 한 결과 고객인 원고에게 손해를 입힌 것이므로 과당매매행위로서 불법행위가 성립함

❖ **(과당성 판단 지표)** 3년 7개월(43개월) 동안 매매횟수 1,953회, 연평균 매매회전율 3,810%, 투자수익률 −73%(해당기간 종합주가지수 62.915% 상승), 투자손실액 대비 수수료율 101%, 투자손실액 대비 거래비용률 131% 등을 고려하면 과당매매 해당

❖ **(구간별 과당성 판단 여부)** 일부구간에서 주식매매가 전혀 없었다고 하더라도 그 전후의 주식매매를 종합하여 과당성을 판단하여야 하고, 피고가 작성한 각서에는 주식매매양태에 관한 내용은 없고 손실보전에 관한 사항만 기재되어 있으며, 협의나 보고가 있었다고 하더라도 증권회사의 계좌지배성을 부정하여서는 안 된다는 점을 고려하면 과당성이 명백히 드러난 1구간의 과당매매가 연속되어 나머지 구간의 과당매매로 이어진 것으로 보아야 함

❸ 과당매매로 인한 손해배상청구권의 묵시적 포기

❖ **(관련 법리)** 단순히 고객이 계좌의 거래 내용과 손실발생 여부를 알고서도 증권업자에게 아무런 이의를 제기하지 않았다는 사정만으로는 부족하고, 고객이 이의를 제기하지 않은 경위 등 그러한 행위를 하게 된 전후 사정뿐만 아니라 그와 같은 행위를 함에 있어서 고객이 증권업자에 대하여 손해배상청구권을 행사할 수 있음에도 불구하고 이를 포기한다는 점을 충분히 인식할 수 있는 상황에 있었는지, 고객이 손해배상청구권을 포기할 만한 동기나 형평상의 이유가 있었는지 여부 등의 여러 사정을 종합적으로 검토하여 신중하게 판단하여야 함

❖ 각서를 교부받고도 계속해서 피고 직원에게 이 사건 계좌의 관리를 맡긴 사실만으로 손해배상채권을 포기하였다고 보기 어렵고 오히려 위 각서의 교부를 통해 이의를 제기한 것으로 보아야 함

❹ 손해액 산정: 주가상승분 반영 여부, 정상적인 거래비용의 공제 판단

❖ 과당매매로 인한 손해: 161,650,932원(최초 투자금액−원고 중간인출금액−

이 사건 계좌 최종 잔고)

❖ 과당매매기간 동안 주가상승분을 반영하여 손해를 산정하여야 한다는 것은
과당매매 전후의 자산액이 오히려 증가한 경우에도 수익률이 주가상승부에
미치지 못하면 손해를 인정하여야 한다는 논리이므로 받아들일 수 없음

3. 원고의 단기매매 주문 사실 있는 경우 과당매매 판단
원고가 단기매매를 할 것을 주문한 등의 사정이 있는 경우 매매회전율, 거래기간과 매매횟수,
손해액에서 수수료액이 차지하는 비율만으로는 충실의무를 위반하였다고 볼 수 없다는 사례

1. 사건의 개요

❖ 원고는 2008.2.19. 피고회사에서 이 사건 증권계좌를 개설하고 같은 달 29.
이 사건 계좌를 신용개좌로 설정하고 피고 박○○이 계좌를 관리하였음
❖ 원고는 이 사건 계좌에 2억 20만원을 입금하였고 박○○는 2008.2.21.~
2009.10.21.까지 원고의 예탁금과 신용융자 등을 통해 주식과 주식워런트증
권(ELW)에 투자하였음

2. 주요 쟁점

❶ 신용거래 관련 임의매매 인정 여부
❷ 과당성 인정 여부: 원고가 단기매매를 주문하는 등 단기매매가 이루어져
야 할 사정이 있는 경우 충실의무 위반 인정 여부

3. 소송의 경과

서울남부지방법원 2013.10.4. 선고 2011가합24662 판결: 원고 패
[원고: 고객 ↔ 피고: 증권회사, 직원]
서울고등법원 2014.10.16. 선고 2013나70486 판결: 항소기각, 확정
[원고, 항소인: 고객 ↔ 피고, 피항소인: 증권회사, 직원]

4. 판결의 요지(1심, 항소심 동일)

❶ 신용거래 관련 임의매매 인정여부

❖ 원고의 신용거래 금지 지시에도 불구하고 신용거래를 한 후 이를 인정하는
확인서를 작성한 사실이 있음에도 불구하고, 원고가 이 사건 계좌를 신용거
래계좌로 설정한 사실, 신용융자로 주식매수한 전후에 걸친 보고에 아무런
이의를 제기하지 아니하고 오히려 추가 매수의견을 제시한 사실, 사실확인
서 교부 이후 박○○가 타 증권회사로 이직한 후에도 기존과 같은 방식으
로 박○○에게 계좌관리를 맡긴 사실 등에 비추어 원·피고 사이에 신용거

래를 포함한 주식매매에 관하여 포괄적 투자일임약정이 있었고 신용거래 금지 후 신용융자로 매수한 주식의 손실발생 전까지는 별다른 이의제기가 없었던 점 등을 종합하여 박○○에게 신용거래권한이 다시 부여되었다고 판단

❷ 과당성 인정 여부

❖ 한국거래소 시장감시위원장에 대한 감정촉탁결과에 따르면 168거래일 동안 매매횟수가 260회, 매매회전율이 약 973.29%, 손해액에서 수수료가 차지하는 비율이 24.2%로 인정됨

    — 위 감정촉탁 결과에 더하여, 원고가 주식거래내역을 상세하게 알고 있었음에도 아무런 이의를 제기하지 않고 오히려 단기매매를 할 것을 주문하며 수수료가 많이 나가도 수익만 나면 괜찮다는 취지의 말을 한 사실, 매매회전율이 높은 시기는 ELW에 투자하던 시기였던 사실, 단기매매로 손실이 난 경우는 수수료율이 높을 수밖에 없는 사실 등을 고려하면 거래기간과 매매횟수 및 매매회전율, 수수료가 차지하는 비율 등만으로는 충실의무 위반한 빈번한 회전매매로 볼 수 없음

별첨 4-3 과당매매 관련 과실상계 비율 판례 정리

과실비율	번호	사건번호	과실상계사유
30%	1	서울고법 2007나39422	• 금지되는 포괄일임매매에 위임 • 잔고통보를 거절하였고 관리감독 소홀 • 손해확대재수혜에도 불구하고 투자행위 제거하지 않고 손실보전만을 요구하는 등 투자자로서의 기본적인 책임도 다하지 아니한 점
	2	서울고법 2002나47694	• 금지되는 포괄일임매매에 위임 • 거래내역을 알 수 있었음에도 비정상적인 주식거래 중단시키지 아니한 점
	3	2004다4980	• 서면에 의한 잔고통보를 거절 • 관리감독 소홀
40%	4	서울중앙지법 2013가합1193	• 금지되는 포괄일임매매에 위임 • 거래내역을 알 수 있었음에도 비정상적인 주식거래를 중단시키지 아니한 점
	5	서울남부지법 2002가합11701	• 포괄적 일임 후 사후관리 소홀 • 정상적인 주식거래와 과당매매 명백히 구분하는 것이 불가능
	6	서울중앙지법 2001가합37489	• 금지되는 포괄일임매매에 위임 • 잔고통보를 거절하였고 관리 감독 소홀
50%	7	2003나12030 (파기환송 전 항소심)	• 거래내역을 잘 알고 있었음에도 이의를 제기하지 아니한 점 • 추가입금 후에도 지속적인 손해를 입었음에도 계속 위임
	8	2002나74413	• 손심인지 후 거래중지하지 않음 • 전반적인 하락장세

과실비율	번호	사건번호	과실상계사유
	9	2005다16775	• 거래내역 보고받아 잘 알고 있었음에도 이의제기하지 않음 • 추가 입금 후 지속적인 손실을 입었음에도 임의관계 지속
	10	서울고법 2012나47694	• 월간거래 및 잔고내역을 통보받았음에도 관리감독 소홀 • 투자를 제지하지 않고 방치하는 등 투자자로서의 기본적인 책임을 다하지 아니한 점 • 금지되는 포괄적 임의매매를 한 점 • 상장폐지된 점
60%	11	서울남부지법 2008가합17336	• 주식투자 수익금 일부 인출 • 손실이 상당부분을 차지하는 주식이 투기성 주식임을 설명하였던 점 • 포괄적 임의매매 후 사후관리 및 감독소홀
	12	2010가합1191	• 주식투자 경험이 전무함에도 피고의 말만 믿고 포괄일임 • 거래중지 등 손실확대 방지를 위한 적극적인 조치를 취하지 아니한 점 • 손해액 속에 적절한 거래를 하였더라도 피할 수 없었던 손실부분도 포함
	13	2003나73929	• HTS를 사용하면서도 거래내역 확인 소홀 • 손실확인 후에도 제2계좌 통한 임의관계 지속 • 전반적인 하락장세
70%	14	대구지법 2011가합5985	• 10년이 넘는 투자경험 • 계좌를 포괄일임한 점 • 손실에도 불구하고 계속하여 일임 • 직업 및 교육정도, 투자경험에 비추어 위험성 인식하고 스스로 검토능력이 있음에도 제대로 확인하지 아니한 점 • 금융위기
	15	2007나118714 (파기환송 후)	<책임의 제한> • 금지되는 포괄일임을 한 점

과실비율	번호	사건번호	과실상계사유
		항소심, 2003나12030판결)	• 거래내역을 잘 알고 있었음에도 비정상적인 주식거래를 중단시키지 아니한 점 • 추가입금 후에도 지속적인 손해를 입었음에도 거래를 계속 위임 <책임의 감경> • 주식시장의 전체장세가 하락하여 정상적인 투자자라도 투자지수 하락률에 상응한 투자금 손실을 입을 수밖에 없었던 점 • 원고가 HTS를 통하여 직접 주식을 매매한 비율이 전체거래의 6.7%이고 원고가 피고에게 직접 매매를 지시한 부분은 손해액에서 제외되어야 하는 점
90%	16	대구지법 2012가합11819	• 잔고현황을 보고받았음에도 이의를 제기하지 아니한 점 • 큰 손실 후에도 위임 지속 • 선물옵션 경험이 전무함에도 무모하게 거래를 시작한 점 • 손실발생 후에도 필요한 조치를 취하지 아니한 점 • 손실회복을 목적으로 추가투자를 강행하는 등 투자자로서 기본책임을 다하지 아니한 점 • 손해액 속에 적절한 거래를 하더라도 피할 수 없었던 비용이 포함된 점 • 원고가 수익 중 일부를 인출한 점

별첨 4-4 과당매매 관련 과실상계 비율 조정례 정리

과실비율	과실상계 사유	사건번호
30%	• 주식거래에 있어 자기판단·자기책임 원칙을 소홀히 한 점 • 손실을 인지하고도 거래를 중단하지 않고 추가로 임금하여 손실을 확대시켰고 계좌관리·감독을 소홀히 한 점	거래소 제2010-78호
35%	• 자기판단·자기책임 원칙을 현저히 포함하여 포괄위임 • 거래내역 확인을 장기간 소홀히 한 점	거래소 제2013-74호
	• 다년간 주식투자 경험이 있는 투자자인 점 • 손해가 계속됨에도 막연히 시스템트레이딩에 의한 선물옵션 거래 수익률이 높다는 직원의 말만 믿고 손해확대를 방지하려는 아무런 조처를 취하지 않은 점	거래소 제2002-40호
40%	• 자기판단·자기책임 원칙에 반하여 직원에게 계좌관리를 전적으로 일임하고 거래내역 및 잔고확인을 게을리 한 점 • 주식투자경험이 상당한 자로 미수거래 및 단기매매를 선호하여 이를 직원에게 수시로 지시한 점	거래소 제2007-28호
	• 매매 일임 후 상당한 기간 동안 직원과 제좌운용 등에 대한상의를 전혀 하지 않은 점 • 월별 거래내역서가 124회 송달되었음에도 계좌관리를 소홀히 한 점	거래소 제2008-41호
	• 주식거래에 있어 자기판단·자기책임 원칙을 소홀히 한 점 • 손실을 인지하고도 거래를 중단하지 않고 추가로 임금하여 손실을 확대시켰고 계좌관리·감독을 소홀히 한 점	거래소 제2009-74호
	• 주식거래에 있어 자기판단·자기책임 원칙을 소홀히 한 점 • 손실방상사실 알고도 임읭지속	거래소 제2010-56호
	• 주식거래에 있어 자기판단·자기책임 원칙을 소홀히 한 점 • 과도한 매매에도 계좌관리 및 사후조치를 소홀히 한 점	거래소 제2012-53호
	• 자기판단 자기책임 원칙에 반하여 주식거래 포괄위임 • 손실에도 불구 임읭관계 지속적으로 유지·확대 • 해당기간 단기매매보다 5거래할 이상 거래 손실의 영향이 지배적이었던 점을 감안하되 • 불법적인 임읭행태 근절해야 할 피신청인 측의 내부통제책임이 가볍지 않은 점을 고려	거래소 제2014-35호

과실비율	과실상계 사유	사건번호
45%	• 주식거래에 있어 자기판단·자기책임 원칙을 소홀히 한 점 • 손실을 인지하고 중간에 제좌잔고를 줄곧 했고, 재임금하여 손실을 확대시켰고 제좌관리·감독을 소홀히 한 점	거래소 제2011-17호
	• 주식거래에 있어 자기판단·자기책임 원칙을 소홀히 한 점 • HTS를 통해 수시로 거래내역을 파악하였음에도 수익성 없는 단기매매를 제지하지 않고 관리를 소홀히 한 점 • 대부분 손실이 발생한 후 상당기간 지나서야 이의를 제기한 점 • 증권시장이 전반적인 하락 국면에 있었던 점	거래소 제2009-6호
50%	• 주식거래에 있어 자기판단·자기책임 원칙을 소홀히 한 점 • HTS를 통해 수시로 거래내역을 파악하였음에도 수익성 없는 단기매매를 제지하지 않고 관리를 소홀히 한 점	거래소 제2009-59호
	• 주식투자경험이 전혀 없어 매매를 일임했으나 고액을 투자했다면 관심을 가지고 감독하여야 함에도 제좌관리를 소홀히 한 점 • 거래내역을 증권사로부터 받고 직원에게 전화했음에도 자세한 내역을 알려고 하지 않고 직원이 손해를 확대시킨 점	금감원 제2002-25호
	• 자기책임원칙에 반하여도 주식매매거래 포괄 일임 • 손실인지하고도 제좌 관리감독 소홀	거래소 제2011-51호
	• 주식거래에 있어 자기판단·자기책임의 원칙을 소홀히 한 점 • HTS를 통해 수시로 거래내역을 파악하였음에도 수익성 없는 단기매매를 제지하지 않고 관리를 소홀히 한 점	거래소 제2011-103호
	• 주식투자 손실경험이 있고 금융기관종사자로서 자기책임의 원칙을 이해할 수 있는 지위에 있음에도 관련 직원에게 매매거래 임의 • 거래가 빈번하다는 사실 알면서도 관리감독 및 사후조치 소홀 • 제좌상태 임면서도 별다른 이의제기 및 조치를 취하지 아니한 점	거래소 제2012-66호
60%	• 자기책임원칙아래 투자위험성 등 파악한 뒤 투자해야 함에도 투자판단을 관련 직원에게 일임하여 거래 • 제좌잔고가 매월 통보되어 손실내역을 인지할 수 있었음에도 확인 게을리 한 점	거래소 제2014-97호
	• 주식거래에 있어 자기판단·자기책임 원칙을 소홀히 한 점 • 직원이 구체적 금액은 아니더라도 손해발생 사실을 보고하였음에도 거래를 중지하지 않고 손해를 회복할 수 있다는 직원의 말만 신뢰하여 만연히 거래를 지속한 점	거래소 제2003-12호

과실비율	과실상계 사유	사건번호
	• 다년간의 주식투자 및 약간의 선물투자 경험이 있는 투자자인 점 • 옵션거래 경험과 지식이 부족함에도 전략만 잘 짜면 안정적 수익을 올릴 수 있다는 직원의 말만 믿고 일임한 점 • 순해발생 사실을 듣고도 손해발생 방지조치를 취하지 않은 점	거래소 제2004-26호
	• 고객이 위탁증금을 투자하면서도 직원에게 매매거래를 포괄 일임한 점 • 지점 방문 및 거래내역을 통해 매달의 거래상황 및 손해 발생 사실을 알고도 거래중지나 이의제기 없이 오히려 순실을 회복시켜주겠다는 직원의 말만 믿고 2년 6개월 동안 일임매매를 계속 하도록 한 점	금감원 제2005-37호
	• 직원이 사실상 제좌를 지배했다 하더라도 빈번한 통화를 통해 거래가 이루어진 점 • 거래내역서나 직원과의 통화를 통해 거래상황을 확인하고 거래중지나 이의제기를 할 수 있었음에도 관리를 소홀히 한 점 • 시장이 전반적으로 하락 추세에 있었던 점	금감원 제2009-63호
	• 장기간 주식투자경험이 있음에도 자기책임원칙에 반하여 주식매매거래 임임 • 과도한 매매 인지함에도 적극적으로 제지하는 등 관리감독 및 사후조치 소홀 • 연금회복을 기대하며 임임관계 지속	거래소 제2012-53호
70%	• 다년간의 주식투자 경험이 있는 투자자인 점 • 선물거래로 손해가 발생했음에도 수회에 걸쳐 증거금 추가 입금한 점 • 손실보전각서를 요구하며 직원으로부터 각서를 받고 다시 추가 입금한 점 • 월간 거래내역서 및 지점 방문 등을 통해 거래상황을 어느 정도 확인하고 있었던 점	거래소 제2002-41호
	• 소프트웨어 관련 회사를 운영하며 주식투자경험(8년)이 풍부한 점 • 주식매매거래 임임 후 거래내역 확인을 게을리 한 점 • 투자원금 대부분 손실이 발생한 후 상당기간이 지나서야 손실을 인지하고 이의를 제기한 점	거래소 제2006-3호
	• 주식거래에 있어 자기판단·자기책임 원칙을 소홀히 한 점 • 손실을 인지하고도 거래를 중단하지 않고 추가로 임금하여 손실이 확대되었으며 제좌관리·감독을 소홀히 한 점 • 당시 시장이 전반적인 주가하락 추세인 점	거래소 제2010-14호

과실비율	과실상계 사유	사건번호
	• 타 증권사에서 매매손실을 경험하였음에도 계좌를 재차 개설하여 매매를 포괄 일임한 점 • 거래내역 확인에 주의를 기울여야 했음에도 거래현장 송부를 거절하는 등 금융법에 종사했던 자로서 재산관리를 소홀히 한 점	금감원 제2005-90호
	• 다년간 주식투자 경험으로 주식거래의 위험성을 상당 정도 인지할 수 있었음에도 포괄 일임한 점 • 잔고내역 통보나 지원의 전화보고를 통해 거래상황을 알 수 있었음에도 거래를 중지하거나 적극적으로 이의제기를 하지 않은 점	금감원 제2007-67호
80%	• 자기책임원칙에 반하여 투자판단을 관련 지원에게 일임 • HTS통하여 거래내역 확인했음에도 잘못 매매행위에 항의하지 않은 점 • 손실발행에도 불구 일임관계 유지 • 모든 손실의 발생 일임 과당매매로 돌리기 어려운 점 • 손실에는 신청인이 직접 매매한 야간선물옵션매매 손실분도 포함된 점 • 피신청인 내부통제 미비도 고려	거래소 제2015-6호
	• 자기책임원칙에 반하여 투자판단을 관련 지원에게 일임 • 매매내역을 받아 알고 있었음에도 수익을 바라며 일임을 지속 • 손실 대부분이 장기보유종목에서 발생하여 과당매매로 인한 손실은 제한적인 점 • 일임기간 손실의 대부분이 미국 신용등급하락으로 인한 시장하락의 영향이었던 점	거래소 제2013-2호

3. 임의매매

「자본시장과 금융투자업에 관한 법률」

제70조(임의매매의 금지) 투자매매업자 또는 투자중개업자는 투자자나 그 대리인으로부터 금융투자상품의 매매의 청약 또는 주문을 받지 아니하고는 투자자로부터 예탁받은 재산으로 금융투자상품의 매매를 하여서는 아니 된다.

제64조(손해배상책임) ① 금융투자업자는 법령·약관·집합투자규약·투자설명서(제123조 제1항에 따른 투자설명서를 말한다)에 위반하는 행위를 하거나 그 업무를 소홀히 하여 투자자에게 손해를 발생시킨 경우에는 그 손해를 배상할 책임이 있다.

제444조(벌칙) 다음 각 호의 어느 하나에 해당하는 자는 5년 이하의 징역 또는 2억원 이하의 벌금에 처한다.

7. 제70조를 위반하여 투자자로부터 예탁받은 재산으로 금융투자상품의 매매를 한 자

1 임의매매의 판단기준

투자자나 그 대리인으로부터 금융투자상품의 매매 청약 또는 주문을 받지 아니하고 그 투자자로부터 예탁받은 재산으로 금융투자상품의 매매를 하지 못함(자본시장법 제70조)

❖ 임의매매는 일임매매보다 위법성이 훨씬 크고 엄격히 금지됨

임의매매의 구체적 성립요건

❶ 위임약정의 부존재

❖ 실제 분쟁에서의 다툼은 고객과 증권회사 직원간의 매매권한의 위임여부에 집중되는 바, 고객으로부터의 **명시적 또는 묵시적인 위임이 없는 거래일 경우 임의매매 성립**[12](대판 95.10.12 94다16786, 대판 96.2.23 95다50981, 대판

---

12 임의매매와 일임매매 특히 "포괄적 일임매매"는 그 경계의 근접으로 인하여 해당유형의 판단이 모호할 뿐만 아니라 동일 분쟁에서 양자가 혼재하는 경우도 많아 실제 분쟁발생시 어느 유형에 관한 법률관계인가에 대하여 당사자의 주장이 대치하는 경우가 일반적이다. 이는 양자 중 어느 것에 해당하는가에 따라 증권회사의 손해배상책임이라든지 형사제재의 내용이 달라질 수 있기 때문이다. 판례의 입장은 고객이 증권회사에 대하여 임의매매로 인한 손해배상청구 주장을 할 경우 우선 위임관계의 존재여부 등 임의매매의 구성요건 충족여부를 고려하되 임의

99.9.28 98가단71772등 다수)

❖ (일임매매와 임의매매의 구분) 구체적인 상황을 종합적으로 파악하여 매매위탁이 존재하는가 여부에 달려 있음

- 포괄적 위임의 존부와 관련하여 판례는 고객이 인장을 직원에게 맡겨둔 행위를 포괄적 위임으로 추정(부산지법 93.11.5. 선고 93나12081 판결)
- 증권회사 직원이 임의매매사실을 시인하고 인정각서 또는 손실보전각서 등을 교부할 경우 임의매매 성립이 용이(서울고법 95.6.22. 선고 93나13997 판결)

❖ (입증책임) 증권회사가 포괄적 일임약정의 존재를 주장하는 경우, 임의매매에 대한 입증책임은 고객이 부담(대법원 2012.12.26. 선고 2012다77907 판결 등)

❖ (위임범위를 벗어난 경우 임의매매 성립)

- 현금거래만 위임한 경우 고객의 사전 승낙 없는 신용, 미수거래 등
- 회사채에 투자하라고 위임받은 부분까지 전부 주식에 투자한 경우(대구고법 2012.12.14. 선고 2012나4344 판결), 위임한 A전자, B증권 주식거래 이외의 주식을 거래한 경우 등(인천지법 2011.1.21. 선고 2010나9627 판결, 2010.6.24. 선고 2009가단43682 판결)
- 대리인이 본인의 의사에 반한 배임적 대리행위를 한 경우 증권회사 직원이 대리인의 배임적 대리행위를 알고도 매매를 계속한 경우 임의매매 인정(중앙지방법원 2015.10.15. 선고 2013가합4536 판결)

❖ (임의매매사실의 시인, 각서교부 등 증권회사 직원의 행태)

- 증권회사 직원이 임의매매사실을 시인하고 인정각서 또는 손실보전각서 등을 교부할 경우 임의매매 성립 용이(서울고법 95.6.22 93나13997)
- 한편 임의로 신용거래를 하였다는 사실확인서가 있으나 이와 상반되는 내용의 녹취록의 존재, 신용거래 직후 매수량 등을 확인하였음에도 이를 문제 삼지 않았던 점 등을 비추어 임의매매 부정한 판례도 있음(서울고법 2012.9.7. 선고 2012나30757 판결)

❷ 사후추인 사유의 부존재

❖ 임의매매를 사후에 추인할 경우 그 법률효과는 모두 고객에게 귀속되고 그

매매의 성립이 인정되지 않으면 명시적 또는 묵시적인 포괄적 약정 등의 존재사실이 인정되는지를 검토하여 해당사실이 인정되면 포괄적 일임매매의 성립을 긍정하고 있다(대판 96.2.23 95다50981, 서울고법 2000.1.14 99나36688 등에서 견지된 판례입장임).

임의매매행위는 불법행위를 구성하지 않게 됨으로써 손해배상청구를 할 수 없음(대법원 2003. 12. 26. 선고 2003다49542 등)

❖ 다만, 임의매매의 (묵시적) 추인이 인정되려면 <u>고객이 자신이 처한 법적 지위를 충분히 이해하고 진의에 기하여 당해 매매손실이 자기에게 귀속되는 것을 승인</u>하는 것으로 볼 만한 사정이 있어야 하고 또한 아래의 사정을 종합적으로 검토하여 신중하게 판단하여야 할 것임

(묵시적) 추인의 판단기준

• 고객이 임의매매 사실을 알고도 이의 제기 없이 방치하였는지 여부
• 임의매수에 대해 항의하면서 지체 없이 매도를 요구하였는지, 아니면 오히려 직원의 설득을 수용하여 주가 상승을 기다렸는지 여부
• 임의매도로 계좌에 입금된 매도대금을 인출하였는지 여부
• 신용으로 임의매수한 경우 그에 따른 미수금을 이의 없이 변제하거나, 미수금 변제독촉에 이의를 제기하지 않았는지 여부
• 임의매매에 대한 항의인지, 아니면 손실부분에 대한 사후대책논의인지 여부

사후추인 成否의 판결

사후추인 成否의 구체적 판결례

구분	사실관계	해당판례
사후추인O (임의매매X)	임의매수된 사실을 알고 해당주식을 바로 처분하지 않고 주가가 오르기만을 기다려 손해가 확대된 경우	서울고법 92나61760
	임의매매에 대하여 고객이 이의제기를 안하였을 뿐만 아니라 미수금 입금요청서류에 날인, 교부하여 줌	서울고법 92나27555
	임의매매 주장 기간 중 고객이 수회에 걸쳐 주식거래 및 입·출금을 행함	서울고법 99나36688
	직원의 임의거래에 따른 매도대금이 계좌입금될 때마다 고객이 이의 없이 수시로 금액 인출	대판 94다36216
	임의매수사실을 알고 항의하던 고객이 손실만회가 가능하다고 설득을 당하여 향후 거래까지 포괄적으로 위임	대판 99다62041
	손실이 발생하기 전에는 투자상담전화 외에 항의 없었고 손실 확대 후에도 임의매매에 대한 항의라기보다는 손실부분에 대한 사후대책을 논의함	서울남부 2012가합8445
	HTS로 거래내역 조회하면서도 직원에게 별다른 이의제기 없었고 그 후 직원과 통화하면서 매수종목 확인취지의 이야기 나눔	서울남부 2012가합 8476

사후추인X (임의매매O)	직원의 임의매도 이후 주식이 존재하는 것으로 오인한 상태에서의 원고의 매도승낙	서울고법 94나42824
	임의매매로 생긴 주식거래 미수금 및 신용융자금 700,548원 중 극히 소액인 36,100원을 입금	서울고법 93나13997
	무권대리행위 중 특정 무권대리행위만 추인한 경우(→그때까지 이루어진 무권대리 행위 전부를 추인한 것으로 볼 수 없음)	서울고법 93나13997
	직원의 임의매수로 손해가 발생한 사실을 알고는 직원이 손해를 책임지기로 약정한 시한까지 기다리기로 하고 미수금 중 일부를 입금	서울지법 99가합67166
	직원의 임의매수에 대해 책임이 있음을 분명히 하며 변상독촉 과정에서 직원의 부탁에 따라 주가변동을 관망할 수 있는 상당한 유예기간을 허락하거나 직원의 변명에 대해 주가상승의 개연성이 수긍된다는 취지의 말을 한 경우	서울고법 2001나58421
	임의매매를 알고 원상회복해 놓으면 그 동안의 거래에 대하여 문제삼지 않겠다고 말한 경우	대판 200349542
	매월 주식거래 내역 및 잔고 액수가 기재되어 있는 우편물을 수령하였고 피고와 주식거래에 관하여 대화한 날 이후에도 아무런 조치를 취하지 아니한 경우	인천지법 2010나9627

▒▒▒ 사후추인 成否의 관련 조정례

사후추인 成否 관련 조정例

구분	사실관계	사건번호
사후추인O (임의매매X)	임의매매사실 인지 후, 이에 대한 어떠한 이의제기 조치도 없었고, 17차례에 걸쳐서 매매대금을 입출금한 사실이 있음	한국거래소 제2006-08호
	사전동의여부가 불투명한 주식의 매수 사실을 인지한 이후, 고객이 자금이 필요하다는 이유로 직원에게 주식을 매도할 것을 지시한 경우	한국거래소 제2008-40호
	임의매수사실을 인지 후 이에 다한 별다른 이의제기 없이 1차례의 매도대금 이체출금 및 1차례의 창구출금이 있었음	한국거래소 제2008-33,39호
	직원의 설득에 임의매수 종목 보유를 승인하고 실제로 종목의 주가가 반등하자 별다른 이의를 제기하지 않음	한국거래소 제2012-35호
사후추인X (임의매매O)	사전보고 없는 선물거래에 대한 인지 직후 손해배상책임 요구	한국거래소 제2008-85호
	임의매매 사실에 대하여 즉각 항의하며 원상회복을 할 것을 요구하자, 직원이 특정일까지 배상할 것을 약속하는 각서를 교부함	한국거래소 제2007-48호
	매수직후 4차례에 걸쳐 임의매수사실에 대하여 문제를 제기하고 손해배상을 요구함. 손해배상청구 청구기간을 유예하는 의미에서 단기간(약 15일간) 주가상승을 기다리기로 한 경우	한국거래소 제2012-90호

2 임의매매로 인한 손해배상액의 범위

▨▨▨ **(차액설)** 증권회사 직원이 고객 주식을 일정기간 수차례 임의로 처분한 불법행위로 인한 재산상의 손해는 불법행위가 없었더라면 존재하였을 재산상태와 불법행위가 가해진 이후의 재산상태의 차이를 말함(대판 2006.1.26. 선고 2002다12659 판결)

손해액의 범위
= 임의매매가 없었던 상태의 계좌잔고(주식평가액 및 예탁금 등)
 - 임의매매사실을 고객이 인지하고 '이의제기한 당시'의 계좌잔고

▨▨▨ **(손해범위)** 각각의 임의매도에 따른 손해액은 특별한 사정이 없는 한 임의처분 당시의 시가를 기준으로 결정함(통상손해)

❖ 처분 후 주식 가격의 상승으로 인한 손해는 특별손해로서 증권회사가 주식을 처분할 때 주식 가격이 상승할 것이라는 사정을 알았거나 알 수 있었고 고객이 상승한 가격으로 주식을 매도하여 확실히 이득을 취득할 수 있었던 경우에 한하여 배상받을 수 있음(대판 93.9.28. 선고 93다26618 판결, 대판 95.10.12. 선고 94다16786 판결, 대판 2000.11.24. 선고 2000다1327 판결 등)
  - 다만, 고객의 입장에서 이러한 사실을 입증하기 곤란한 경우 주식반환청구(원물반환청구)로 대항할 수 있음

❖ 임의처분에 의한 고객의 배당금 미수령, 유·무상증자 미참여로 인한 손해는 통상손해로서 특별한 사정이 없는 한 손해배상액의 범위에 포함(대법원 95.10.12. 선고 94다16786 판결 등)

❖ 선물·옵션의 임의매매로 인한 재산상 손해는 임의매매를 시작한 날의 종가를 기준으로 한 위탁자 계좌의 포지션 평가액 및 예탁금 등의 잔고와 임의매매 및 손해의 발생 사실을 알고 문제를 제기할 당시의 종가를 기준으로 한 위탁자 계좌의 포지션 평가액 및 예탁금 등의 잔고의 차액으로 보아야 함(대판 2006.2.10. 선고 2005다57707 판결)

❖ 원고의 자금과 타인의 자금이 혼재된 경우, 임의매매가 밝혀진 날을 기준으로, 원고가 의뢰한 대로만 주식매매를 하고 임의매매를 하지 않았을 때의

원고의 주식 및 투자금의 잔고와 임의매매가 행하여 진 후 주식 및 투자금의 잔고의 차액이 손해배상금액이라고 판단(서울고등법원 2015.3.27. 선고 2013나79513 판결)

3 임의매매에서의 책임제한

▨ 임의매매는 과당일임매매 등보다는 증권회사 임직원의 위법성이 중대하므로 **고객의 과실상계비율이 과당일임매매보다는 낮게 인정됨**

▨ **(과실상계 사유)** 투자자 과실 및 경제급변 등 공평원칙에 근거한 과실상계 사유만 존재하고 자기책임원칙 위반은 찾기 어려움
 ❖ **(투자자 과실)** 투자자 과실 범주에는 지시사항의 불명확, 거래 미점검, 손실 보전 등 불법행위 방조에 따른 과실상계 사례가 있음
 ❖ **(공평의 원칙)** 시장급변 등 투자자의 과실에는 속하지 않지만 공평의 원칙에 따른 과실상계 사례

▨ **(과실상계 비율)** 임의매매는 다른 분쟁사유보다 가해자의 위법성이 중대하므로 상대적으로 낮은 10~50%의 범위 내에서 결정

▨ **(손익상계)** 임의매매로 이득이 발생하였다고 할지라도 고객이 추인하면 그로 인한 이득은 적법하게 고객에게 귀속되므로 그 이득을 손해산정에서 손익상계할 수 없음(대법원 2003.1.24. 선고 2001다2129 판결)

4 임의매매 관련 기타판례

▨ 임의매매로 인한 투자자손해와 관련 보증보험회사가 보험금을 지급한 후 직원에게 구상금청구소송을 제기한 사건에서
 ❖ **임의매매로 인한 손해는 고의로 인한 불법행위여서** 직원이 개인파산결정을

받았다 하더라도 **파산면책의 대상이 될 수 없다**고 판시(서울중앙지법 2012 가소890245, 서울중앙지법 2011가단241594)

별첨 5-1 임의매매 관련 과실상계 비율 판례 정리

과실비율	사건번호	과실상계사유
0%	서울고법 2005나5159	• 포괄적 임의매매가 아닌 상황에서 원고의 지시를 일방적으로 어긴 것이므로 원고의 과실이 있다고 할 수 없다. • 원고의 잘못보다 빈번한 거짓말을 하면서 상황을 끌고 간 피고의 잘못이 크다(제1불법행위인 과당매매의 경우 과실 30% 인정).
10%	서울고법 2006나126306	• 매도 매수시점을 구체적으로 지시하지 아니하고 단지 주식수를 늘리라는 지시만을 하는 등 위험성 있는 중단기 매매를 포함한 주식 거래에 있어서의 자기책임 원칙 위반
	서울고법 93나29961	• 주식거래의 경험이 많은 점 • 다량의 주식을 위탁하여 둔 자로서 주식의 수량변동 등을 파악할 수 있었음에도 이를 게을리한 채 장기간 방치
20%	대구고법 2012나4344	• 사채가 주식에 비하여 안정적이긴 하나 사채를 발행한 회사의 부도가능성을 배제할 수 없는 점 • 거래내역을 발송하여왔고 수시로 온라인상에서 거래내역 및 잔고조회가 가능했음에도 운용현황을 제대로 확인해보지 아니하여 손해의 확대에 기여
	서울고법 2000나145701	• 선물의 거래위험성이 크므로 계좌변동상황에 대하여 자주 확인하여야 하나 이를 확인하여 보지 아니한 사실
30%	서울고법 2003나71145	• HTS를 통한 잔고조회 등 손쉽게 임의매매사실을 발견할 수 있었음에도 장기간에 걸쳐 방치한 점 • 증권카드와 인감도장을 즉시에 회수하지 않은 점 • 피고회사가 관련 직원의 임의매매로 인하여 취득한 수수료의 액수
	대구고법 2007나4487	• 거래내역을 통보받았고 거래내역 확인가능 했으나 주식 임의매매를 중지시키지 아니한 점 • 원고의 주식거래 행태, 거래규모, 피고직원의 임의적 명시적인 원고의 원고를 임의로 매입한 이유 등 고려
	서울고법 99나2890	• 관련 직원들이 주식의 매매를 재개할 가능성이 높은 상태에서 이를 확인하여 사고등록을 하는 등으로 거래를 정지시켜야 함에도 이를 늦게 한 사실

과실비율	사건번호	과실상계사유
40%	서울고법 2002나44245	• 계좌등록신청서나 약관 등을 살펴보지 아니함으로써 선물옵션계좌가 개설되는 것을 알지 못하였음 • 주소지를 임의로 변경하여 주식거래역사가 송달되지 아니하였는데도 거래내역을 전혀 확인하지 아니함으로써 임의매매사실을 발견하지 못하였던 점 • 임의매매사실을 알게 된 이후에도 중단조치를 취하지 아니한 점
	서울고법 99나68432	• 계좌설정부터 매매주문에 이르기까지 권한을 타인에게 위임하여 피고 직원이 잘못 믿고 신용거래를 하도록 원인을 제공한 점 • 신용거래 사실을 알게 된 후 방치하여 반대매매가 실행되게 한 점
50%	서울고법 2009나115245	• 피고가 이전에도 원고의 명시적인 의사 없이 미수거래를 해왔고 원고도 이의를 제기하지 않은 사실 • 피고의 매수권유에 대해 명시적인 반대를 하지 않아 묵시적인 승낙이 있는 것으로 오인하게 한 사실 • 피고와 원고의 관계, 이 사건 주식을 매수하게 된 경위(수수료수익이 아닌 원고의 이익을 위해서 매수) • 주식시장이 전체적으로 독락한 당시 상황
	인천고법 2010나9627	• 거래내역을 확인하여 임의매매를 인지하였다고 보임에도 매매중단 등 적극적 대처를 하지 아니한 채 만연히 손실보전만을 요구한 사실 • 손해에는 주가지수 하락으로 인한 부분도 포함된 점

별첨 5-2 임의매매 관련 과실상계 비율 조정례 정리

과실비율	과실상계 사유	사건번호
0%		거래소 제2014-15호
0%		금감원 제2009-5호
0%		금감원 제2004-55호
20%	<책임제한요소> • 통보된 매매내역을 통해 임의매매 사실 인지 가능했음에도 장기간 거래내역 확인을 소홀히 한 점 • 관련 직원에게 제좌 비밀번호 알려주고 임의매매 인지 후에도 제좌 방치 <책임가중요소> • 파신청인 내부통제 미비 • 임의매매 기간 동안 과다한 회전매매로 수수료 과다 발생	거래소 제2013-84호
30%	• 거래내역서가 송달되었음에도 불구하고 제좌확인 소홀히 하여 6년이 지나도록 임의매매 사실을 발견하지 못함(제기불법행위에 대하여는 55%의 과실상계 비율 인정)	거래소 제2013-64호
40%	• 주식 거래에서 큰 손실을 입은 경험이 있는 상태에서 선물 매매가 단기간에 손익이 크게 발생할 수 있는 위험성이 큰 거래라는 것을 충분히 알고 있음에도 관련직원으로 하여금 단기매매를 하도록 허락 • 거래내역 확인 등 제좌관리를 좀 더 철저히 하였더라면 임의매매로 인한 손해를 줄일 수 있었음에도 그렇게 하지 못한 과실	거래소 제2008-85호
55%	• 임의매매 발생 후 10년이 경과하도록 적극적인 조치를 취하지 않고 방치한 점 • 소멸시효기간이 도과하였으나 파신청인이 적극적인 항변 없이 책임을 인정한 점	거래소 제2013-64호

4. 매매주문 등

1 위탁계약 관련법리

가. 위탁계약의 성립요건

▨ 판례는 ㉠ 직무상 권한 있는 직원이 ㉡ 증권매매거래를 위탁한다는 의사로 이를 위탁하는 고객(위탁자)로부터 금원이나 주식을 수령하면 위탁계약의 성립을 긍정(대법 2004.2.27. 선고 2001다38067 판결)

❶ 직무상 권한 있는 직원

❖ 위탁계약이 성립하려면 직무상 권한 있는 직원과 거래(금원 또는 주식의 교부 등)가 이루어져야 함

- 직무상 권한 있는 직원에는 증권회사 지점장 외에 영업부장 겸 지배인(대판 80.5.27. 80다2688), 영업담당상무(서울고법 1994.10.18. 선고 93다48207 판결), 프라이빗 뱅킹 팀장(서울고법 2013.10.19. 선고 2012나93024 판결) 등이 포함되나,

- 법률행위 대리권이 없는 전담투자상담사는 위탁금의 수령 또는 위탁매매계약의 체결을 할 권한이 없고 표현대리를 인정할 수도 없다고 하여 위탁계약의 성립을 부정함(서울고법 2012.7.26. 선고 2011나41286 판결)

- 다만, 직무상 권한 있는 직원과 계약을 체결하더라도 위탁자가 직원이 증권회사와 사이에 정상적인 방법으로 계약을 체결하여 주는 것이 아니라는 사정을 알 수 있었을 경우 민법 제107조 제1항 단서가 유추적용되어 위탁계약이 증권회사에 대하여 무효로 되는 경우도 있음(서울고법 2013.10.19. 선고 2012나93024 판결13)

---

13 위 판례는 직원 A가 피고회사 내부적으로 운영하는 투자상품에 가입할 것을 권유한 이상 외관상 객관적으로 피고회사의 사무집행행위와 관련된 것으로 보이나, 원고가 피고회사와 거래경험이 있었음에도 불구하고 A의 개인계좌 또는 A의 지인 계좌로 돈을 입금하였고, 투자설명서 등을 교부받지도 않았으며, 100억이 넘는 거액의 거래에도 불구하고 아무런 자료도 받지 않은 점을 고려하면 원고의 악의나 중과실이 추정된다고 하여 증권회사의 사용자 책임도 부정함

❷ 위탁의사로 금전 또는 유가증권의 교부

❖ 위탁자가 거래직원 개인과 금전거래가 아니고 거래상대방이 증권회사라는
  위탁의사를 가지고 권한 있는 직원에게 금전 등을 교부하여야 함
  － 고객이 매매위탁의사가 아닌 다른 용도로 금전교부 시 보호받을 수 없음(대판
    98.3.27. 97다19687)

❸ 금융실명제 도입 후 위탁자 확정

❖ 금융실명제 도입 전 판례는 위탁자는 위탁주권 및 예탁금을 실제 지배하고
  있는 자로서
  a. 자기 손해에 의한
  b. 자기 주식 및 예탁금으로 거래한다는 의사를 가지고
  c. 스스로 또는 대리인을 통해 설정계약을 한 자를 의미한다고 판시하여(대판 93.11.12. 93
    다38451),
  － 계좌주의 구체적인 지시 없이 평소 주문을 대행하던 제3자(대판 96.6.12. 96다
    14487), 계좌주가 아닌 계좌를 관리하는 제3자(대판 93.11.12. 93다38451)의
    경우 실질적인 위탁자로 인정하였음

❖ 금융실명제 도입 이후 출연자와 증권회사 사이에 명의자의 계약을 부정하고
  출연자를 증권계좌개설계약의 당사자로 보려는 명확한 의사의 합치가 있는
  극히 예외적인 경우가 아닌 한 증권회사의 의사는 명의자를 그 당사자로 보
  려는 것이라고 하여(대판 2009.3.19. 선고 2008다45828 전원합의체 판결) 허
  무인 명의로 체결된 계약의 성립을 부정한 바 있음(부산고법 2011.1.6. 선고
  2010나8587 판결)
  － 금융실명제 이후 명의자가 아닌 자가 실질적으로 계좌를 이용하여 매매거래를
    한 경우는 계좌에 대한 포괄적인 대리권을 수여받은 자로 인정되거나(대법원
    2011.11.10. 선고 2011다50769 판결[14]), 주문대리인으로 인정하고 있음(서울
    고법2013.2.6.선고 2012나62907판결)

---

14 갑이 을 증권회사 지점에서 주식거래 계좌를 개설하였는데 갑의 누나인 병이 위 계좌를 통하
   여 미수거래를 하자, 을 회사가 갑을 상대로 미수금에 관한 지급명령을 신청하여 이를 발령받
   은 사안에서, 제반 사정에 비추어 갑이 위 계좌를 개설한 것은 병에게 이를 이용하여 주식 매
   매거래를 하도록 하는 데 있었고 이에 따라 병이 거래한 것으로 보이므로, 갑은 병에게 위 계
   좌를 이용하여 주식 매매거래를 할 수 있는 포괄적 대리권을 수여한 것으로 볼 여지가 크다는
   이유로, 이와 달리 본 원심판결에 대리권 수여에 관한 법리오해의 위법이 있다고 한 사례(대
   법원 2011.11.10. 선고 2011다50769 판결)

나. 위탁계약의 성립시기

▩ 판례는 매매거래계좌설정계약을 토대로 고객이 증권회사에 주문을 낼 때 (대판 93.12.28 93다26632) 혹은 고객으로부터 매매거래를 위탁한다는 의 사로 금전과 증권을 수령할 때(대판 94.4.29. 94다2688) 각 위탁관계가 성 립한다고 판시

❖ 최근 판례는 **고객으로부터 금전이나 주식을 수령하면 곧바로 계약이 성립** 하고 그 이후에 직원의 금전 수납에 관한 처리는 계약 성립에 영향이 없다 고 판시함(대법 2004.2.27. 선고 2001다38067 판결, 광주지법 2004.9.17. 선 고 2004가합3026 판결)

❖ 고객이 증권회사 직원과 현금보관증으로 거래한 경우 예탁계약 불성립(서 울고법 93.11.9. 선고 93나3990 판결)

다. 위탁금 반환 또는 손해배상

▩ 위탁계약이 성립한 후 직원이 위탁금 횡령, 주문불이행 등의 행위를 한 경우 위탁자는 위탁금 반환을 청구하거나 채무불이행, 불법행위에 의한 손해배상을 구할 수 있음

❖ 증권회사가 주문을 불이행한 경우 손해배상의 범위는 고객이 매도 의뢰하 였던 주식이 모두 매각되었을 때 얻을 수 있었던 매도주문이 이행되지 않음 을 인지한 날 당시의 시가(장중저가)로 매각하였을 때 얻을 수 있었던 금액 과의 차액임

❖ 처분할 수 있었던 날부터 실제 처분한 시점까지의 주가하락으로 인한 손해 는 특별손해로서 증권회사가 특별한 사정을 알았거나 알 수 있었던 경우에 한해서만 배상책임 인정

라. 책임의 제한

▩ 위탁계약에 따른 채무이행을 청구하는 경우나 고의의 영득행위를 제외하 고는 과실상계 가능

❖ 증권카드의 제3자 교부, 비밀번호 누설 등에 의하여 정당한 권한 없는 제3자로부터의 주문을 야기한 위탁자 또는 증권거래의 일반적 방법을 준수하지 못한 위탁자에 대하여 판례는 과실사유가 복합적으로 존재할 경우 과실상계 인정

2 반대매매 등 관련법리

「자본시장과 금융투자업에 관한 법률」

제72조(신용공여) ① 투자매매업자 또는 투자중개업자는 증권과 관련하여 금전의 융자 또는 증권의 대여의 방법으로 투자자에게 신용을 공여할 수 있다. 다만, 투자매매업자는 증권의 인수일부터 3개월 이내에 투자자에게 그 증권을 매수하게 하기 위하여 그 투자자에게 금전의 융자, 그 밖의 신용공여를 하여서는 아니 된다.
② 제1항에 따른 신용공여의 기준 및 방법에 관하여 필요한 사항은 대통령령으로 정한다.

「자본시장과 금융투자업에 관한 법률 시행령」

제69조(신용공여) ① 투자매매업자 또는 투자중개업자는 법 제72조제1항에 따라 다음 각 호의 어느 하나에 해당하는 방법으로 투자자에게 신용을 공여할 수 있다.
1. 해당 투자매매업자 또는 투자중개업자에게 증권 매매거래계좌를 개설하고 있는 자에 대하여 증권의 매매를 위한 매수대금을 융자하거나 매도하려는 증권을 대여하는 방법
2. 해당 투자매매업자 또는 투자중개업자에 증권을 예탁하고 있는 자에 대하여 그 증권을 담보로 금전을 융자하는 방법
③ 제1항 및 제2항에 따른 신용공여의 구체적인 기준과 담보의 비율 및 징수방법 등은 금융위원회가 정하여 고시한다.

금융위원회 고시 「금융투자업 규정」

제4-21조(용어의 정의) 이 절에서 사용하는 용어의 정의는 다음 각 호와 같다.
1. "신용공여"란 투자매매업자 또는 투자중개업자가 증권에 관련하여 다음 각 목의 어느 하나에 해당하는 방법으로 투자자에게 금전을 대출하거나 증권을 대여하는 것을 말한다.
다. 투자자의 예탁증권(매도되었거나 환매청구된 증권을 포함한다)을 담보로 하는 금전의 융자(이하 "예탁증권담보융자"라 한다.
제4-28조(임의상환방법) ① 투자매매업자 또는 투자중개업자는 다음 각 호의 어느 하나에 해당하는 경우 그 다음 영업일에 투자자계좌에 예탁된 현금을 투자자의 채무변제에 우선 충당하고, 담보증권, 그 밖의 증권의 순서로 필요한 수량만큼 임의처분하여 투자자의 채무변제에 충당할 수 있다. 다만, 투자매매업자 또는 투자중개업자와 투자자가 사전에 합의한 경우

에는 상환기일에도 투자자계좌에 예탁되어 있는 현금으로 채무변제에 충당할 수 있다.
1. 투자자가 신용공여에 따른 **채무의 상환요구**를 받고 상환기일 이내에 상환하지 아니하였을 때

가. 반대매매의 개관 및 목적

▪ 반대매매란 현물의 미수·신용거래나 선물·옵션의 위탁증거금거래에 있어
고객이 담보나 미수금, 위탁증거금 등을 추가납부하지 않은 경우 금융투
자업자가 고객자산을 관련규정에 따라 처분하는 거래를 말함

  ❖ 미수거래의 경우 유가증권의 수급균형 및 유통을 원활히 하기 위해 증권회
    사에 미수거래[15]를 허용하되 무절제한 미수거래를 방지하기 위해 반대매매
    를 도입·운영하고 있고

    – 이러한 미수거래는 관계법령 및 동법의 위임을 받은 거래소 업무규정에 따라
      이루어지는 행위로 정당한 행위로 탈법적인 신용공여행위를 한 것으로 볼 수
      없음[16]

  ❖ 선물옵션의 경우 투자자의 무절제한 선물거래로 인하여 시장의 과당투기화
    를 억제하는 한편, 증권회사로 하여금 채권회수를 신속히 하여 운영의 내실
    화를 도모하고자 반대매매를 실시하고 있음

---

15 증권회사와 증권거래 위탁계약을 체결한 고객이 당해 증권회사에 예치해 놓은 현금과 주식을
   위탁증거금으로 하여 위탁증거금의 수배까지 주식을 매수할 수 있게 하고 투자자가 결제일에
   매매대금 전액을 지급하지 않을 경우 증권회사가 이를 대납해주는 거래방식

16 [서울고등법원 2008.11.7. 선고 2008나46786 판결, 서울남부지방법원 2008.4.18. 선고 2007
   가합9307 판결] 현행 증권거래법상 증권회사는 자신이 정한 위탁증거금 징수율에 따라 고객
   으로 하여금 위탁증거금을 납부하도록 한 후 주식매매위탁을 하게 할 수 있는 것이고, 위탁자
   가 매수위탁한 주식의 매수대금을 결제하지 못한 경우 그 매수대금의 결제에 관하여 일차적인
   책임을 지는 증권회사가 거래소 또는 예탁원에 매수대금을 지급하는 것은 위에서 본 증권거래
   법령에 따른 행위로서 정당하다 할 것이며, 그 후 매수위탁과정에서 증권회사가 고객으로 하
   여금 예치하도록 한 위탁증거금과 매수로 점유하게 된 주식의 처분대금으로도 매수대금을 다
   충당하지 못하여 미수금이 남게 되었다하더라도 그러한 결과만을 두고 증권회사와 고객이 탈
   법적인 신용공여행위를 한 것으로 평가할 수는 없다.

나. 반대매매의 절차

▨▨▨▨ **(통지의무의 내용)** 미수금이나 담보부족금액을 통보하면 족함[17]

▨▨▨▨ **(반대매매시점)** 증권회사는 고객의 손실을 최소화할 신의칙상 주의의무가
있다 하더라도 시장의 가격변동을 알 수 없으므로[18] 처분할 수 있었던 최
초의 시점에 처분하지 않아도 선관의무를 위반하였다고 보기 곤란(대판
2001다26835)

> ❖ 선물 위탁증거금 추가 예탁시한 종료 직후 반대매매 주문을 제출했으나 거
> 래물량 부족으로 거래가 성사되지 않은 경우 다음 거래일에 반대매매주문
> 을 다시 제출한 경우 선물회사의 책임 부정[19]
>
> ❖ 다만, 고객에게 통보된 반대매매 예정일보다 하루 먼저 반대매매를 한 경우
> 기대이익 상실을 이유로 증권회사의 손해배상책임을 인정한 법원 조정례[20]

---

17 [서울중앙지방법원 2009.12.24. 선고 2009가합10800 판결] 반대매매의 수량은 반대매매 주식
의 시초가에 주식수량을 곱한 금액이 임의상환으로 정리할 금액에 달할 때에 확정되는 것이므
로, 미리 반대매매 당일의 시초가를 예상하여 반대매매 주식의 수량을 통보할 수 없고, 담보부
족금액만 통보하면 족하다 할 것

18 가격이 하락 혹은 상승하는 경향이 뚜렷하여 고객의 손실회복을 기대할 수 없는 특정한 사정
이 없다면 증권회사가 그 시점에 처분하는 것이 반드시 고객의 손실을 최소화하는 것이라고
단정할 수 없다고 법원은 보고 있음

19 [서울남부지방법원 2009.7.23. 선고 2009가단4156 판결] 선물거래는 그 성격상 변동성 및 위
험성이 크므로 일일정산을 원칙으로 하고 있고, 일일정산 결과 가격변동으로 정산차금이 마이
너스가 되거나 위탁증거금이 부족하게 되었을 때 위탁자가 다음 거래일 12시까지 그 부족분을
납부하지 못하였을 경우 증권회사는 즉시 반대거래를 실시할 수 있다.
원고는 피고들의 부족액 추가예탁시한 이후에 위 준칙 및 약관의 규정에 따라 반대거래 주문
을 내면 족하고, 만약 거래물량의 부족 등으로 당일 중에 거래가 성사되지 못한 경우에는 그
다음 거래일에 다시 위 준칙 및 약관의 규정에 따라 반대거래 주문을 다시 내면 그로써 원고
의 의무를 다하였다 할 것이며, 반드시 부족액 추가예탁시한 직후 계약을 체결시켜야 할 의무
는 없다 할 것이다. 또한 원고가 위 규정에 따라 반대거래 주문을 내어 최종적으로 계약이 체
결된 경우 그 결제금액은 피고들의 책임으로 귀속된다 할 것이다.

20 [서울고등법원 2010나12878 강제조정의 원심인, 서울중앙지방법원 2009.12.24. 선고 2009가
합10800 판결] 피고 증권은 원고가 동의한 약관에 의하면, 2008.5.16.부터 담보부족일부터 2
영업거래일에 반대매매를 실시하는 것으로 변경되었고, 이에 따라 담보부족일인 2008.10.24.
(금)부터 2영업거래일인 2008.10.28.(화)에 반대매매를 실시하였으므로 피고증권에 과실이 없
다는 취지로 다투나, 위 약관변경에 대하여 원고에게 통보하여 동의를 받았다는 점에 관한 증
거가 없을 뿐 아니라 위 약관변경에 대하여 원고의 동의를 받았다 하더라도, 피고증권이
2008.10.28. 그 약관과 다르게 그 다음날 반대매매를 하겠다고 통보하였으므로, 원고로서는

존재

■ **(반대매매 범위 등)** 증권회사가 투자자에 대하여 징수하는 위탁증거금제
도는 증권회사의 위험관리를 위한 것이므로 증거금의 징수율과 징수방법
은 증권회사가 정하는 것이 원칙

❖ 증권회사가 투자자를 보호하기 위하여 투자위험이 큰 종목에 대하여 위탁
증거금 비율을 상향 조정할 의무는 없으므로 비율을 상향조정하지 않은 행
위가 증권거래법 제52조에서 금지하는 부당권유행위에 비견할 정도로 투자
자보호를 저버린 행위로 보기 어려움[21]

❖ 담보로 제공된 주식매도대금도 위탁증거금에 포함하여 주문가능수량을 산정
하여 투자자의 예상보다 많은 주식이 매수되어 손실이 확대되었다고 해도

  – 관련규정 위반이 아니고 투자자보호의무 위반이라 할 수 없음(서울남부
2008.6.19. 선고 2007가단75994 판결, 서울고등법원 2009.2.27. 선고 2008나
67851 판결)[22]

약관보다 1일 더 담보부족금액을 충족할 기회를 부여받았다고 신뢰하여 당일 담보부족금액을
충족할 수 있는 기대이익을 가졌다 할 것인데, 피고증권이 그 통보와 달리 당일 반대매매를
실시함으로써 위와 같은 기대이익을 상실하게 한 과실이 있다 할 것이므로 피고증권의 위 다
툼은 이유 없다.

21 [서울고등법원 2008.11.7. 선고 2008나46786 판결] 증권거래는 본래 여러 불확정요소에 의한
위험성을 동반할 수밖에 없으므로, 투자자로서도 일정한 범위 내에서는 자신의 투자로 인해
발생할지 모르는 손실을 스스로 부담해야 함이 당연하다. 증권거래법 제1조가 증권거래의 공
정성 및 증권유통의 원활성과 더불어 투자자의 보호도 그 목적으로 삼고 있고, 법 제52조와
같은 법 시행령 제36조의3이 증권회사 측의 부당권유행위나 적합성 원칙을 위반한 투자권유
행위, 정보제공의무 등을 위반하는 행위를 금지하고 있으나, 이들 규정은 증권회사와 투자자
사이의 정보격차에 터잡은 증권회사에 대한 투자자의 신뢰 및 증권거래의 공정성을 확보하고,
이러한 신뢰와 공정성을 저해하는 증권회사 측의 행위로부터 투자자를 보호하려는 취지로서,
투자자의 자기투자결정으로 인한 일반적인 손실위험까지 보호하기 위한 규정으로는 해석되지
않는다.
한편, <u>주식매매위탁계약에서 증권회사가 투자자에 대하여 징수하는 위탁증거금제도는, 본질적
으로 증권회사의 위험관리를 위한 것이다.</u> 따라서 위탁증거금의 비율 조정이 투자자의 자기투
자결정에 영향을 미치고, 이로써 투자자에게 투자정보에 관한 암시를 줄 수 있다 하더라도, 이
는 증권회사의 위험관리 과정에 수반되는 결과에 불과하고, 이를 가지고 일반적으로 증권회사
가 미수금채무의 발생위험 등의 손실위험으로부터 투자자를 보호하기 위해 증거위탁금의 징수
비율을 조정할 의무를 부담한다고 보는 것은 위탁증거금 제도의 본질 및 증권거래법령상 투자
자보호의무에 관한 규정의 해석, 취지와 어긋난다.

22 별첨 6 판례 4

▨▨▨ **(약관규제법 위반여부)** 반대매매의 시기, 방법, 수량 등을 증권사 등이 정
하도록 한 조항은 약관규제법에 위반되지 않음[23]

❖ 사전에 구체적으로 규정하기 어려운 사항이므로 이러한 조항을 회사가 정
하더라도 고객에게 부당하게 불리한 조항에 해당하지 않음

다. 반대매매 시 손해배상책임 등

▨▨▨ **주식 신용거래에서 미수금 통지의무 및 반대매매의무의 존부**

❖ 원칙적으로 주식 신용거래에서 담보부족(미수금)이 발생한 경우 증권회사
는 고객에 대하여 추가담보의 납부이행을 최고하고 그 불이행의 경우 즉시
반대매매할 의무까지 부담하는 것은 아님[24]

❖ 따라서 이후 주식 가격의 하락으로 고객의 손실이 확대되더라도 증권회사
의 손해배상책임이 없다는 입장임(대판 92.7.10. 92다6242, 대판 93.2.23. 92
다35004, 대판 96.10.16. 96다27872, 2002.12. 26. 2000다56952[25])

– 다만, 반대매매 시 고객의 손실을 최소한도에 그치도록 하여야 할 증권회사의
선관주의의무를 인정(대판 93.2.23. 92다35004, 93다30150[26])

---

23 [의정부지방법원 2011.10.7. 선고 2011가합1439 판결] 반대매매는 변동하는 주식시장의 상황
에 맞추어 담보가치를 극대화할 수 있는 방법으로 행해져야 하므로, 반대매매의 시기, 방법,
수량은 사전에 구체적으로 규정하기 어려운 내용이고, 그 속성상 담보비율을 유지하기 위한
범위 내에서 필요한 것이므로, 채무자의 입장에서도 충분히 반대매매의 범위를 예상할 수 있
으며, 저축은행의 입장에서도 반대매매를 통해 담보가치를 유지할 필요가 있으므로 최대한 손
실이 나지 않는 방법으로 반대매매를 할 것을 기대할 수 있어, 반대매매의 시기, 방법, 수량을
저축은행이 정할 수 있게 한 조항이 고객에게 부당하게 불리하다고 할 수 없다.

24 이는 고객에 대하여 기한을 정하여 매수대금 납부를 최고하였고 그 기한까지 매수대금을 납부
하지 않을 경우 매수주식을 처분하겠다는 뜻을 통지한 경우에도 동일함(대판 1993.2.23. 92다
35004)

25 [대법원 2002.12.26. 선고 2000다56952 판결] 증권회사가 선량한 관리자로서 주의를 다하여
고객의 손실을 최소한도에 그치도록 조치하여야 할 일반거래상의 의무를 부담하는 것이지만,
원래 가격변동을 예견하는 일 자체가 매우 곤란한 주식의 신용거래에 있어서는 어느 시점에서
담보물처분을 위한 반대매매를 체결하여 그 신용거래관계를 종결하는 것이 결국에 있어 고객
의 이익을 실현하는 것으로 되는지의 여부에 관하여 예견, 판단하기가 사실상 불가능에 가깝
다고 할 수 있는 것임에 비추어 볼 때, 증권회사가 특별히 고객으로부터 위탁을 받지 아니하
였음에도 불구하고 적극적으로 독자적인 판단에 따라 고객을 위하여 반대매매를 체결하여 거
래관계를 종결하여야 할 의무까지 부담하는 것이라고 볼 수는 없다.

26 [대법원 94.1.14. 선고 93다30150 판결] 고객이 신용융자금이나 주식매수대금을 증권회사에
납부하지 아니하여 증권회사가 매수주식을 처분하여 그 처분대금을 신용융자금이나 미수대금

주가지수선물거래에서 통지의무 및 반대매매의무의 존부

❖ 증권회사는 고객에 대하여 위탁증거금 통지의무를 부담하지만,[27] 선물포지션을 지체 없이 처분하여 선물정산대금 충당조치를 취하여야 할 의무를 직접 부담하는 것은 아님.(대판2003.1.10. 2000다50312, 서울중앙지법 2005.7.21. 2004가합107167)[28]

반대매매로 인한 손해 산정기준(차액설)

❖ 반대매매가 불법행위인 경우 그 손해액에 대하여 법원강제조정례[*]는 반대매매가 없었다면 존재하였을 상태(반대매도된 종목의 보유 상태)를 회복하기 위해 추가로 필요한 금액을 반대매매로 인한 손실금액으로 평가하는 차액설에 입각하여,

[*]서울고등법원 2010나12878) 고객에게 통보된 반대매매 예정일보다 하루 먼저 반대 매매를 한 경우

에 충당하는 경우에 있어서 증권회사로서는 고객의 손실을 최소한도에 그치도록 하여야 할 신의칙상의 주의의무가 있다고 하더라도, 원래 주식의 가격변동을 예견하는 일 자체는 매우 어려운 일이어서 증권회사가 어느 시점에서 주식을 처분하는 것이 고객의 손실을 최소화하는 것인가를 정확하게 예견, 판단하는 것은 사실상 불가능에 가까운 일이라고 할 것이다. 따라서 증권회사가 매수주식을 처분할 수 있었던 최초의 시점에 처분하지 않았다고 하여도 당시 주식가격이 하락하는 경향이 뚜렷하여 가격상승을 기대할 수 없는 특별한 사정이 인정된다면 모르되 그렇지 않은 한 그 시점에 처분하는 것이 반드시 고객의 손실을 최소화하는 것이라고 단정할 수 없는 것이므로 증권회사가 미리 고객으로부터 위와 같은 시점에 매수주식을 처분하여 줄 것을 위임받았다는 등 특별한 사정이 없는 한 증권회사가 위와 같은 시점에 매수 주식을 지체 없이 처분하지 않았다고 하여 주의의무를 위반하였다고 볼 수 없는 것이다.

27 대법원은 2003.1.10. 2000다50312 판결에서 "증권업감독규정에서 증권회사는 고객의 선물 옵션거래와 관련하여 위탁증거금의 추가징수사유가 발생하는 경우 지체 없이 고객과 사전에 협의한 연락방법 등으로 위탁증거금의 추가납부를 요구하여야 한다고 규정하고 있는바, 일일정산을 하고 그에 따른 위탁증거금의 추가납부나 초과를 결정함으로써 손익이 매일매일 발생할 수 있는 선물계좌의 특성상 선물계좌에 포지션을 보유하고 있는 고객으로서는 자신의 계좌에서 위탁증거금이 부족하게 되었다는 사유를 통보받는 경우에는 위탁증거금을 추가납부하여 거래를 계속하거나 보유하고 있는 포지션을 처분함으로써 자신의 이익을 극대화하거나 손실을 최소화할 수 있는 기회를 가진다고 할 것이므로 증권회사가 고객의 계좌에서 위탁증거금을 추가로 납부할 사유가 발생하였음에도 이를 통보하지 않음으로써 고객으로부터 그러한 기회를 박탈하였다면 이는 고객보호의무를 위반한 것이다"라고 판시하고 있다. 그러나 "고객이 어떠한 경위로 이미 위탁증거금의 부족 사유를 알게 된 경우에는 비록 증권회사가 위탁증거금의 추가납부 통지를 게을리하였다고 할지라도 그로 인하여 고객에게 어떠한 손해가 발생하였다고는 할 수 없으므로 이 경우에는 고객은 증권회사에 대하여 이를 이유로 손해배상을 청구할 수 없다"라는 입장을 밝히고 있다.

28 반대매매의무 관련해서, 주식 신용거래시 반대매매의무와 동일한 논지임

❖ 반대매매 인지 후 실제 재매수가능성이 있었던 날의 종가를 기준으로 반대매도 금액을 공제한 금액에 당일 발생한 거래비용을 합한 금액을 반대매매로 인한 손실금액으로 산정

▨▨▨ (기타) 주식계좌를 담보로 여신거래약정을 체결한 저축은행이 고객의 추가동의 없이 한 반대매매는 유질계약위반이 아니고, 반대매매의 시가, 방법, 수량을 저축은행이 정하더라도 이는 유효함(의정부지법 고양지원 2011. 10.7. 선고 2011가합1439 판결)

❖ 신용거래 약정에 기한 반대매매시 질권이 설정된 해당주식에 대하여는 미변제 대출금을 초과한 부분도 처분할 수 있음[29]

❖ 증권회사가 신용공여에 관한 규정을 위반하여 1인당 대출한도를 초과하여 신용공여한 경우에도 그 대출이 무효라고 볼 수 없음(대판 93.12.28. 93다26632)

---

29 [서울남부지방법원 2013.8.30. 선고 2013가합102931 판결] 원고는 위 신용거래약정 및 금융투자업규정의 내용을 미변제 대출금에 상당한 주식을 초과하여 처분할 수도 있다고 해석하는 것은 약관의 내용이 불명확한 경우 고객에게 유리하게 해석되어야 한다는 약관규제법 제5조 제2항에 반한다고 주장하나, 채무자로서는 반대매매 후 해당주식의 가치가 상승하는 경우 예측할 수 없었던 손해를 입을 가능성도 있지만 반대로 주식의 가치가 하락하는 경우에는 주식을 보유하고 있는 것보다 이익을 얻을 수도 있으므로 반드시 채무자에게 불이익한 결과가 초래된다고 볼 수는 없는 점, 채무자는 질권이 설정된 주식의 가치가 상승할 것으로 예상되면 변제기 도래 전에 미변제 대출금에 상당한 부분을 매도하여 그 매도대금으로 대출금을 변제하여 반대매매를 방지하거나, 반대매매 후 주식의 매도대금 중 대출금 변제에 충당된 부분을 공제한 나머지 금액을 돌려받아 그 돈으로 다시 주식을 매수하는 등의 방법으로 손해를 최소화할 수 있는 점, 이와 같이 주가의 변동이라는 우연한 사정에 따른 채무자의 손해발생 가능성을 우려하여 이에 대한 명확한 규정이 아닌 관련 규정의 해석만으로 질권자의 질권 실행을 제한하여야 할 만한 특별한 사정이 보이지 않는 점, 한국금융투자협회가 '신용거래 리스크관리 등을 위한 모범규준' 중 반대매매 수량 산정방식을 개정한 것은 과다한 반대매매로 인한 투자자의 불만을 해소하기 위한 것이지 개정 이전에 증권회사에서 '일부상환방식'을 적용한 것이 관련 법령에 위반된다는 취지는 아닌 것으로 보이는 점 등을 고려하면, 위와 같이 해석하는 것이 약관규제법에 반하여 부당하다고 보기 어렵다.

반대매매 관련 과실상계 판례

과실 비율	과실상계사유	사건개요	사건번호
0%		통보시점보다 하루 먼저 반대매매	서울중앙 2009가합10800
30%	• 손실에 대한 책임은 원칙적으로 투자자부담 • 유사한 종류의 반대매매를 당한 경험	로스컷 주문에 따른 반대매매시 시장가호가 기준으로 한다는 내용 등이 고지되지 않은 경우	서울남부 2010가합13481

참고 | 반대매매 손해 산정 기준에 대한 판례의 태도 등
(참고: 거래소 A, B, C, D사건)

- 반대매매 사례에서 손해액 산정에 관한 판례의 태도는 ① 처분 당시의 시가를 기준으로 전보배상을 명한 판결(93다26618등) 및 ② 불법행위가 없었더라면 존재하였을 재산상태와 불법행위가 가해진 이후의 재산상태의 차이를 기준으로 손해를 산정한 사례가 모두 존재하며,
  - 차액설을 취한 조정례 및 결정례는 반대매도 된 당일 종가를 기준으로 반대매도 된 주식을 매수하는 데 소요되는 금액에서 반대매도금액을 공제한 금액에 당일 거래비용을 합한 금액을 손해배상액으로 보았음(서울고등법원 2010나12878, 금감원 제2007-99호 결정 참조)

→ A 사례는 타사대체 업무의 부적정한 처리로 반대매매가 이루어진 상황의 손해배상 여부에 대하여 판단하면서 ① 전보배상의 경우 증권회사가 불법행위로 말미암아 고객이 시세의 변동에 따른 이익을 얻을 기회를 상실하였는데도 불구하고 통상적으로 고객이 손해를 입지 않았다고 보게 된다는 점에서 타당하지 않다고 보았고, ② 반대매매 인지일을 종가기준으로 한 입장도 당일 반대매도 된 수량을 매수할 충분한 시간, 물량 및 여건이 조성되었고 실제로 신청인 반대매도된 주식 수량 전량을 매수한 사실이 있는 경우까지 당일 최고가에 육박하는 종가를 기준시점으로 하는 것은 가격상승으로 인한 예기치 못한 책임을 증권회사에 지우는 결과로서 부당하다고 하여 채택하지 않았고, 반대매매 인지 당일 최초 종목 재매수 시점의 가격을 기준으로 손해배상액을 산정하였음

→ 한편 B 사례는 미수거래의 반대매매로 인한 손해금액을 차액설을 취한 조정례에 따라 반대매매 인지 당일의 종가를 기준으로 산정하였음

→ C, D 사례는 직원의 잘못된 안내로 인하여 주식담보대출의 담보비율 하락으로 인한 반대매매

를 막지 못한 사안으로서 직원의 잘못된 안내가 없었더라면 축소되었을 반대매매 종목과 수량
을 산정한 후, 부당하게 반대매매되었던 수량과 종목을 반대매매 인지 당일의 종가를 기준으로
비교하여 손해금액을 산출하는 차액설을 취하였음

별첨 6

관련 판례: 매매주문 등

1. 수탁거부를 당한 고객에 대한 증권회사의 충실의무 인정 여부
선량한 관리자의 주의로서 성실하고 공정하게 피고의 위탁사무를 처리할 의무가 있으나, 수탁거부 상황 무렵에 발생한 피고의 손실이 선량한 관리자로서의 주의의무를 위반이 아니었다는 사례

1. 사건의 개요

❖ 피고는 2008년 6월 선물옵션 위탁매매거래계좌를 개설한 후 선물옵션 위탁매매거래를 하던 중 2008년 10월 6일 위탁증거금 부족을 이유로 수탁이 거부되는 등 2008년 10월 8일부터 10일까지 3차례 더 발생하였고

❖ 피고가 위탁증거금을 추가납부하지 못하자 원고인 증권회사는 2008년 10월 10일 12시에 반대매매가 이루어졌으며 이에 따라 피고가 원고에게 갚아야 할 미수금이 약 4억이 발생하여 이에 대한 미수금 청구소송이 제기되었음

2. 주요 쟁점

❖ 수탁거부를 당한 고객에 대한 증권회사의 충실의무 인정 여부

3. 소송의 경과

광주지방법원 2009.12.23. 선고 2009가합5034(본소) 6068(반소): 원고 승
[원고(반소피고): 증권회사 ↔ 피고(반소원고): 고객]
광주고등법원 2011.1.31. 선고 2010나728(본소) 735(반소): 항소기각
[원고(반소피고), 피항소인: 증권회사 ↔ 피고(반소원고), 항소인: 고객]
대법원 2011.5.26. 선고 2011다13173 판결: 심리불속행기각

4. 판결의 요지(1심, 항소심, 상고심 동일)

수탁거부를 당한 고객에 대한 증권회사의 충실의무 인정 여부

❖ 원고는 수탁거부 된 고객을 위하여 선량한 관리자의 주의로서 성실하고 공정하게 피고의 위탁사무를 처리할 의무가 있으나,

❖ ⅰ) 관련규정상 위탁증거금 추가납부를 하지 않은 고객에 대하여서는 위탁

      증거금을 증가시키는 주문은 수탁거부하도록 되어 있고

ⅱ) 원고의 직원이 이러한 사실을 피고에게 알렸으며 또한

ⅲ) 원고의 직원이 자기의 돈으로 부족한 위탁증거금을 납부하여 거래가 가능해져 반대매매의무가 사라졌으며

ⅳ) 피고가 10년 이상 옵션거래를 한 점과

ⅴ) 약관 및 설명서에 위탁증거금 추가납부에 대해 기술되어 있는 점을 감안하여

❖ 수탁거부 상황 무렵에 발생한 피고의 손실이 선량한 관리자로서의 주의의무 위반으로 인한 것이 아니라고 판단

2. 로스컷 주문에 따른 반대매매시 고객보호의무 인정 여부

HTS 자동 로스컷 프로그램에 따른 일괄반대매매시 시장가호가를 기준으로 한다거나 손실의 폭이 커질 수 있다는 내용 등이 고지되지 않은 경우 증권회사의 보호의무 위반을 인정한 사례

1. 사건의 개요

❖ 원고는 선물옵션 계좌 평가액이 일정 금액에 도달할 경우 자동으로 일괄반 대매매가 되게 하는 HTS 자동 로스컷 프로그램을 설정하였고 이에 따라 원 고의 선물옵션 계약이 시장가로 반대매매되었음

2. 주요 쟁점

❖ HTS 자동 로스컷 프로그램에 따른 일괄반대매매시 고객보호의무

3. 소송의 경과

서울남부지방법원 2011.6.24. 선고 2010가합13481 판결: 원고 일부 승
[원고: 고객 ↔ 피고: 증권회사]
서울고등법원 2014.8.21. 선고 2011나62863 판결: 원고 일부 승, 확정
[원고, 항소인 겸 피항소인: 고객 ↔ 피고, 피항소인 겸 항소인: 증권회사]

4. 판결의 요지(1심, 항소심 동일)

❖ 반대매매 프로그램을 운용하는 피고로서는 투자자가 그 약정을 체결하려고 할 때 경우에 따라 예상하지 못한 손실이 발생할 수 있다는 점 및 이를 방 지하기 위해서는 일정한 조치를 취하여야 한다는 점 등을 설명하고 실제 반 대매매를 실행하기에 앞서 그러한 사실을 고지하여 이를 방지하기 위한 조 치를 취할 기회를 부여하는 등 투자자를 보호하여야 할 주의의무가 있음

❖ 피고의 일괄 반대매매시 시장가 호가를 기준으로 한다는 내용이나 시장가 호가를 기준으로 일괄반대매매가 실행될 경우 손실의 폭이 커질 수 있다는 내용 등은 기재되어 있지 않은 사실, 이 사건 반대매매시 원고에게 일괄 반 대매매가 실행될 예정임을 고지하거나 그 실행 여부에 대한 의사를 확인하 는 등의 과정 없이 곧바로 반대매매가 실행된 사실을 인정할 수 있으므로, 피고는 특별한 사정이 없는 한 투자자인 원고에 대한 보호의무위반으로 인 한 손해를 배상할 책임이 있음

❖ 다만, 피고의 투자자보호의무와 관련하여 반대매매의 약정에는 증권회사가 위탁자의 미결제위험을 줄이려는 목적보다, 위탁자의 손실을 최소화하기 위한 목적이 더 크다는 점을 고려하여 반대매매 약정을 구현한 시스템을 운용함으로써 투자자를 보호하여야 한다고 부연설명하고 있음(항소심)

3. 고위험주식에 낮은 증거금률을 적용한 것이 고객보호의무 위반인지 여부

1. 사건의 개요

❖ 피고는 2007.3.26. 이후 A주식을 미수(위탁증거금률 40%)로 거래하여 4.18. 주식매수대금 및 매매수수료 등 합계 309,514,934원을 결제하지 않은 상태에서 A주식만을 보유함

❖ 그런데 A주식 주가는 2007.4.16. 51,400원을 최고점으로 급락하여 피고가 주식을 매도하려 해도 매매가 이루어지지 않았고 결국 2007.5.4. 주당 7~8천원대에 주식이 반대매매되었고, 원고회사는 매도대금을 미결제대금에 충당하였으나 2007.5.7.기준 236,845,885원의 미수금이 남음

2. 주요 쟁점

❖ 미수거래가 관계법령의 강행규정 위반으로 무효인지 여부

❖ 고위험주식에 낮은 위탁증거금률을 적용한 경우 투자자보호의무 위반 여부

3. 소송의 경과

서울남부지방법원 2008.4.18. 선고 2007가합9307 판결: 원고 일부 승

서울고등법원 2008.11.7. 선고 2008나46786 판결: 원고 일부 승

대법원 2009.3.12. 선고 2008다88054 판결: 심리불속행기각(피고 상고인)

4. 판결의 요지

❶ 미수거래가 관계법령 위반으로 무효인지 여부(1심, 항소심 동일)

❖ 미수거래는 증권거래법 및 동법의 위임을 받은 거래소 업무규정에 따라 이루어지는 행위로 정당하다 할 것이며, 매수주문 위탁과정에서 원고회사가 고객으로 하여금 예탁하게 한 위탁증거금과 매수로 점유한 주식의 처분대금으로도 매수대금을 충당하지 못하여 미수금이 남게 되었다 하더라도 이러한 결과만으로 원고회사가 탈법적인 신용공여 행위를 한 것으로 볼 수 없음

❷ 고위험 주식에 낮은 증거금률을 적용한 경우 투자자보호의무 위반여부

가. 1심

❖ 원고회사는 정보접근성이 일반투자자보다 우위에 있는 전문가로서 A주식의 높은 투자위험을 감지하였음에도 불구하고 위탁증거금률 인상 등의 적절한 조치를 취하지 아니하거나 적어도 과실로 투자위험을 감지하지 못한 잘못이 있고 이로 인하여 피고들에게 미수금 채무를 부담하게 하였으므로 그 손해를 배상할 책임이 있으나 피고들이 손해액은 전체 미수금 합계의 30%로 제한함(고객과실 70%)이 상당하고 이 부분 채권으로 원고의 미수금채권과 상계하려면 결국 피고가 변제하여야 할 금액은 전체 미수금의 70%임

나. 항소심

❖ 원고회사가 A주식에 관하여 상당히 높은 투자위험이 있음을 알았거나 과실로 알지 못한 잘못이 있다고 할 수 없고 설령 해당 주식의 투자위험을 알지 못한 과실이 있다 하더라도 위탁증거금제도는 본질적으로 매수대금에 대한 1차 결제책임을 부담하는 증권회사의 위험관리를 위한 것으로 증권회사가 미수금 발생위험 등으로부터 고객을 보호하기 위해 위탁증거금률을 조정할 의무를 부담한다고 보기 어려우므로 증거금률을 상향 조정하지 않은 것이 투자자보호의무를 위반한 것으로 볼 수 없음

❖ 따라서 원고의 손해배상책임으로 인한 채권과 미수금채권과의 상계 주장은 이유 없으며 피고는 원고에게 미수금 전부를 변제하여야 함

4. 담보로 제공된 주식매도대금을 위탁증거금에 포함할 수 있는지 여부

1. 사건의 개요

❖ 피고는 원고 증권회사를 통해 주식매도대금을 담보로 대출을 받은 상황에서 미수로 주식을 매수하였는데 이때 주문가능금액을 산출함에 있어 담보로 제공된 주식매도대금이 위탁증거금에 포함되었고 이로 인하여 피고의 예상보다 많은 주식이 매수되어 투자손실이 확대됨

2. 주요 쟁점

❖ 담보로 제공된 주식매도대금을 위탁증거금에 포함할 수 있는지 여부

3. 소송의 경과

서울남부지방법원 2008.6.19. 선고 2007가단75994 판결: 원고 일부 승

서울고등법원 2009.2.27. 선고 2008나67851 판결: 피고 항소 기각

대법원 2009.7.9. 선고 2009다27667 판결: 심리불속행기각[피고 상고인]

4. 판결의 요지

❖ 법령 또는 당사자간 약관 등에서 매도담보대출의 담보로 제공한 주식매도대금을 위탁증거금으로 사용할 수 없다는 내용이 존재하지 아니함

❖ 원고의 담보대출약관에서 매도담보대출금은 담보주식의 매도결제일에 매도결제대금으로 우선 상환되고, 대출시 고객이 제공한 담보주식이 설정되는 것으로 규정하고 있기는 하나, 위탁증거금 제도의 본질에 비추어 보면 동 약관규정이 원고가 매도담보대출의 담보로 제공된 주식매도대금을 다시 위탁증거금으로 징수하는 것까지 금지한다고 볼 수 없음

5. 타인을 실질적으로 자신을 대리하여 선물옵션 거래주문을 내게 하면서 금융기관에 주
문대리인으로 신고하지 않았는데 주문대리인의 요구에 의해 옵션매도수량제한이 해
제된 경우

1. 사건의 개요

❖ 원고는 선물옵션계좌를 개설하고 지인 A로 하여금 자신을 대리하여 이 사
건 선물옵션계좌를 통해 거래주문을 내도록 하였으나 증거금이 부족하여
반대매매를 당함

❖ 위 거래과정에서 원고는 A를 주문대리인으로 신고하지 않았고, 피고는 위
주문대리인의 요구에 의해 옵션매도수량제한을 해제한 바 있음

2. 주요 쟁점

❶ 계약당사자 확정
❷ 주문대리인제도 위반 여부
❸ 반대매매 즉시실시의무 인정 여부
❹ 옵션매도수량제한 해제조치의 위법성 및 인과관계

3. 소송의 경과

서울남부지방법원 2012.7.19. 선고 2011가합12843(본소), 5361(반소) 판결
서울고등법원 2013.2.6. 선고 2012나62907(본소), 62914(반소): 항소기각
대법원 2013.6.13. 선고 2013다19212 판결: 심리불속행 기각

4. 판결의 요지(1심, 항소심 동일)

❶ 본인인 예금명의자의 의사에 따라 실명확인 절차가 이루어지고 예금명의자
를 예금주로 하여 예금계약서를 작성하였음에도 불구하고, 예금명의자가
아닌 출연자 등을 예금계약의 당사자라고 볼 수 있으려면, '금융기관과 출
연자 등과 사이에서 실명확인 절차를 거쳐 서면으로 이루어진 예금명의자
와의 예금계약을 부정하여 예금명의자의 예금반환청구권을 배제하고 출연
자 등과 예금계약을 체결하여 출연자 등에게 예금반환청구권을 귀속시키겠
다는 명확한 의사의 합치'가 있는 극히 예외적인 경우로 제한되어야 함
  - 이 사건 선물옵션계좌에 따른 채권채무를 원고가 아닌 주문대리인에게 귀속시

키겠다는 명백한 의사의 합치를 인정할 증거 없음

❖ 적합성원칙과 설명의무는 투자자 보호의 필요에 따라 금융투자업자가 투자자를 상대로 투자권유를 하는 경우에만 적용되는 것이고, 이 사건과 같이 금융투자업자의 투자권유에 의하지 아니하고 자발적인 의사로 투자를 하는 경우에는 적용된다고 할 수 없음

❷ 주문대리인제도는 고객이 서면으로 지정한 주문대리인을 정당한 매매주문자로 인정하고, 주문대리권의 존부에 관한 분쟁을 사전에 차단함으로써 고객을 보호하기 위한 제도로서 증권거래에 관한 절차를 규정하여 거래질서를 확립하려는 데 그 목적이 있다고 봄이 상당하고, 금융감독원이 주문대리인 제도의 운영기준을 정한 '투자매매업 투자중개업자의 주문대리인 지정제도 운영기준'은 일종의 행정지침으로서 법규적인 효력이 인정된다고 할 수 없음
 – 서면에 의하여 주문대리인을 지정한 바 없다고 하더라도 고객이 대리인을 정하여 선물옵션 거래를 위임하는 의사표시를 하였다면 그 사법상 효력을 부인할 아무런 이유도 찾아볼 수 없음

❸ 위탁증거금 부족시 반대매매를 할 수 있도록 하는 취지는, 고객의 무절제한 선물옵션거래로 인하여 선물옵션거래가 투기화되는 것을 억제하는 한편, 금융기관으로 하여금 선물옵션 정산대금을 신속히 회수하도록 하여 부실채권의 발생을 방지하기 위한 것임
 – 따라서 금융기관과 고객 사이에 특별한 약정이 있거나, 고객의 손실 회복을 기대할 수 없고 오히려 손실 폭이 더욱 확대될 것이 예상되는 등으로 고객을 보호하여야 할 특별한 사정이 없는 한, 그 시점에 반대거래를 통하여 청산하는 것이 반드시 고객의 손실을 최소화하는 것이라고 단정할 수 없는 것이므로, 금융기관이 고객에 대하여 위탁증거금이 부족한 순간 즉시 반대거래를 통하여 청산하지 않았다고 하여 고객보호의무나 선량한 관리자의 주의의무를 위반하였다고 볼 수는 없음

❹ 옵션매도수량제한 제도는 과도한 옵션매도 포지션을 누적하는 매매를 규제하여 고객을 보호함과 동시에 미수채권 발생을 미연에 방지하여 증권회사

의 위험을 관리하는 데 그 의의가 있고 증권회사는 도입여부 및 구체적 운영사항에 대하여 자율적으로 규정

- 이 사건 선물옵션계좌의 미수금발생은 주문대리인이 위험관리를 하지 않아 발생한 것이지 피고회사의 주문대리인 신청에 따른 옵션수량제도 해제조치와 미수금 발생 사이에 인과관계가 존재한다고 볼 수 없음

5. 전산장애

1 전산장애 개관

전산장애로 인한 분쟁의 특수성

❖ 증권분쟁에서 전산장애분쟁이 상당수이고 HTS·MTS 사용증가로 관련분쟁도 증가 추세에 있는바, 주문집행오류, 주문 이외 프로그램(시세화면) 오류, 전산정보 오류, 시스템지연 등 유형

❖ 다만, 투자자의 손해액수가 작아 타분쟁 유형에 비해 소송까지 이어지기 어려워, 조정에 적합한 분쟁유형임

전산장애 민원현황

	2013년		2014년		2015년		2016년
	상반기	하반기	상반기	하반기	상반기	하반기	상반기
전체 민원	939	988	1074	1016	1055	3,165	774
전산장애 민원	108	65	67	91	161	2,408	62

전산장애의 분쟁의 양상[30]

❖ (정보오류) HTS 등을 통해 정보를 잘못 제공하거나 늦게 제공하여 이를 믿고 거래한 고객이 손해를 입는 경우[31]

❖ (주문장애) 증권사 내부시스템 등의 장애로 매매주문기능에 문제가 생겨,
   – 원하는 시점에 매매주문이 제출되지 않거나, 원하는 내용과 다른 내용의 주문이 제출되어 고객이 손해를 입는 경우

전산장애시 손해배상의 청구권 경합

❖ 전자금융거래법상 책임, 민법상 채무불이행책임 또는 불법행위 책임을 물을 수 있고, 각 청구권은 **청구권 경합관계**

---

30 이창현, 전산장애로 인한 손해배상에 관한 연구, 법과 기업연구 제5권 제3호, 2015.12.

31 정보오류를 신뢰하고 고객이 매매주문한 경우는 전자금융거래법상 사고에 해당하지 않음
   (대법원 2015.5.14. 선고 2013다69989, 69996 판결)

❖ 전자금융거래법이 무과실책임인데 비하여 민법상 책임은 투자자가 전산장
애의 고의과실 인과관계 등을 입증하여야 하므로 **전자금융거래법상 책임을
묻는 것이 투자자에 유리**

2 민법(제750조)상 불법행위 책임: 과실책임

가. 손해배상책임발생 요건

**① 전산장애 발생할 것 ② 고객에게 손해가 발생할 것(통상손해) ③ 전산
장애에 대한 금융투자업자의 관리책임이 인정될 것**

❶ 전산장애의 발생
  - 전산장애의 원인이 HTS 프로그램 오류, 시스템 용량 부족으로 인한 주문처리
    불능, 유지·보수 등 시스템운용상의 오류 등일 경우 해당 금융회사의 손해배
    상책임이 성립하는 전산장애로 인정될 수 있으나,
  - 거래소 등 유관기관, 개인PC 장애 및 인터넷 회선장애 등의 경우는 금융투자
    업자의 손해배상책임을 발생케 하는 전산장애가 아님[32]

❷ 전산장애로 인한 고객의 손해 발생
  - 전산장애로 인하여 고객에게 현실적인 손해가 발생한 경우에만 배상책임이 인
    정되며, 전산장애로 인하여 결과적으로 고객에게 이익이 발생한 경우 전산장
    애 사실 발생에 대한 배상청구는 인정되지 않음

❸ 전산장애에 대한 금융투자업자의 관리책임 성립
  ㉠ 해당 시스템의 관리·유지보수가 금융투자업자의 관리영역일 것
  ㉡ 해당 장애가 예측가능성이 없는 불가항력에 의한 것이 아닐 것
  - 전산장애가 최선의 주의의무를 다하여도 막기 어려운 불가항력에 의한 것일
    경우 관리책임은 성립하지 아니하나, 운용과정에서 미처 검증하지 못한 오류
    등으로 발생한 전산장애는 예견 가능성이 인정되어 관리책임 성립

---

32 '③ 관리책임 성립' 요건과 일맥상통하는 측면이 있음. 결국 해당 전산장애가 금융투자업자의
  고의 또는 과실에 의한 것인지, 즉 전산장애에 대한 금융투자업자의 유책성(有責性) 여부가
  전산장애로 인한 손해배상책임의 판단을 위한 핵심 문제임

관련 판례
- HTS상 옵션 종목의 시장 순매매 정보(풋옵션 환매수금액)에 장기간 오류가 발생했던 사안에서(대전고등법원 2003나8358)
  - 풋옵션에 관한 자료 중 풋옵션환매수 금액에 대한 정보가 잘못되었으나 다른 매매데이터는 전혀 오류가 없었고 또한 환매수금액이 0으로 나타난 것은 기본적 상식을 가진 투자자라면 오류로 알 수 있으며
  - 또한 투자자 손실은 옵션투자자별 매매금액 현황에 따른 장기적인 투자성향보다는 단기간 또는 매일 수시로 발생하는 거래단가의 변동 및 이를 고려한 매매량의 선택에 의하여 결정되었다고 판단하여 투자금 손해가 데이터 오류로 인하여 발생하였다고 볼 상당인과관계를 인정하지 않았음
- 다만, 피고는 원고에게 정확한 정보를 제공할 선관주의 의무를 가지므로 동 정보를 신뢰한 고객의 정신적 충격에 대하여 손해주장금액의 약 5.6%의 위자료를 인정

손해배상책임의 제한

❖ 정보표시 오류·지연의 경우 손해와의 인과관계가 부정되어 재산적 손해가 아닌 위자료가 인정되는 경우가 많고(대법원 2014다231323 등)
  – 주문처리 장애의 경우도 전매기회상실 등 특별손해가 많아 배상이 곤란한 경우가 대부분(서울지법 98가합5079 등)이어서 과실상계비율 산정에 어려움

❖ HTS상 외국인 지분율 오표시(잘못된 자료전송)된 사건에서
  – 약간의 주의만 기울였어도 잘못된 정보라는 점을 쉽게 알 수 있었음에도 이를 게을리하여 확인 없이 자료를 그대로 믿은 과실을 이유로 피고의 책임을 50%로 제한한 판결이 있음(서울고등법원 2000나3689 판결)

3 전자금융거래법상 책임: 무과실 책임

관련 규정

전자금융거래법

제9조(금융회사 또는 전자금융업자의 책임) ① 금융회사 또는 전자금융업자는 다음 각 호의 어느 하나에 해당하는 사고로 인하여 이용자에게 손해가 발생한 경우에는 그 손해를 배상할 책임을 진다.
1. 접근매체의 위조나 변조로 발생한 사고
2. 계약체결 또는 거래지시의 전자적 전송이나 처리 과정에서 발생한 사고

> 3. 전자금융거래를 위한 전자적 장치 또는 「정보통신망 이용촉진 및 정보보호 등에 관한 법률」 제2조 제1항 제1호에 따른 정보통신망에 침입하여 거짓이나 그 밖의 부정한 방법으로 획득한 접근매체의 이용으로 발생한 사고
> ② 제1항의 규정에 불구하고 금융회사 또는 전자금융업자는 다음 각 호의 어느 하나에 해당하는 경우에는 그 책임의 전부 또는 일부를 이용자가 부담하게 할 수 있다.
> 1. 사고 발생에 있어서 이용자의 고의나 중대한 과실이 있는 경우로서 그 책임의 전부 또는 일부를 이용자의 부담으로 할 수 있다는 취지의 약정을 미리 이용자와 체결한 경우
> 2. 생략
> ③ 제2항 제1호의 규정에 따른 이용자의 고의나 중대한 과실은 대통령령이 정하는 범위 안에서 전자금융거래에 관한 약관(이하 "약관"이라 한다)에 기재된 것에 한한다.
>
> ### 금융투자협회 「전자금융거래 이용에 관한 기본약관」
> **제8조(회사의 책임)** ① 회사는 다음 각 호의 어느 하나에 해당하는 사고로 인하여 고객에게 손해가 발생한 경우에는 그 손해를 배상할 책임을 진다.
> 1. 접근매체의 위조나 변조로 발생한 사고
> 2. 계약체결 또는 거래지시의 전자적 전송이나 처리 과정에서 발생한 사고
> 3. 전자금융거래를 위한 전자적 장치 또는 「정보통신망 이용촉진 및 정보보호 등에 관한 법률」 제2조 제1항 제1호에 따른 정보통신망에 침입하여 거짓이나 그 밖의 부정한 방법으로 획득한 접근매체의 이용으로 발생한 사고

전자금융거래법의 구조[33]

❖ 금융회사는 법인이나 개인이용자에게 전자금융거래법 제9조 제1항의 사고로 손해가 발생한 경우 무과실책임을 지고

❖ 법 규정상의 감면요건이 인정되면 책임의 전부 또는 일부를 이용자의 부담으로 돌릴 수 있음(전자금융거래법 제9조 제2항 및 시행령 제8조)

손해배상책임 발생 요건

❖ ① 전자금융거래법 제9조 제1항의 사고에 해당할 것 ② 이용자에게 손해가 발생할 것 ③ 사고와 손해 간 인과관계가 있을 것 ④ 개인이용자에게 고의·중과실이 없을 것(법인이용자: 금융회사가 충분한 주의의무를 다하지 않았을 것)

---

33 김홍식, 전기통신금융사기와 관련된 전자금융거래법상 금융기관의 책임, 금융법연구 제12권 제3호(2015) 참조

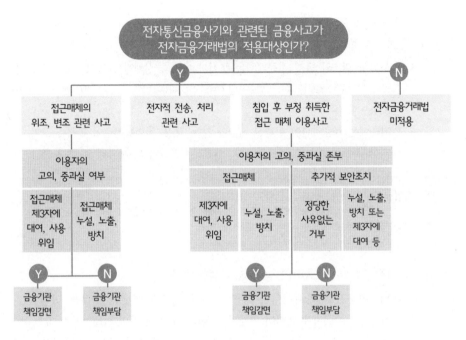

전자금융거래법상 사고(전자금융거래법 §9①)

① 접근매체의 위조 또는 변조로 발생한 사고(제1호)
② 계약체결 또는 거래지시의 전자적 전송이나 처리과정에서 발생한 사고(제2호)
③ 정보통신망 등에 침입하여 부정한 방법으로 획득한 접근매체의 이용으로 발생한 사고(제3호)

제1호: 접근매체의 위·변조

❖ **접근매체:** 전자금융거래에 있어서 거래지시를 하거나 이용자의 거래내용의
진실성과 정확성을 담보하기 위하여 사용되는 수단 또는 정보(법 제2조 제
10호)

  – 공인인증서, 보안카드 등 일회용 비밀번호는 접근매체에 해당(관련판례 1, 2)
  – 공인인증서 발급에 필수적인 계좌번호, 계좌비밀번호, 주민등록번호, 보안카
  드번호, 보안카드비밀번호 등 정보도 접근매체에 해당한다고 판시(대법원
  2014.1.29. 선고 2013다86489 판결)

❖ **위조:** 형법상 위조는 작성권한 없는 자가 타인의 명의를 모용하여 타인명의
의 문서를 작성하는 것을 말하는바, 피싱(Phishing) 및 파밍(Pharming)에 있

어 타인의 정보를 부정하게 이용하여 공인인증서를 재발급받은 행위를 위
조로 볼 것인지 문제됨

- 형법상 위조와 달리 접근매체는 문서가 아니라 생체정보나 전자적 장치인 점
  을 고려 위조로 볼 수 있다는 판결이 있으나(대법원 2014.1.29. 선고 2013다
  86489 판결[34])

- 최근에는 금융기관이 무과실 책임을 지는 점 및 죄형법정주의 원칙을 고려, 엄
  격하게 해석해야 하므로 위조가 아니라는 판결이 다수(별첨 7-2 판례 1, 2)

> 서울고등법원 2015. 9. 9. 선고 2015나201160[35]
> 공인인증서 발급권한을 가진 공인인증기관이 금융거래정보의 일치여부로 본인확인을 한 다음
> 이를 재발급할 의사로 재발급한 것이므로 위조라 보기 어렵다.

제2호: 전자적 전송이나 처리과정에서 발생한 사고

❖ **(개념)** 이용자의 거래지시와 다른 처리나 결과가 발생한 경우를 말함
  - 권한 없는 제3자에 의하여 거래가 이행되거나, 이용자의 거래지시가 없었음에
    도 거래가 이행되거나 거래지시가 있었으나 그에 따라 거래가 이행되지 아니
    한 경우(대법원 2015.5.14. 선고 2013다69989, 69996 판결)
❖ **(판례)** 주문가능금액이 없어 주문이 거부되어야 하나 증권회사의 전산오류
  로 주문이 이행된 사안에서
  - 이용자가 거래지시를 하여 거래지시에 따라 이용자가 본래 의도한 대로 전자
    금융거래가 이행된 경우 특별한 사정이 없는 한 구 전자금융거래법 제9조 1항
    에 따라 금융기관 또는 전자금융업자가 손해배상책임을 부담하는 "사고"에 해
    당하지 아니한다고 판결(대법원 2015.5.14. 선고 2013다69989, 69996 판결)

제3호: 침입 후 부정획득한 접근매체를 이용한 사고

❖ **침입:** 정당한 접근권한 없이 또는 허용된 접근권한을 초과하여 정보통신망
  에 침입하는 행위를 말하는바,
  - 부정한 방법으로 타인의 식별부호를 이용하거나 보호조치에 따른 제한을 면할
    수 있게 하는 부정한 명령을 입력하는 등의 방법으로 침입하는 행위도 포함하
    므로

---

34 해당 판결은 구법(2013.5.22. 법률 제11814호로 개정되기 전의 것)이 적용된 판결임
35 대법원 2016.1.28. 선고 2015다241976 판결로 심리불속행기각

– 파밍이나 피싱에 의한 경우는 제3호에 의한 책임을 부담(별첨 7-2 판례 1, 2)

고의·중과실에 의한 책임감면(법 §9②③ 및 동시행령 §8)

❖ 사고발생에 이용자의 고의 또는 중과실이 있는 경우 시행령의 범위 내에서 전자금융거래약관에 기재된 경우 책임감면이 가능

고의 또는 중과실의 유형(전자금융거래법 시행령 8조)
① 접근매체 대여, 사용위임, 양도나 담보제공(제1호)
② 제3자의 권한 없는 전자금융거래가능성을 알았거나 알 수 있었음에도 접근매체 누설, 노출 또는 방치(제2호)
③ 금융기관 등의 보안강화위한 추가적 보안조치를 정당한 이유 없이 거부(제3호)
④ 추가적 보안조치 수단 또는 매체에 대하여 누설, 노출 또는 방치, 제3자에 대여·사용위임 또는 양도나 담보 목적으로 제공(제4호)

❖ (중과실 판단) 중과실이란 고의에 가까운 현저한 주의의무의 위반을 말하며 사기수법에 대한 일반인의 인식정도와 피해자의 개별적 인식가능성을 함께 고려하여 판단하는데,

– 법원은 금융사고가 일어난 구체적 경위, 그 위조 등 수법의 내용 및 그 수법에 대한 일반인의 인식정도, 금융거래 이용자의 직업 및 금융거래 이용경력 기타 제반사정을 고려하여 판단하고 있음

N은행 보이스피싱 사건(대법원 2013다86489 판결) - 이용자의 중과실 인정
① 이 사건 금융사고 당시에는 이른 바 전화금융사기가 빈발하여 이에 대한 사회적 경각심이 높아진 상태였던 것 ② 원고는 이사건 금융사고 당시 만 33세로서 공부방을 운영하는 등 사회 경험이 있었고 1년 이상 인터넷뱅킹을 사용해 왔던 점 ③ 원고는 관련 형사 사건의 조사과정에서 성명불상자로부터 001로 시작되는 국제전화를 받아 순간 이상하다는 생각을 하였다고 진술하고 있는 점 ④ 그럼에도 원고는 제3자에게 접근매체인 공인인증서 발급에 필수적인 계좌번호, 계좌비밀번호, 주민등록번호, 보안카드번호, 보안카드 비밀번호를 모두 알려준 점 등에 비추어 보면 결국 원고의 이와 같은 금융거래정보 노출행위는 이용자의 '중대한 과실'이 있는 경우에 해당한다.

❖ (책임부담의 정도) 중과실이 있다고 곧바로 금융기관이 책임을 면하는 것이 아니라 이용자들의 중대한 과실의 정도에 따라 부담할 책임의 존부와 범위가 정해짐

– 통상 전자금융사기는 공인인증서 재발급여부에 따라 ① 공인인증서를 발급받는 경우[36]와 ② 발급받지 않는 경우[37]로 구분

중과실에 따른 책임감면 사례

책임	중과실	사건유형	사건번호
전부면제	• 전화금융사기가 빈발하여 이에 대한 사회적 경각심이 높아진 상태였던 것 • 사회경험 있고 1년 이상 인터넷뱅킹 사용 • 조사과정에서 성명불상자로부터 001로 시작되는 국제전화를 받아 순간 이상하다는 생각을 하였다고 진술 • 제3자에게 접근매체인 공인인증서 발급에 필수적인 계좌번호, 계좌비밀번호, 주민등록번호 등을 모두 알려준 점	피싱 (Phishing)	대법원 2013 다 86489
전부면제	• 자신의 개인정보를 누설하는 외 성명불상자의 이체거래를 위하여 스스로 이체한도의 증액신청에 나아가는 등 악의이거나 이에 준할 정도로 과실이 무거운 점 • 보이스피싱 범행과정에서 피고은행의 전산시스템상의 문제가 개입된 것으로 볼 수 없는 점	피싱 (Phishing)	서울동부 지방법원 2012 가단 24812
전부면제	• 전자금융거래 기본약관 등에 동의한 점 • 전화금융사기에 대한 금융당국의 지속적인 홍보 및 언론보도 • 피고들이 운영하는 인터넷사이트에 수차례에 걸쳐 경고문을 송출한 점 • 비대면거래의 특성상 이용자가 금융거래정보를 철저히 관리하는 것이 필요한 점 • 보안카드전체를 입력하거나 수회에 걸쳐 OTP번호를 알려준 것으로 보이는 점 • 원고들의 연령이나 인터넷 뱅킹 서비스를 이용한 경력 특히 공인인증서 재발급 통지를 받고도 확인 조치를 취하지 아니한 점 등 종합적으로 고려하여 원고들의 중과실 인정	피싱 (Phishing)	서울중앙 지방법원 2015 가합 514556
전액배상	• 피해자가 보안카드에 적힌 정보를 자신의 컴퓨터를 통해 표로 만들어 출력하여 가지고 있었던 사실만으로는 중과실을 인정할 수 없다(이 경우 원고의 컴퓨터를 장악한 공격자는 해당 번호표를 쉽게 입수할 수 있게 된다는 이유로 중과실 항변)	개인pc 해킹	서울중앙지 방법원 2011 가단 105339

---

36 공인인증서를 발급받는 경우는 ① 개인정보 해킹 ② 피싱 ③ 파밍으로 구분
　　① 개인정보 해킹: 해커가 개인용 PC에 침입하여 그곳에 저장되어 있는 피해자의 개인정보를 취득한 후 공인인증서를 재발급 받아 부당하게 이용하는 경우
　　② 피싱: 금융기관 등의 메일로 위장하여 개인의 인증번호나 신용카드번호 등을 빼내 불법적으로 이용하는 행위
　　③ 파밍: 악성코드 등을 이용하여 피해자의 PC를 조작하여 금융정보를 빼내는 수법
37 공인인증서를 발급받지 않는 경우는 ① 공인인증서 해킹 ② 메모리 해킹으로 구분

관련 판례

■ 파밍(Pharming)*수법에 속아 범인들이 요구한 계좌번호, 비밀번호, 보안카드 번호 등을 가짜 사이트에 입력하여 공인인증서가 재발급된 후 돈이 빠져나간 사건에서

   * 금융기관의 정식 공지사항인 것처럼 문자메세지를 보내거나 가짜 인터넷 홈페이지로 유인해 개인정보 유출 후 돈을 빼돌리는 수법

■ 1심에서는 접근매체의 위조사고로 인정되었으나 원고들의 중과실이 인정되어 원고들이 80~100%의 손해를 부담하는 것으로 판시했으나

■ 항소심에서 접근매체의 위조에 해당하지 아니할 뿐 아니라 원고들이 손해 전부를 부담하는 중과실에 해당한다고 하여 원고들이 손해의 100% 부담(원고청구 기각)

	1심(2013다70571)		항소심(2015나2011609)
접근매체 해당	○		○
위조	○		×
원고부담	접근매체 제3자 위임	100%	100% (접근매체 누설, 노출)
	정상적인 방법으로 인터넷 사이트에 접속하려 했으나 허위사이트로 유도된 경우	80%	
	공인인증서 재발급 통보받고도 미조치	90%	

4 기타 부수(보호)의무 위반으로 인한 손해배상책임

사례
투자자의 과실로 주문입력 오류사고가 발생한 경우에 사고발생 위험에 대한 구체적인 안내 미비로 인한 보호의무위반을 투자자가 주장하는 경우

▨ (주된 급부의무) 전자금융거래 관련 권리·의무를 규율하는 「전자금융거래 이용에 관한 기본약관」에 의하면, 피신청인은 전자적 장치를 통한 금융상품 거래 서비스를 제공하고 고객은 서비스 이용에 따른 수수료를 부담할 것을 각각 주된 급부 의무로 부담함

「전자금융거래이용에 관한 기본약관」

제2조(정의)
① 이 약관에서 사용하는 용어의 정의는 다음과 같다.
1. "전자금융거래"란 회사가 전자적 장치를 통하여 금융상품 및 서비스를 제공하고 고객이 회사와 직접 대면하거나 의사소통을 하지 아니하고 자동화된 방식으로 이를 이용하는 거래를 말한다.
:
9. "거래지시"란 고객이 전자금융거래계약에 따라 회사에 전자금융거래의 처리를 지시하는 것을 말한다.
:

제5조(수수료)
① 회사는 전자금융거래와 관련하여 [별첨 2]에서 정하는 수수료를 고객으로부터 징수할 수 있다.

❖ 이에 따라 증권사는 **전자적 장치를 통한 각 고객의 거래지시를 적정하게 처리**하고 고객이 전자금융거래 서비스를 **기능적인 문제없이 이용할 수 있는 환경을 제공할 의무가 있음**

▓ **(부수의무* 및 보호의무**)** 주된 급부의무와 관련하여 **고객이 전자금융거래 서비스의 각 기능을 실질적으로 활용할 수 있도록 배려할 부수의무 및 기능이용 과정 중 불측의 손해를 방지할 보호의무가 증권사에게 존재한다**고 해석할 수 있음

  * 계약의 목적을 달성하기 위한 주된 급부의 준비, 확보 또는 완전한 실현에 이바지하는 의무로서 주된 급부의무를 보충하는 의미를 가지며, 쌍무계약에서 원칙적으로 상대방의 의무와 견련관계에 서지 않고 그 위반이 계약해제권을 발생시키지 않음(민법강의 – 지원림)

  ** 급부의무를 중심으로 결합된 채권자와 채무자가 상대방의 재산 등 법익을 침해하지 않도록 서로 배려해야 할 의무로서 신의칙에서 파생되며, 부수의무와 마찬가지로 그 위반이 계약해제권을 발생시키지 않으나, 손해배상청구권은 인정될 수 있음(민법강의 – 김준호)

❖ 증권사가 제공하는 HTS 등 전자금융거래 매체의 이용방법을 고객에게 매뉴얼 또는 사용자가이드의 형태로 설명하는 것은 부수의무 이행의 일종으로 해석할 수 있으며,
  – HTS 이용자의 오조작 등 부주의로 인하여 손실이 발생할 위험이 현저한 경우에는 위험성을 안내하는 것은 보호의무의 내용에 해당할 수 있음

❖ 다만 부수(보호)의무의 범위와 그 요구 정도는 구체적인 상황에 따라 다를 수 있으므로 **거래매체 이용방법의 설명 필요 내용 및 매뉴얼화 요구 정도는** 일률적으로 정하기는 어려우나,

- 서비스 기능을 적정하게 이용하기 위하여 **필수적인 정보 및 난해하거나 핵심 기능을 혼동하여 발생할 수 있는 불측의 손해를 방지하기 위한 설명**은 고객에게 제공되어야 할 부수(보호)의무로 인정할 수 있음

- 반면에 일견 부수(보호)의무에 포함될 것으로 보인다 하더라도 통상적인 이용자라면 **별다른 설명 없이 쉽게 습득할 수 있는 수준의 내용까지 설명할 것을 요구할 수는 없을 것**으로 해석됨

❖ 또한 부수(보호)의무가 민사법상 일반원칙인 신의성실의 원칙에 근거한다는 점에서 **그 범위를 지나치게 확대 해석할 경우,**

- 약관 등 명시적인 계약법규의 정함 이외에 **당사자 계약상의 의무를 부당하게 가중하는 결과***를 가져올 수 있으므로,

  *이른바, 일반조항으로의 도피

- 구체적인 사안에서 **당사자가 주된 급부로 얻을 법익을 침해함이 명백함에도 이를 조정할 규범이 없는 경우에만 제한적으로 부수(보호)의무의 존재와 그 위반여부를 긍정하여야 할 것임**

5 전산장애로 인한 손해의 범위

(통상손해) 전산장애와 관련한 원칙적인 손해배상범위는 **장애로부터 발생하는 직접적인 손해만 인정됨**

(특별손해) 매도·매수불능으로 인한 **전매기회 상실과 같은 기회이익**은 고객의 전매의사가 인정되고 증권회사가 그와 같은 의사를 알았거나 알 수 있었을 경우에만 인정됨

(위자료)[38] 피고의 **전산오류**에 따른 부정확한 정보가 원고의 환매시기에 영향을 미친 사실은 인정되나 원고에게 재산상 손해가 인정된다고 단정

하기 어렵다고 하면서도

❖ 다만, 잘못된 정보를 믿고 환매를 결정한 원고에게 위자료 인정[39]

❖ 피고가 부정확한 정보를 제공한 기간, 이 기간 동안 원고의 거래규모와 횟수 및 투자손실 가액 등을 고려하여 위자료금액 결정[40]

주문장애로 인한 통상 손해의 범위 관련 해석

■ (일반법리) 주문장애로 인하여 배상책임이 인정되는 손해의 범위는 민법 제393조 및 제763조에 의하여 통상의 손해를 그 한도로 하며, 특별손해의 경우는 상대방이 그 사정을 알았거나 알 수 있었던 경우에 한하여 인정됨

□ **통상손해**는 원칙적으로 장애시간 중 특정 매매의사(종목, 수량, 가격)가 확인되고 장애가 없었다면 주문체결이 가능하였으나 장애로 인하여 체결되지 못한 현실적인 손해로 볼 것임
  - 주문기록 등의 객관적 자료가 있어 특정 매매의사가 확인되는 경우
  - 각 유형별로 통상손해 범위를 정리해 보면, 아래와 같음

구분	주요 유형	통상손해 범위
①	매도(매수)를 의도하였으나 장애로 인하여 체결가능했던 매도(매수)주문이 체결되지 않은 경우	의도했던 매도(매수)가격과 실제 매도한 가격 (또는 장애 이후 실제 매도(매수)할 수 있었던 시점의 가격)의 차액
②	매도(매수)를 의도하지 않았으나 장애로 인하여 매도(매수)가 체결된 경우	장애가 복구된 이후 다시 동 종목을 매수(매도)한 데에 지출한 추가적인 비용*과 거래비용[41] *장애에 따른 매도 가격과 장애 종료후 매수가격의 차액에 매도 및 매수 중 적은 수량을 곱한 금액 손해
③	매도(매수)를 의도하였고 체결도 가능하였으나, 장애로 인하여 보다 낮은(높은) 가격으로 매도(매수) 주문이 제출되어 체결된 경우	의도했던 매도(매수)가격과 실제 매도(매수)가격의 차액

□ 반면에 실제로 동 종목을 매수한 사실이 없는 가운데 **단순히 매수하지 못한 주식의 가**

---

38 법원은 위자료액을 산정함에 있어서 피해자측과 가해자측의 제반 사정을 참작하여 그 금액을 정하여야 하므로 피해자가 가해자로부터 당해 사고로 입은 재산상 손해에 대하여 배상을 받을 수 있는지의 여부 및 그 배상액의 다과 등과 같은 사유도 위자료액 산정의 참작 사유가 되는 것은 물론이며, 재산상 손해의 발생이 인정되는데도 입증 곤란 등의 이유로 그 손해액의 확정이 불가능하여 그 배상을 받을 수 없는 경우에 이러한 사정을 위자료의 증액사유로 참작할 수 있다(대법원 2007.6.1. 선고 2005다5812, 5829, 5836 판결)

39 서울중앙 2015.1.29. 선고 2013나40468 판결

40 대법원 2006.6.15. 선고 2004다58109 판결

격이 유리하게 되었다고 하는 등의 기회 비용 내지 손해는 특별손해로서 원칙적으로 배상청구의 대상에서 제외된다고 볼 수 있음[42]

- (취소주문장애) 고객이 원 매도(매수)주문을 취소하려고 하였고, 주문 체결 전 취소가 가능하였으나, 장애로 인하여 원 매도(매수)주문이 체결된 경우에,
  - 고객이 뒤 이어 반대방향의 매수(매도) 주문을 내어 체결된 경우에는 상기 ② 유형에 준하여 배상여부를 판단함
  - 고객이 지속적으로 매도(매수) 주문을 내는 과정 중에 취소가 되지 않은 경우에는 ③ 유형에 준하여 판단하되, 주문이 취소되었더라면 체결되었을 가격과 매도(매수)의사 인정 여부는 후속 주문 상황에 따라 판단함
  - 기타 후속 주문 및 체결 내역 등 조치가 없는 경우에는 특별손해로서 원칙적으로 배상책임을 인정하지 않되, 재매수(매도)하지 못한 것에 대한 증권사측의 과실 개입 여부 검토

- (정정주문장애) 고객이 원 매도(매수)주문을 정정하려고 하였고, 주문 체결 전 정정 및 정정가격으로의 체결이 가능하였으나 장애로 인하여 원 매도(매수)주문이 체결된 경우에,
  - 상기 ③ 유형에 준하여 배상여부를 판단함

6 책임의 제한

전산장애 복구 이후 전매도 지연 등으로 인하여 손실폭이 확대된 사실 등이 인정될 경우 이는 고객의 책임으로 함

- ❖ 전산장애 복구가 완료되어 주문제출이 가능하게 되었음에도 고객이 즉시 주문을 제출하지 않아 손실폭이 확대되는 경우 추가 손실분에 대해서는 원칙적으로 금융투자업자의 책임이 인정되지 않는 것으로 보아 이는 손해배상의 범위에서 제외하여야 하나,

- ❖ 전산장애 복구 완료 시점(주문제출 가능 시점)을 명확하게 파악하기 어려운 경우 최초 주문가격과 실제 체결가격의 차이를 손해금액으로 보고, 전매도 지연 등으로 인한 손실확대를 고객의 과실사유로 보아 과실상계하는 방법으로 손해배상금액을 산정할 수도 있을 것임

---

41 서울지법 1998.9.2. 선고 98가합5079 판결 참조
42 서울지법 1998.9.2. 선고 98가합5079 판결 참조

전상장애 관련 과실상계 판례

과실 비율	과실상계사유	사건개요	사건번호
30%	• 계약이 원고 스스로의 주문에 의해 이루어진 것이므로 투자결과에 대한 최종적인 책임은 투자자인 원고가 부담해야 함 • 원고가 수년간 피고의 직원으로 근무하였고 파생상품 투자경험도 적지 않으며 위탁증거금 제도에 대한 지식도 어느 정도 갖추고 있는데도 거래주문현황과 예탁총액규모를 확인하지 아니한 채 거래주문을 계속한 점	위탁증거금이 예탁총액을 초과한 경우도 주문이 접수되는 오류가 발생	2013 나34954 (2013다 69989로 파기환송)
50%	• 약간의 주의만 기울였어도 잘못된 정보라는 점을 쉽게 알 수 있었음에도 이를 게을리하여 확인 없이 자료를 그대로 믿은 과실	HTS상 외국인 지분율 오표시 (잘못된 자료전송)	2000 나3698

별첨 7-1

전자금융거래법 관련규정 신구조문 대비

구 전자금융거래법(2013.5.2.개정되기 전)	현행 전자금융거래법
제9조(금융기관 또는 전자금융업자의 책임) ① 금융기관 또는 전자금융업자는 접근매체의 위조나 변조로 발생한 사고, 계약체결 또는 거래지시의 전자적 전송이나 처리과정에서 발생한 사고로 인하여 이용자에게 손해가 발생한 경우에는 그 손해를 배상할 책임을 진다.	**제9조(금융회사 또는 전자금융업자의 책임)** ① 금융회사 또는 전자금융업자는 다음 각 호의 어느 하나에 해당하는 사고로 인하여 이용자에게 손해가 발생한 경우에는 그 손해를 배상할 책임을 진다. 1. 접근매체의 위조나 변조로 발생한 사고 2. 계약체결 또는 거래지시의 전자적 전송이나 처리 과정에서 발생한 사고 3. 전자금융거래를 위한 전자적 장치 또는 「정보통신망 이용촉진 및 정보보호 등에 관한 법률」제2조 제1항 제1호에 따른 정보통신망에 침입하여 거짓이나 그 밖의 부정한 방법으로 획득한 접근매체의 이용으로 발생한 사고
② 제1항의 규정에 불구하고 금융기관 또는 전자금융업자는 다음 각 호의 어느 하나에 해당하는 경우에는 그 책임의 전부 또는 일부를 이용자가 부담하게 할 수 있다. 1. 사고 발생에 있어서 이용자의 고의나 중대한 과실이 있는 경우로서 그 책임의 전부 또는 일부를 이용자의 부담으로 할 수 있다는 취지의 약정을 미리 이용자와 체결한 경우 2. 법인(「중소기업기본법」 제2조 제2항에 의한 소기업을 제외한다)인 이용자에게 손해가 발생한 경우로 금융기관 또는 전자금융업자가 사고를 방지하기 위하여 보안절차를 수립하고 이를 철저히 준수하는 등 합리적으로 요구되는 충분한 주의의무를 다한 경우 ③ 제2항 제1호의 규정에 따른 이용자의 고의나 중대한 과실은 대통령령이 정하는 범위 안에서 전자금융거래에 관한 약관(이하 "약관"이라 한다)에 기재된 것에 한한다.	② 제1항의 규정에 불구하고 금융회사 또는 전자금융업자는 다음 각 호의 어느 하나에 해당하는 경우에는 그 책임의 전부 또는 일부를 이용자가 부담하게 할 수 있다. 1. 사고 발생에 있어서 이용자의 고의나 중대한 과실이 있는 경우로서 그 책임의 전부 또는 일부를 이용자의 부담으로 할 수 있다는 취지의 약정을 미리 이용자와 체결한 경우 2. 법인(「중소기업기본법」 제2조 제2항에 의한 소기업을 제외한다)인 이용자에게 손해가 발생한 경우로 금융회사 또는 전자금융업자가 사고를 방지하기 위하여 보안절차를 수립하고 이를 철저히 준수하는 등 합리적으로 요구되는 충분한 주의의무를 다한 경우 ③ 제2항 제1호의 규정에 따른 이용자의 고의나 중대한 과실은 대통령령이 정하는 범위 안에서 전자금융거래에 관한 약관(이하 "약관"이라 한다)에 기재된 것에 한한다.
제11조(전자금융보조업자의 지위) ① 전자금융거래와 관련하여 전자금융보조업자(전자채권관리기관을 포함한다. 이하 이 장에서 같다)의 고의나 과실은 금융기관 또는 전자금	**제11조(전자금융보조업자의 지위)** ① 전자금융거래와 관련하여 전자금융보조업자(전자채권관리기관을 포함한다. 이하 이 장에서 같다)의 고의나 과실은 금융회사 또는 전자금

융업자의 고의나 과실로 본다.	융업자의 고의나 과실로 본다.
제21조(안전성의 확보의무) 관련판례 ① 금융기관·전자금융업자 및 전자금융보조업자(이하 "금융기관등"이라 한다)는 전자금융거래가 안전하게 처리될 수 있도록 선량한 관리자로서의 주의를 다하여야 한다.	**제21조 (안전성의 확보의무)** ① 금융회사·전자금융업자 및 전자금융보조업자(이하 "금융회사등"이라 한다)는 전자금융거래가 안전하게 처리될 수 있도록 선량한 관리자로서의 주의를 다하여야 한다.
시행령 **제8조(고의나 중대한 과실의 범위)** 법 제9조 제3항에 따른 고의나 중대한 과실의 범위는 다음 각 호와 같다. 1. 이용자가 접근매체를 제3자에게 대여하거나 그 사용을 위임한 경우 또는 양도나 담보의 목적으로 제공한 경우(법 제18조에 따라 선불전자지급수단이나 전자화폐를 양도하거나 담보로 제공한 경우를 제외한다) 2. 제3자가 권한 없이 이용자의 접근매체를 이용하여 전자금융거래를 할 수 있음을 알았거나 쉽게 알 수 있었음에도 불구하고 접근매체를 누설하거나 노출 또는 방치한 경우	**시행령** **제8조(고의나 중대한 과실의 범위)** 법 제9조제3항에 따른 고의나 중대한 과실의 범위는 다음 각 호와 같다. 1. 이용자가 접근매체를 제3자에게 대여하거나 그 사용을 위임한 경우 또는 양도나 담보의 목적으로 제공한 경우(법 제18조에 따라 선불전자지급수단이나 전자화폐를 양도하거나 담보로 제공한 경우를 제외한다) 2. 제3자가 권한 없이 이용자의 접근매체를 이용하여 전자금융거래를 할 수 있음을 알았거나 쉽게 알 수 있었음에도 불구하고 접근매체를 누설하거나 노출 또는 방치한 경우 3. 금융회사 또는 전자금융업자가 법 제6조 제1항에 따른 확인 외에 보안강화를 위하여 전자금융거래 시 요구하는 추가적인 보안조치를 이용자가 정당한 사유 없이 거부하여 법 제9조 제1항 제3호에 따른 사고가 발생한 경우 4. 이용자가 제3호에 따른 추가적인 보안조치에 사용되는 매체·수단 또는 정보에 대하여 다음 각 목의 어느 하나에 해당하는 행위를 하여 법 제9조 제1항 제3호에 따른 사고가 발생한 경우 가. 누설·노출 또는 방치한 행위 나. 제3자에게 대여하거나 그 사용을 위임한 행위 또는 양도나 담보의 목적으로 제공한 행위
구 전자금융거래 이용에 관한 기본약관 **제8조(회사의 책임)** ① 회사는 접근매체의 위조나 변조로 발생한 사고, 계약체결 또는 거래지시의 전자적 전송이나 처리과정에서 발생한 사고로 인하여 고객에게 손해가 발생한 경우 그 손해를 배상한다.	**현행 전자금융거래 이용에 관한 기본약관** **제8조(회사의 책임)** ① 회사는 다음 각 호의 어느 하나에 해당하는 사고로 인하여 고객에게 손해가 발생한 경우에는 그 손해를 배상할 책임을 진다. 1. 접근매체의 위조나 변조로 발생한 사고

2. 계약체결 또는 거래지시의 전자적 전송이나 처리 과정에서 발생한 사고

3. 전자금융거래를 위한 전자적 장치 또는 「정보통신망 이용촉진 및 정보보호 등에 관한 법률」

제2조 제1항 제1호에 따른 정보통신망에 침입하여 거짓이나 그 밖의 부정한 방법으로 획득한 접근매체의 이용으로 발생한 사고

② 제1항에 불구하고 다음 각 호의 어느 하나에 해당하는 사유로 인하여 고객에게 발생한 손해에 대하여는 고객이 그 책임의 전부 또는 일부를 부담하게 할 수 있다.

② 제1항에 불구하고 다음 각 호의 어느 하나에 해당하는 사유로 인하여 고객에게 발생한 손해에 대하여는 고객이 그 책임의 전부 또는 일부를 부담하여야 한다. 1. 고객이 접근매체를 제3자에게 대여하거나 사용을 위임하거나 양도 또는 담보 목적으로 제공한 경우 2. 제3자가 권한 없이 고객의 접근매체를 이용하여 전자금융거래를 할 수 있음을 알았거나 쉽게 알 수 있었음에도 불구하고 고객이 자신의 접근매체를 누설 또는 노출하거나 방치한 경우 3.법인(중소기업기본법 제2조 제2항에 따른 소기업을 제외한다)인 고객에게 손해가 발생한 경우로 회사가 사고를 방지하기 위하여 보안절차를 수립하고 이를 철저히 준수하는 등 합리적으로 요구되는 주의의무를 다한 경우 4. 천재지변, 전쟁, 테러 또는 회사의 귀책사유 없이 발생한 정전, 화재, 건물의 훼손 등 불가항력으로 인한 경우	1. 고객이 접근매체를 제3자에게 대여하거나 사용을 위임하거나 양도 또는 담보 목적으로 제공한 경우 2. 제3자가 권한 없이 고객의 접근매체를 이용하여 전자금융거래를 할 수 있음을 알았거나 쉽게 알 수 있었음에도 불구하고 고객이 자신의 접근매체를 누설 또는 노출하거나 방치한 경우 3. 법인(중소기업기본법 제2조 제2항에 따른 소기업을 제외한다)인 고객에게 손해가 발생한 경우로 회사가 사고를 방지하기 위하여 보안절차를 수립하고 이를 철저히 준수하는 등 합리적으로 요구되는 주의의무를 다한 경우 4. 회사가 전자금융거래법 제6조 제1항에 따른 확인 외에 보안강화를 위하여 전자금융거래 시 요구하는 추가적인 보안조치를 고객이 정당한 사유 없이 거부하여 전자금융거래법 제9조 제1항 제3호의 사고가 발생한 경우 5. 고객이 제4호에 따른 추가적인 보안조치에 사용되는 매체ㆍ수단 또는 정보에 대하여 다음 각 목의 어느 하나에 해당하는 행위를 하여 전자금융거래법 제9조 제1항 제3호에 따른 사고가 발생한 경우 가. 누설ㆍ노출 또는 방치한 행위 나. 제3자에게 대여하거나 그 사용을 위임한 행위 또는 양도나 담보의 목적으로 제공한 행위 6. 천재지변, 전쟁, 테러 또는 회사의 책임 있는 사유 없이 발생한 정전, 화재, 건물의 훼손 등 불가항력으로 인한 경우

금융투자협회 「전산장애 발생 시 보상기준 및 절차」 주요 내용

(1) 주문장애 요건

- 당사의 책임으로 인하여 전산시스템 장애가 발생하여 고객께서 비상주문을 포함한 어떠한 방법으로도 주문이 불가능한 경우를 주문장애라 합니다.
- 증권전산, 증권거래소 등 유관기관이나, 당사와 접속을 위한 통신망의 장애, 개인PC장애는 포함하지 않습니다.
- 당사 전산시스템의 장애시 고객센터(1588-3322) 또는 영업점 비상주문이 가능하며 비상주문으로 주문을 시도하지 않은 경우나 비상주문시 주문폭주로 인한 체결지연은 주문장애에 해당하지 않습니다.
- 주문이 불가능한 경우를 제외한 시세지연이나 체결지연 등은 주문장애에 포함 되지 않습니다.
- [비상주문] : 당사 전산시스템 장애로 인한 주문불가시 고객센터(1588-3322)와 영업점에서 주문을 대행하고 온라인 매매수수료율을 적용하는 주문방법입니다. 고객께서 [비상주문]임을 말씀하시면 장애여부를 확인한 후 온라인수수료율을 적용하여 드립니다.

(2) 보상기준

- 다음 요건을 모두 충족해야 손실보상을 합니다.
① 고객센터 또는 영업점에 보상요청이 접수되어 있어야 합니다.
② 당사 전산시스템 장애와 직접적으로 관련이 있는 손실에 대한 보상신청 건만 인정합니다.
③ 전화기록 또는 로그기록 등 기타 실질적이고 객관적인 증명방법으로 확인할 수 있는 주문건에 한해서만 보상이 가능합니다.
- 보상처리가 가능한 손실은 비상주문 등 대체수단을 활용하여도 피할 수 없었던 손실을 기준으로 합니다.
- 손실보상 금액은 다음 기준에 의해 결정합니다.
① 고객 주문내용에 대한 전화기록 또는 로그기록 등 고객의 주문을 객관적으로 확인할 수 있는 시점의 주문가격에 주문수량을 곱한 금액과 장애복구 시점의 가격에 고객의 주문수량(고객의 최초주문수량을 최대로 하여 실제 주문수량을 의미함)을 곱한 금액의 차액을 보상합니다.
[계산식] (장애복구 시점의 가격 – 전화기록 등 고객의 주문을 객관적으로 확인할 수 있는 시점의 주문가격) × 주문수량
* 주문수량은 고객의 주문을 객관적으로 확인할 수 있는 시점의 주문수량을 최대한도로 하여 실제 매매한 수량을 의미
② 주문의 손실보상 금액 산정 시 제비용(수수료, 세금)은 손실보상금액에서 제외합니다.

별첨 7-2
관련 판례: 전산장애

1. 피싱(Phishing) 사기 관련 금융회사의 책임
피싱사기가 전자금융거래법 제9조 제1항 제3호의 사고에 해당하나 원고들의 중과실이 인정되어 금융회사의 책임이 면제된다고 본 사례

1. 사건의 개요
❖ 원고들의 명의가 도용되어 범죄에 연루되었다는 성명불상자의 거짓말에 속아 성명불상자에게 계좌비밀번호, 보안카드번호, OTP 번호 등의 금융정보를 직접 알려주거나 허위의 인터넷 홈페이지에 접속하여 위 금융정보를 입력하였음
❖ 성명불상자는 위 정보를 이용하여 원고들 명의의 계좌에 보관되어 있던 돈을 제3자 명의의 계좌로 이체하거나 원고들 명의의 카드론 대출 등을 받아 원고들 명의의 계좌로 입금하고 다시 이를 제3자 명의의 계좌로 이체함

2. 주요 쟁점
❶ 전자금융거래법(이하 '법') 제9조 제1항에 기한 손해배상책임 인정여부
❷ 민법상 불법행위 또는 채무불이행에 기한 손해배상책임 인정여부

3. 소송의 경과
서울중앙지방법원 2016.4.19. 선고 2015가합514556 판결: 원고 패, 확정
[원고: 고객 ↔ 피고: 증권회사, 은행]

4. 판결의 요지
❶ 전자금융거래법 제9조 제1항에 기한 손해배상책임 인정여부
가. 전자금융거래법 제9조 제1항 제1호 접근매체의 위조에 해당하는지(소극)
❖ (접근매체) 공인인증서는 법 제2조 제10호 나목(전자서명법 제2조 제4호의 전자서명생성정보 및 같은 조 제7호의 인증서)에 의해, 일회용 비밀번호는 명시적으로 열거하고 있지는 않으나 공인인증서와 함께 전자금융거래에서

본인확인 수단으로 널리 사용되고 있는 점, 전자금융감독규정에서 접근매체의 하나로 취급하고 있는 점을 고려 <u>접근매체에 해당</u>한다고 판단

❖ **(위조)** 형법상 위조는 작성권한 없는 자가 타인의 명의를 모용하여 타인 명의의 문서를 작성하는 것인데 성명불상자가 공인인증서를 재발급 받은 경우는 공인인증서 발급권한을 가진 공인인증기관이 금융거래정보의 일치여부를 확인한 다음 이를 재발급할 의사로 재발급한 것이므로 <u>위조라 보기 어렵다</u>고 판단.

나. 법 제9조 제1항 제2호 전자적 전송이나 처리과정에서 발생한 사고에 해당하는지(소극)

❖ 이용자의 금융거래정보나 공인인증서의 거래지시와 다른 처리나 금융거래 결과가 발생한 것이 아니어서 2호의 사고에　해당한다고 보기 어려움

다. 법 제9조 제1항 제3호 정보통신망에 침입하여 거짓 또는 부정한 방법으로 획득한 접근매체의 이용으로 발생한 사고에 해당하는지(적극)

❖ 침입하는 행위는 정당한 접근권한 없이 또는 허용된 접근권한을 초과하여 정보통신망에 침입하는 행위이므로 부정한 방법으로 타인의 식별부호를 이용하거나 보호조치에 따른 제한을 면할 수 있게 하는 부정한 명령을 입력하는 등의 방법으로 침입하는 행위도 포함하므로 제3호에 의한 책임을 부담

라. 중과실 책임 면제 여부(적극)

❖ 고의 또는 중과실이 있는지 여부는 금융사고가 일어난 경위, 그 위조 등 수법의 내용 및 그 수법에 대한 일반인의 인식 정도, 금융거래 이용자의 직업 및 금융거래 이용경력 기타 제반 사항을 고려하여 판단

❖ 시행령 제8조 제2호(제3자가 권한 없이 접근매체를 이용하여 전자금융거래를 할 수 있음을 알았거나 알 수 있었음에도 이를 노출 방치), 제4호 가목(추가적인 보안조치에 사용되는 수단·정보에 대하여 누설·노출·방치)에 해당하여 중과실 책임 면제

　－ 전자금융거래 기본약관 등에 동의한 점, 전화금융사기에 대한 금융당국의 지속적인 홍보 및 언론보도, 피고들이 운영하는 인터넷사이트에 수차례에 걸쳐 경고문을 송출한 점, 비대면거래의 특성상 이용자가 금융거래정보를 철저히

관리하는 것이 필요한 점, 보안카드전체를 입력하거나 수회에 걸쳐 OTP번호를 알려준 것으로 보이는 점, 원고들의 연령이나 인터넷 뱅킹 서비스를 이용한 경력 특히 공인인증서 재발급 통지를 받고도 확인 조치를 취하지 아니한 점 등 종합적으로 고려하여 원고들의 중과실 인정

❷ 민법상 불법행위 또는 채무불이행을 원인으로 한 손해배상책임(소극)

가. 신원확인의무 등 선관주의위반 및 개인정보유출로 인한 불법행위 책임

❖ (신원확인의무) 입력받은 정보를 모두 대조한 결과 정확하게 일치함에 따라 공인인증서를 재발급 해주었으므로 법 제6조 제2항 본문이 정한 신원확인 의무를 다했음

❖ (안정성 확보의무) 법 제21조 제1항의 금융회사의 전자금융거래 안정성 확보의무는 자체적인 오류나 외부의 부당한 침입으로부터 안정성이 위협받지 않도록 시스템관리에 주의를 다할 것을 의미하는 것으로 타인이 이용자를 속여 접근매체를 부당하게 취득하여 이를 이용한 거래가 이루어지는 것을 방지할 의무를 의미한다고 보기 어려움

❖ (개인정보유출) 유출된 개인정보를 이용하여 범행을 저지른 게 아니라 원고들을 기망하여 취득한 정보를 이용하여 범행을 저지른 것이므로 개인정보유출을 이유로 한 불법행위 주장은 받아들일 수 없음

나. 채무불이행을 원인으로 한 손해배상책임(소극)

❖ 전자금융거래 관련 법령 및 약관이 민법 기타 일반법에 대한 특칙

❖ 거래지시가 원고들의 의사에 기한 것이라고 믿을 만한 정당한 이유가 있는 자에 의하여 송신된 경우에 해당하므로 예금계약상 예금보관의무와 임치물 반환의무, 불법인출 방지의무를 위반한 채무불이행에 해당한다고 보기 어려움

2. 파밍(Pharming) 사기 관련 금융회사의 책임

파밍사기가 구 전자금융거래법 제9조 제1항의 사고에 해당하지 아니할 뿐 아니라 원고들의 중과실도 인정된다고 한 사례

1. 사건의 개요

❖ 성명불상자가 파밍(Pharming)을 통하여 획득한 갑 등의 계좌번호와 비밀번호, 보안카드 번호 등 금융거래정보를 이용하여 원고들 명의의 공인인증서를 취득한 후 원고들의 예금계좌에서 이체거래를 하였음

2. 주요 쟁점

❖ 구 전자금융거래법(이하 '구법') 제9조 제1항에 기한 사고에 해당하는지
❖ 중대한 과실 인정 여부 및 책임 부담의 정도

3. 소송의 경과

서울중앙지방법원 2015.1.15. 선고 2013가합70571 판결: 원고 일부 승
[원고: 고객 ↔ 피고: 은행]
서울고등법원 2015.9.9. 선고 2015나2011609 판결: 원고 패
[원고, 항소인 겸 피항소인: 고객 ↔ 피고, 항소인 겸 피항소인: 은행]
대법원 2016.1.28. 선고 2015다241976 판결: 심리불속행 기각

4. 판결의 요지

❶ 제1심

가. 구 전자금융거래법 제9조 제1항 접근매체의 위조로 인한 사고인지(적극)

❖ (접근매체 해당여부) 공인인증서와 보안카드 등 1회용 비밀번호는 전자금융거래법 제2조 제10호에서 정한 접근매체에 해당
❖ (위조) 타인의 정보를 부정하게 이용하여 공인인증서를 발급 또는 재발급받은 경우 및 공인인증서를 불법적으로 복제한 경우는 공인인증서의 위조에 해당하며 권한 없는 자가 보안카드 번호 등을 입력한 경우도 보안카드의 위조에 해당

나. 중과실 인정여부 및 책임부담의 정도

❖ (중과실) 원고들의 나이, 사회적 경험, 인터넷뱅킹 이용경력이나 빈도, 피고 은행들의 전자금융사기에 대한 경고나 안내문 등 게시현황에 비추어 보면 원고들은 보안카드 전체를 입력하는 것이 매우 이례적인 일임을 충분히 인식하고 있었던 것으로 보이므로 중과실 인정

❖ (책임 전부 면제) 제3자에게 접근매체의 사용을 위임한 경우 손해 원고들이 전부 부담

❖ (책임 20% 인정) 정상적인 방법으로 인터넷 홈페이지에 접속하려 하였으나 허위의 사이트로 유도된 경우

❖ (책임 10% 인정) 공인인증서의 재발급 통지를 받고도 아무런 조치를 취하지 않은 경우

❷ 항소심

가. 구 전자금융거래법 제9조 제1항 접근매체의 위조로 인한 사고인지(적극)

❖ (접근매체 해당여부) 1심과 동일

❖ (위조) 공인인증서 발급권한을 가진 공인인증기관이 금융거래정보의 일치여부로 본인확인을 한 다음 이를 재발급할 의사로 재발급한 것이므로 <u>위조라 보기 어렵다고 판단</u>

나. 중과실 책임 면제 여부(적극)

❖ 원고 전부 시행령 제8조 제2호(제3자가 권한 없이 접근매체를 이용하여 전자금융거래를 할 수 있음을 알았거나 알 수 있었음에도 이를 노출 방치)에 해당하여 중과실 책임 면제

3. 구 전자금융거래법 제9조 제1항 계약체결 또는 거래지시의 전자적 전송이나 처리과정에서 발생한 사고 해당 여부

1. 사건의 개요

❖ 피고가 운영하는 HTS를 이용하여 선물옵션 거래를 하던 중 주문가능금액부족으로 풋옵션 매도 주문이 접수될 수 없는 상태인데도 시트템오류로 주문이 접수되자 수십회에 걸쳐 주문을 하여 풋옵션 매도 287계약을 체결함

2. 주요 쟁점

❶ 구 전자금융거래법 제9조의 입법취지

❷ 구 전자금융거래법 제9조 제1항의 사고의 의미 및 해당여부

❸ 피고의 책임제한 가부

❹ 원고의 채무부존재 확인청구 및 반소청구(피고의 미수금채권)에 관한 판단

3. 소송의 경과

서울남부지방법원 2013.5.10 선고 2011가합16883(본소), 2013가합5573(반소) 판결: 원고(반소원고) 일부 승

[원고(반소피고): 고객 ↔ 피고(반소원고): 증권회사]

서울고등법원 2013.8.22. 선고 2013나34954(본소), 2013나34961(반소) 판결: 원고 일부 승(본소: 원고 일부 승, 반소: 피고 일부 승)

[원고(반소피고), 피항소인: 고객 ↔ 피고(반소원고), 항소인: 증권회사]

대법원 2015.5.14. 선고 2013다69989, 69996 판결: 파기환송

[원고(반소피고), 피상고인 겸 상고인: 고객 ↔ 피고(반소원고), 상고인 겸 피상고인: 증권회사]

서울고등법원 20151.11.6. 선고 2015나14800, 14817 판결: 원고 일부 승

[원고(반소피고), 항소인: 고객 ↔ 피고(반소원고), 피항소인: 증권회사]

대법원 2016.3.10. 선고 2015다71832 판결: 심리불속행 기각

4. 판결의 요지

❶ 제1심

가. 구 전자금융거래법 제9조의 입법취지

❖ 전자금융거래의 특수성에 비추어, 사고의 잠재적 발생 가능성이 있고 고도로 전문적인 기술을 필요로 하는 전자적 장치를 관리하는 금융기관과 전자금융업자로 하여금 그 지배영역에서 사고가 현실화하여 이용자에게 손해가 발생한 경우, 개인이용자에 대하여는 무과실책임을 지게 하고, 법인이용자에 대하여는 증명책임을 전환시킴으로써 이용자를 보호하고 전자금융거래의 안전성과 신뢰성을 높이는 데 그 입법 취지가 있음

나. 구 전자금융거래법 제9조 제1항 사고 해당여부(적극)

❖ 전산오류로 말미암아 체결되지 않았어야 할 이 사건 287계약이 체결된 것은 '계약체결 또는 거래지시의 전자적 전송이나 처리과정에서 발생한 사고'에 해당

다. 피고의 책임제한 가부(소극)

❖ 전자금융거래법령의 각 조항은 강행규정에 해당하고, 고의 또는 중대한 과실이 있는 개인이용자에게 책임을 부담하게 할 수 있는 사유는 위 각 조항에서 정한 사유로 제한됨

❖ 설령 원고가 의도적으로 이 사건 전산오류를 이용하여 이 사건 287계약에 관한 주문을 제출하였다고 하더라도 전자금융거래법 제9조 제2항 제1호, 제3항과 전자금융거래법 시행령 제8조 및 피고의 전자금융거래 이용에 관한 기본약관에서 정한 고의 또는 중대한 과실의 범위에 속하지 않으므로, 이 사건 전산오류에 따른 책임의 전부 또는 일부를 원고가 부담하게 할 수는 없음

라. 원고의 채무부존재 확인청구 및 반소청구(피고의 미수금채권)에 관한 판단

❖ 피고의 원고에 대한 위와 같은 이 사건미수금 등 청구를 허용할 경우에는 이 사건 전산오류로 주문이 접수된 이 사건 287계약으로 말미암아 이용자인 원고에게 발생한 손해에 대한 책임 전부를 원고에게 전가하는 결과가 되고, 이는 위 강행규정에 정면으로 위배되므로 피고는 원고에게 미수금을 청구할 수 없고 원고의 채무부존재확인청구부분은 이유 있음

❷ 항소심

가. 구 전자금융거래법 제9조의 입법취지: 1심과 동일

나. 구 전자금융거래법 제9조 제1항 사고 해당여부: 1심과 동일

다. 피고의 책임제한 가부(적극)

❖ 공평분담이라는 일반 민법의 규정 또는 법리에 따라 이용자의 고의 또는 과실을 근거로 금융기관의 책임을 제한하는 과실상계를 허용

❖ 피고의 책임을 원고가 입은 손해의 70%로 제한

라. 원고의 채무부존재 확인청구 및 반소청구(피고의 미수금채권)에 관한 판단

❖ 추가증거금 발생사실, 원고의 추가증거금 미납에 따라 피고가 반대매매를 실시하였으나 부족하여 손실을 입게 된 사실이 인정되므로 원고는 추가증거금 예탁채무불이행으로 인하여 피고가 입은 손해를 배상할 책임이 있음

❖ 다만 피고의 전산장애를 감안 원고의 책임을 피고가 입은 손해액의 30%로 제한하고 원고의 미수금 채무는 위 인정된 금원을 초과하여서는 존재하지 아니함(피고의 반소청구를 채무불이행에 기한 손해배청구로 판단하여 원고의 책임제한 인정)

❸ 상고심

가. 구 전자금융거래법 제9조의 입법취지

❖ 직접 대면하거나 의사소통을 하지 아니하고 전자적 장치를 통하여 자동화된 방식으로 이루어지는 전자금융거래의 특성을 고려하여 일반적인 대면 거래라면 발생하지 아니하였을 권한 없는 제3자에 의한 거래나 이용자의 거래지시와 거래의 이행 결과 사이의 불일치로 인하여 이용자에게 손해가 발생한 경우에는 원칙적으로 금융기관 또는 전자금융거래업자로 하여금 손해배상 책임을 지도록 하되, 예외적으로 이용자가 거래지시나 이용자 및 거래내용의 진실성과 정확성을 확보하기 위하여 사용되는 접근매체를 대여하거나 누설하는 경우 및 이용자가 법인인 경우로 금융기관 또는 전자금융업자가 보안절차의 수립과 준수 등 충분한 주의의무를 다한 경우에 이용자가 책임의 전부 또는 일부를 부담하게 할 수 있도록 함으로써 전자금융거래의 안전성과 신뢰성을 확보함과 아울러 이용자를 보호하려는 데 그 취지가 있음

나. 구 전자금융거래법 제9조 제1항 사고 해당여부(소극)

❖ 금융기관이 손해배상책임을 부담하는 사고는 권한 없는 제3자에 의하여 전자금융거래가 이행되거나 이용자의 거래지시가 없었음에도 전자금융거래가 이행되거나 이용자의 거래지시가 있었으나 그에 따라 전자금융거래가 이행되지 아니한 경우 등을 의미

❖ 해당 사안에서 원고는 피고 회사의 HTS가 비정상적인 상태에 있었음을 인식하고 오히려 이를 이용하여 스스로의 의사에 따라 매도주문을 함으로써 원고가 의도한 대로 다수의 풋옵션 계약을 체결하였다고 볼 여지가 충분하므로 '사고'에 해당하지 않음

다. 피고의 미수금채권(반소청구)에 대한 과실상계 인정여부(소극)

❖ 피고의 반소청구는 파생상품계좌설정약관에 규정된 채무내용에 따른 본래의 급부를 구하는 것으로 과실상계나 책임제한을 할 수 없음

❹ 환송 후 항소심

가. 구 전자금융거래법 제9조의 입법취지: 상고심과 동일

나. 구 전자금융거래법 제9조 제1항 사고 해당여부: 상고심과 동일

❖ 원고의 본소 청구 중 피고의 손해배상청구 부분은 받아들일 수 없음

다. 원고의 채무부존재 확인청구 및 반소청구(피고의 미수금채권)에 관한 판단

❖ 피고의 미수금 채권 전액에 대하여 원고의 지급의무 인정

4. 전산장애에 따른 위자료 인정

HTS에 주문내역 등 지연 및 매매손익 관련 오류가 발생하였으나 손해와의 인과관계를 인정하기 어려워 재산적 손해는 부정되고 위자료만 인정

1. 사건의 개요

❖ 원고가 HTS로 옵션거래 중 주문내역이 실제 계약체결시간보다 지연되어 상품잔고에 반영되는 오류가 발생하였고(주문내역 등 지연 오류)

❖ 실제 매입가 대신 전날 종가를 사용하여 보유 상품 손익금액을 보여주는 오류가 발생하였음(매매손익 관련 오류)

2. 주요 쟁점

❖ 각 전산오류와 손해와의 인과관계

3. 소송의 경과

서울남부지방법원 2014.5.30. 선고 2013가단204762 판결: 원고 패
[원고: 고객 ↔ 피고: 증권회사]
서울남부지방법원 2014.10.10. 선고 2014나52372 판결: 항소기각
[원고, 항소인: 고객 ↔ 피고, 피항소인: 증권회사]
대법원 2015.2.12. 선고 2014다231323 판결: 심리불속행기각

4. 판결의 요지(1심, 항소심 동일)

❖ (주문내역 등 지연 오류) 실제로 매입의사가 없거나 취소할 의사가 있었음에도 이를 취소할 기회를 상실하였다는 점을 인정하기에 부족

❖ (매매손익 관련 오류) 원고가 보유한 옵션상품의 수익여부와 매매이익이 있었던 시점에 원고가 옵션상품을 거래하였을 것인지가 불분명하므로 손해와 매매손익 오류 사이의 인과관계를 인정하기가 어려움

❖ 위자료 300만원 결정

CHAPTER
01

CHAPTER
02

CHAPTER
03

5. 전산장애로 인한 손해액 계산

전산장애로 주문이 미처리된 경우 매도주문이 정상적으로 처리되었다면 합리적인 매도 주문에 의하여 매매계약이 체결될 수 있었던 매도가액의 합계액에서 실제 매도가액을 공제한 금액을 손해액으로 봄

1. 사건의 개요

❖ 원고는 2012.2.23. 단일가시간대인 08:59:54경 피고 회사 HTS를 통해 신일산업주식 275만주 중 5만주의 매도주문을 내었으나 피고 회사 HTS 문제로 09:14:32까지 매도주문이 처리되지 아니함

❖ 피고회사의 다른 HTS를 이용하여 09:14:32부터 09:23:58까지 총 275만주의 매도주문을 분할제출하였으나 주가가 하한가로 하락하면서 573,940주만이 매도되었고 잔량인 2,176,060주는 그 다음날인 08:44:44부터 08:58:16까지 당일 하한가인 1주당 1,570원에 전량 매도됨

❖ 원고는 피고의 HTS 오류로 인해 매도주문이 미처리된 기간의 손해배상을 청구함

2. 주요 쟁점

❶ 손해배상책임의 발생

❷ 손해배상의 범위 및 구체적 손해액

3. 소송의 경과

서울중앙지방법원 2014.7.11. 선고 2012가합29484 판결: 원고 일부 승

[원고: 고객 ↔ 피고: 증권회사]

서울고등법원 2015.6.18. 선고 2014나38199 판결: 원고 일부 승

[원고, 피항소인 겸 항소인: 고객 ↔ 피고, 항소인 겸 피항소인: 증권회사]

대법원 2015.10.29. 선고 2015다43929 판결: 심리불속행기각

4. 판결의 요지(1심, 항소심 동일)

❶ 손해배상책임의 발생

❖ 피고는 이 사건 주문미처리로 이 사건 주식 275만주를 적시에 매도하지 못하는 재산상손해를 입은 원고의 손해를 배상할 의무가 있음

❖ 이 사건 주문미처리가 없었다면 주가가 당일 하한가에 이르기 전에 이 사건 주식 중 현재 상황보다 더 많은 수량을 하한가보다 높은 가격에 매도하고 총매도가액 역시 현재 상황보다 컸을 것이므로 이 사건 주문미처리 종료시점의 최우선매수호가가 시장개시 당시보다 높았다고 하더라고 원고에게 손해가 발생했음(항소심)

❷ 손해배상책임의 범위 및 손해액

가. 손해의 산정기준

❖ 손해액은 '이 사건 주문미처리가 없이 원고의 매도주문이 정상적으로 처리되었을 경우의 이 사건 주식의 예상 매도가액 합계액'에서 '이 사건 주문미처리가 발생한 실제 상황에서의 이 사건 주식의 매도가액 합계액'을 공제한 금원을 기준으로 산정

나. 감정인의 감정방법

❖ 감정인의 감정결과는 그 감정방법 등이 경험칙에 반하거나 합리성이 없는 등의 현저한 잘못이 없는 한 이를 존중하여야 함

❖ 감정인은 원고의 매도주문이 처음부터 정상적으로 처리되었다면 원고가 '일시 매도 주문을 낸 경우'의 손해액은 358,170,000원, '분할 매도주문을 낸 경우'의 손해액은 475,391,500원으로 결론

❖ 감정결과 중 일시 매도주문을 내는 경우는 원고 및 일반적인 주식 투자자들과의 거래관념과 부합하지 않으므로 분할매도 주문을 기준으로 중복계산된 부분을 제외하면 원고의 손해액은 최대 404,694,500원임

다. 감정결과를 토대로 한 손해액의 결정

❖ 재산적 손해의 발생사실이 인정되고 그의 최대한도인 수액은 드러났으나 구체적인 손해의 액수를 입증하는 것이 곤란한 경우 법원은 증거조사의 결과와 변론의 전취지에 의하여 밝혀진 당사자들 사이의 관계, 채무불이행과 그로 인한 재산적 손해가 발생하게 된 경우, 손해의 성격, 손해가 발생한 이후의 제반 정황 등의 관련된 모든 간접사실을 종합하여 상당인과관계 있는 손해의 범위인 수액을 판단할 수 있다.

❖ (1심) 매도주문이 정상적으로 처리되지 않은 시간은 약 14분 정도이고, 손

해액의 최대한도는 원고의 실제 매도주문 형태가 고려되지 않은 점, 원고가 2012.2.24. 시가단일가 시간대에 당일 하한가에 대규모의 매도주문을 내어 손해액을 증가시킨 점 등을 고려 손해의 범위를 3억으로 정함

❖ (2심) 원고의 시장참여효과를 정확히 측정하여 손해액에 반영하는 것 및 원고의 거래형태를 정확히 반영한 손해액을 산정하는 것이 사실상 불가능

– 손해에는 원고 스스로의 선택과 판단에 의한 점도 포함되어 있는 점, 유리한 시장상황이 조성되었음에도 불구하고 대량매도 및 최우선매수호가 평균보다 낮은 가격에 매도주문을 제출하는 원고의 매도거래행태도 손해액이 증가되는 요인이 되었음을 고려 손해를 1억 5천만원으로 정함

찾아보기 ·

저자약력

나지수
서울대학교 불어불문과 졸업
서강대학교 대학원 법학과 석사
제48회 사법시험 합격
현 한국거래소 변호사, 서울지방변호사회 공보이사
현 서울남부지방법원, 서울서부지방법원 민사조정위원
주요저서 및 논문: 증권관련집단소송법 개정론(법률신문사, 2014), 주가연계증권(ELS)
                   델타헤지거래 관련 분쟁의 분석(증권법연구, 2016) 등

허세은
서울대학교 신문학과 졸업
제50회 사법시험 합격
전 한국소비자원 변호사
현 한국거래소 변호사
현 서울남부지방법원, 서울서부지방법원 민사조정위원
주요저서: 2016 증권분쟁 판례정선 공저

증권분쟁 해결법리

초판인쇄	2017년 1월 20일
초판발행	2017년 1월 30일
지은이	나지수·허세은
펴낸이	안종만
편 집	전채린
기획/마케팅	조성호
표지디자인	권효진
제 작	우인도·박선진
펴낸곳	(주) 박영사
	서울특별시 종로구 새문안로3길 36, 1601
	등록 1959. 3. 11. 제300-1959-1호(倫)
전 화	02)733-6771
f a x	02)736-4818
e-mail	pys@pybook.co.kr
homepage	www.pybook.co.kr
ISBN	979-11-303-2989-5 03360

* 잘못된 책은 바꿔드립니다. 본서의 무단복제행위를 금합니다.
* 저자와 협의하여 인지첩부를 생략합니다.

정 가	26,000원